Siga Diepold (Hrsg.)

Die Fundgrube für Feste und Feiern
in der Sekundarstufe I

Die Autorinnen und Autoren

Ralf Beiderwieden ist Lehrer für Musik und Geschichte am Alten Gymnasium Oldenburg und Fachleiter Musik am Studienseminar Oldenburg.

Siga Diepold ist Realschullehrerin, Lehrerfortbildnerin und Lehrbeauftragte an der Universität Oldenburg, Fachbereich Pädagogik. Als Individualpsychologische Beraterin (DGIP) bietet sie in freier Praxis Beratung, Supervision und Fortbildung an.

August Wilhelm Heidemann unterrichtet Naturwissenschaften, Sport und Mathematik an der Laborschule Bielefeld. Im Rahmen des Forschungsplans der Schule arbeitet er am Thema „Bewegte Schule als Bestandteil des Schulprogramms".

Uwe Hoppstädter unterrichtet Sport und Englisch an der Laborschule Bielefeld und ist derzeit Koordinator für „Körpererziehung, Sport und Spiel". Mitarbeit im Projekt „Bewegte Schule als Bestandteil des Schulprogramms".

Irene Kambas ist Lehrerin an einer Schule des Zweiten Bildungsweges in Düsseldorf. Zu den weiteren Schwerpunkten ihrer Arbeit gehören internationale Projekte zum interkulturellen Lernen.

Dr. Klaus-Dieter Lenzen arbeitet als Lehrer und wissenschaftlicher Angestellter in der Laborschule Bielefeld. Publikationen zur Sachunterrichtsdidaktik, Literatur- und Theaterpädagogik, Projektmethode und zum Lernen in altersgemischten Gruppen.

Brigitte Lintzen ist Lehrerin an der Laborschule Bielefeld, ausgebildete Tanz- und Theaterpädagogin sowie Moderatorin in der Lehrerfortbildung (Sexualpädagogik, geschlechterbewusste Pädagogik). Veröffentlichungen zu „Jungen-Mädchenarbeit".

Susanna Martinez ist Grund- und Hauptschullehrerin und als Klassenlehrerin an einer Realschule in Mannheim tätig. Sie ist Lehrbeauftragte für Bildende Kunst und Deutsch am Seminar für schulpraktische Ausbildung sowie Schriftstellerin.

Jürgen Marx unterrichtet Deutsch und Geschichte an einem Bonner Gymnasium. Er ist Moderator in der Lehrerfortbildung sowie Referent und Autor für Medienpädagogik. Lehraufträge an der Universität Düsseldorf (Kreative Videopraxis).

Gisela Schacht war Gymnasiallehrerin für Geschichte, Deutsch und Erdkunde in München und Nürnberg und in der Aus- und Fortbildung von Lehrern tätig. Veröffentlichungen von unterrichtspraktischen Materialien.

Wolfgang Schoedel unterrichtet Latein, Griechisch und Geschichte an einem Gymnasium in Oldenburg und ist u. a. Koordinator für die Klassen 7 bis 11.

Dr. Hans-Peter Schwöbel ist Professor für Soziologie in Mannheim, Schriftsteller, Pädagoge und Kabarettist (Bühne, Funk, Fernsehen). Veröffentlichungen in den Feldern Soziologie, Sozialpsychologie und Pädagogik. www. hpschwoebel.de

Dieter Vorrath ist Realschullehrer, Seminarleiter am Ausbildungsseminar für Grund-, Haupt- und Realschullehrer in Oldenburg, Schulbuchautor sowie Lehrbeauftragter an der Universität Oldenburg, Fachbereich Pädagogik.

Brundhild Zimmer unterrichtet an der Laborschule Bielefeld und leitet seit vielen Jahren die Nicaragua-Schulpartnerschaftsgruppe ihrer Schule. Mitautorin von Veröffentlichungen zum Thema „Projektunterricht".

Siga Diepold (Hrsg.)

Die Fundgrube für Feste und Feiern

in der Sekundarstufe I

 http://www.cornelsen.de

Gedruckt auf chlorfrei gebleichtem Papier
ohne Dioxinbelastung der Gewässer

Die Deutsche Bibliothek – CIP-Einheitsaufnahme

Die Fundgrube für Feste und Feiern: in der Sekundarstufe I/
Hrsg.: Siga Diepold. - Berlin : Cornelsen Scriptor, 2001
ISBN 3-589-21476-7

Dieses Werk berücksichtigt die Regeln der reformierten
Rechtschreibung und Zeichensetzung.

5. 4. 3. 2. 1.   €   Die letzten Ziffern bezeichnen
05 04 03 02 01   Zahl und Jahr der Auflage.

© 2001 Cornelsen Verlag Scriptor GmbH & Co. KG, Berlin
Redaktion: Maria Bley, Baldham
Herstellung: Julia Walch, Bad Soden
Umschlagentwurf: Bauer + Möhring, Berlin, unter Verwendung
einer Zeichnung von Klaus Puth, Mühlheim
Druck und Bindung: Clausen & Bosse, Leck
Printed in Germany
ISBN 3-589-21476-7
Bestellnummer 214767

Inhaltsverzeichnis

Vorwort

Wir alle feiern gerne. Feste machen Spaß, fördern die Geselligkeit, schaffen neue Lebenskraft und motivieren für neue Aufgaben. Deshalb gehören Feste auch in die Schule. Sie unterstützen emotional und sozial geprägte Aktivität und sind wichtige Bestandteile des Lebens und Lernens in der Schule.

Diese *Fundgrube* will Anregungen geben für eine Schulpraxis, die Geselligkeit als soziale Erfahrung ernst nimmt. Das Buch richtet den Blick auf den Teil des Schullebens, der uns Lehrern manchmal verloren geht, wenn wir bei der Planung eines neuen Schuljahres an Rahmenrichtlinien, Lehrpläne, Klassenarbeiten und Zeugnisse denken.

Plant eine Schule ein Fest, so haben die Organisatoren meist eine Vision im Kopf, die aus eigenen Festerfahrungen und Festberichten resultiert. Was jedoch manchmal fehlt, ist die Vorstellung von der Umsetzbarkeit. Was ist möglich? Wie soll ich planen?

Diese *Fundgrube* will Mut machen, sich dem festlichen Bereich des Schullebens zu nähern. Sie stellt Feste und Festabläufe unterschiedlichster Funktion und Zielsetzung vor und zeigt Planungs- und Realisierungswege auf.

Im Kapitel 1 werden zunächst die Aspekte herausgestellt, die den Charakter eines Festes, einer Feier ausmachen. Kapitel 2 entwickelt einen Leitfaden mit konkreten Planungsbausteinen für die Organisation eines Festes. In den Kapiteln 3 bis 8 wird dann eine große Spannbreite möglicher Schulfeste vorgestellt. Hier finden sich Vorschläge für Klassenfeste, Ideen für Einschulungs-, Abschluss- und Jubiläumsfeiern, aber auch Informationen und Materialien für die Behandlung von religiösen und kulturellen Festen im Unterricht. Hinzu kommen Festideen mit helfender und aufklärender Funktion und solche, die sich aus dem Fachunterricht ergeben, aber auch fächerverbindende Ansätze bieten.

Der Wunsch aller Autoren ist es, ihre Erfahrungen weiterzugeben, um den Lesern damit Perspektiven aufzuzeigen für Wünschenswertes, Machbares (das meint nicht: nachmachbar) und Erlebbares, das all diejenigen bereichert, die in und mit der Schule leben.

Zum Schluss noch eine Anmerkung zu der gewählten Anrede: Wo immer in diesem Buch von Schülern und Lehrern die Rede ist, sind Schülerinnen und Lehrerinnen ausdrücklich mit gemeint.

Siga Diepold

1 Was macht ein Fest zum Fest?

von Siga Diepold

Tages Arbeit, abends Gäste!
Saure Wochen, frohe Feste!
Sei dein künftig Zauberwort.

In Goethes Ballade „Der Schatzgräber" findet sich dieser Hinweis auf die Zusammengehörigkeit von Arbeit und Fest. Beides steht für sich und gehört doch zusammen. Auch in der Schule gehören diese beiden Grundelemente des menschlichen Lebens zusammen. Das Schulleben ist durch den Alltag geprägt, der bestimmt ist von Arbeiten und Lernen, ja auch von Zwängen, Nöten und Ängsten. Zu diesem Arbeitsalltag bilden die Schulfeste einen Gegenpol, sie sind etwas aus dem Alltag Herausgehobenes.

Doch damit stehen sie nicht im Gegensatz zum Schulalltag, vielmehr sind sie für alle in der Schule Tätigen Ausgangspunkt und Quelle für neue Motivation, Mut und Kraft. Zwischen Alltag und Fest gibt es im Schulleben kein Entweder-oder, sie bedürfen und erzeugen einander. Die sinnvolle Verzahnung beider Pole wird so zu einem wichtigen Zauberwort für die Schule.

Eine Voraussetzung dafür, dass diese Verzahnung gelingt, ist das Verständnis von Schule als einer pädagogischen Gemeinschaft, in der *Leben, Lernen* und *Arbeiten* stattfinden.[1] Ist dies der Fall, bleibt das Fest keine Ausnahmesituation, sondern wird elementarer Bestandteil von Unterricht und Schule. Diese Einstellung nimmt heute wieder zu und Schulfeste erhalten im pädagogischen Alltag und in Schulprogrammen immer größeres Gewicht.

---

1 vgl. Meyer, Hilbert: Schulpädagogik. Bd. 2. Berlin 1997, S. 25

A Fest und Feier – Gemeinsamkeiten und Unterschiede

Die Bezeichnungen *Fest* und *Feier* werden meist wie Synonyme gebraucht. Dabei wird schnell übersehen, dass Feste und Feiern neben vielen Gemeinsamkeiten unterschiedliche Schwerpunkte haben. Das Fest betont die irdische, weltliche Freude, es ist bunt und unterhaltsam. Die Feier ist eher auf nach innen gewandte Anteilnahme ausgerichtet. Der „feierliche" Rahmen einer Feier verlangt sehr viel stärker als beim Fest eine genaue Festlegung auf Raum, Zeit und Ablauf der Veranstaltung. Hinzu kommt eine Trennung zwischen aktiven und rezeptiven Teilnehmern, die häufig auch durch eine räumliche Zuordnung (z. B. Podium und Zuschauerraum) verstärkt wird. Demgegenüber lebt das Fest von Spontaneität, Kreativität und der aktiven Beteiligung aller. Die Feier wird für eine Person oder Gruppe oder zu einem besonderen Anlass *gestaltet,* während das Fest mit allen Beteiligten *gefeiert* wird. Auch für das Fest gibt es einen Rahmen, wenn auch keinen so festen. So ist es selbstverständlich, dass sowohl für die Feier als auch für das Fest ein Programm erstellt wird.

Fest und Feier lassen sich aber nicht immer eindeutig voneinander trennen. Viele Feiern haben etwas Festliches und umgekehrt haben viele Feste etwas Feierliches. Das Zusammengehörende und das Trennende sollte bei der Planung beider Formen bedacht werden. Bei schulischen Festen und Feiern ist das Schulleben die gemeinsame Grundlage. Je nach Anlass und Zielsetzung ergeben sich daraus verschiedene Gestaltungsmöglichkeiten. Gemeinsam ist Festen und Feiern, dass sie Raum geben für soziales Lernen und soziale Erfahrung. In ihrem Mittelpunkt steht die Freude am Miteinander.

B Was kennzeichnet ein Fest?

Bei dem Versuch darzustellen, was ein Fest ausmacht, muss zwar hier und da für Fest und Feier eine unterschiedliche Gewichtung vorgenommen werden, die grundlegenden Aussagen beziehen sich aber auf beide Formen.

Bei uns selbst anfangen

Jeder Teilnehmer eines Festes will als „ganzer Mensch" gesehen und geachtet werden. Er ist in seiner ganzheitlichen Persönlichkeit auch Teil des Festes. Das Fest lebt durch seine Teilnehmer. Ihre emotionalen Kräfte schaffen Freiräume für Fantasie und Kreativität. Im Fest wird der Teilnehmer zum Mittelpunkt der Wirklichkeit – und zwar mit Körper, Seele und Geist. Die Wahrnehmung der eigenen Kontakt-, Begegnungs- und Beziehungsfähigkeit stärkt sein Selbstbewusstsein.

Vielfalt und Buntheit aus verschiedenen Blickwinkeln

Das Fest kann eine Entdeckungsreise hin zu neuen Fantasien und Leidenschaften werden. Experimentierfreude und kreative Vielfalt werden ermöglicht und angeregt. Feste tragen bei zur Schulung des künstlerischen Empfindens, des körperlichen, seelischen und geistigen Ausdrucks. Spiel, Lied, Tanz, Gespräch, Essen und Trinken vermischen sich zu einer beschwingten und unterhaltsamen Erfahrung, deren Inhalt letztlich nicht planbar und damit auch nicht wiederholbar ist.

Feiern als Ausdruck einer bejahenden Lebenseinstellung

Ein Fest wird zum Fest, „wenn die immer schon und alle Tage vollzogene Gutheißung der Welt aus besonderem Anlass auf unalltägliche Weise" begangen wird.[1] Das Fest schafft eine Grundlage für eine sinnhafte und bejahende Lebenseinstellung. Es wird zum Ausdruck für ein Bekenntnis zur Welt und zu sich selbst. Menschen, die feiern, stimmen der Wirklichkeit zu, begreifen sich als Teil dieser Welt und zeigen ihre Bereitschaft, Verantwortung zu übernehmen. Die Feiernden befinden sich gleichzeitig in zwei verschiedenen Rollen: Sie sind „Nehmende", dabei aber auch gleichzeitig „Gebende".

Gemeinsamkeit erfahren

Ein Fest wird zum Fest, wenn es Ausdruck einer Haltung ist, die die Gemeinschaft bewusst in den Mittelpunkt stellt. Gehen wir zu einem Fest, dann suchen wir die Begegung, wir erinnern uns an Gemeinsamkeiten, sehen Verbindendes und erleben unsere Gefühle auf vielfältige Weise. Das Fest gibt dem Feiernden die Chance, seine Identität neu zu erfahren.

Tradition lebendig werden lassen

Feste können – je nach ihrer Ausgestaltung – religiöse, kultische und folkloristische Bräuche lebendig werden lassen. Sie verweisen auf regelmäßig Wiederkehrendes. Wer feiert, besinnt sich seiner Wurzeln, sucht Heimat und Geborgenheit. Das Fest wird so zur Orientierung im unruhigen, durch den Alltag geprägten Lebenslauf.

Orientierungspunkte geben

Feste strukturieren und rhythmisieren den Jahresablauf, den eigenen Lebensweg. Dabei verschmelzen oft weltliche und religiöse Aspekte. Ob wir Weihnachten oder Geburtstag feiern, wir erleben im Fest Ruhe und Aufregung. Für einen Augenblick halten wir inne, um dann mit neu geschöpfter Kraft in den Alltag zurückzukehren. Wir erfahren Zufriedenheit über Erlebtes und Durchlebtes und Neugier auf Bevorstehendes.

---

1 vgl. Pieper, Josef: Zustimmung zur Welt. Eine Theorie des Festes. München 1963, S. 52

Sich mit Menschen verbinden

Das Fest ist ein unverzichtbares Erfahrungsfeld für das soziale Miteinander. Auf der einen Seite stärkt ein gelungenes Fest das soziale Zusammengehörigkeitsgefühl, auf der anderen Seite fördert es aber auch die Integration des Fremden. Denn das Fest schafft eine Situation, in der sich die Teilnehmer auch als Partner erleben. Sie werden zur Interaktion und zur Kommunikation veranlasst. Auf dem Fest kann das interkulturelle Leben die Ausgrenzung anderer verhindern. Es werden neue Wege der Verständigung und Versöhnung beschritten.

Regeln und Rituale nutzen und stützen

Wiederkehrendes und Verlässliches schaffen Inseln der Ordnung und Formen von Kommunikation. Wir brauchen beim Fest Rituale, um uns wohl zu fühlen und uns zurechtzufinden. Ritualisierte Handlungen konstituieren die Gemeinschaft der Festteilnehmer, sie schaffen gemeinsame und persönliche Identität. Aber auch das Ritual selbst will gefeiert werden.

Schülerleistungen sichtbar machen

Schulische Feste können die Würdigung und Wertschätzung der Schülerleistungen in den Mittelpunkt stellen. Häufig entdecken Schülerinnen und Schüler während der Vorbereitung und Durchführung von Schulfesten bei sich besondere Stärken und Fähigkeiten. Sie tun etwas, was sie können und was ihnen Spaß macht. Mit der Arbeit wächst ihr Selbstvertrauen. Das Fest bietet ihnen nun einen Rahmen, in dem sie den Lohn für ihre Anstrengungen erleben. Das Gefühl „Ich bin gut, ich kann es" setzt neue Kräfte frei und fördert die individuelle Lernentwicklung und den Gemeinschaftssinn.

Die Institution Schule nach außen hin öffnen

Das Fest bietet ein Forum für das Zusammentreffen der Generationen, gesellschaftlicher Gruppen, ja aller Einwohner eines Schulbezirkes. Das Fest kann zu einem Ort der Verständigung und des Austausches von unterschiedlichen Kulturbereichen und Lebensarten werden. Es gibt keine Wertung, sondern eine Besinnung auf Gemeinsames und Verbindendes.

Chaos zulassen

Nicht zuletzt wird ein Fest zum Fest, wenn es auch Chaos in sich hat. Auf einem Fest werden Grenzen überschritten, wird immer etwas Unvorhersehbares passieren. Die Teilnehmer werden Neues an sich entdecken. Doch all dies soll keine Angst, sondern Mut machen, denn:

Man muss noch Chaos in sich haben,
um einen tanzenden Stern zu gebären!
Friedrich Nietzsche

2 Von der Idee zum Fest

von Siga Diepold

A Schritte von der Planung zur Durchführung eines Schulfestes

Die sorgfältige Planung eines Festes ist die beste Voraussetzung für das Gelingen. Gleichzeitig entwickelt sich das Fest aber auch während der Planung. Denn auch hier gilt: „Wege entstehen beim Gehen." Auf diesen Wegen müssen viele Hürden genommen werden. Häufig folgen dabei Wechselbäder der Gefühle eng aufeinander. Neue Ideen geben neuen Schwung, unerwartete Ereignisse können zu Rückschlägen führen. Die Freude auf ein erfolgreiches Fest ist die beste Voraussetzung, um den langen Weg zu bewältigen. Begeben wir uns nun stellvertretend für alle Festplaner auf den Weg, exemplarisch ein *Schulfest* zu planen.

1. Die erste Idee

Meist entsteht die Idee, ein Schulfest zu machen, aus Rahmenplänen der Schule, aus einem informellen Austausch zwischen Kollegen oder dem Wunsch der Schüler. Als Folge steht dann auf der Tagesordnung der nächsten Konferenz oder Dienstbesprechung der Punkt „Schulfest".

2. Die erste Konferenz

Befasst sich eine Konferenz zum ersten Mal mit dem Fest, empfiehlt sich ein *Brainstorming* (Inhalte, Zeitpunkt, Teilnehmerkreis ...). Reaktionen von Befürwortern und Skeptikern werden gesammelt und abgewogen. Je besser es bereits in dieser Phase gelingt, bestehende Motive und Grundhaltungen transparent zu machen, desto größer wird die Bereitschaft, die Anstrengungen, die ein Fest mit sich bringt, auf sich zu nehmen. Wird bei diesem Meinungsaustausch deutlich, dass die Festidee nicht aufgesetzt, sondern aus dem Schulleben erwachsen und somit Spiegelbild des Schullebens ist, kann eine Planungsgruppe eingesetzt werden, die sich aus Schülern, Lehrern und Eltern zusammensetzt. Diese beginnt nicht bei null, sondern nimmt die Anregungen und Vorgaben der Konferenz auf.

3. Die Arbeit der Planungsgruppe

Die Planungsgruppe hat die schwierige Aufgabe, fiktive Ideen in konkrete Formen zu bringen und dabei die unterschiedlichen Ansichten der Beteiligten zu berücksichtigen. Sie muss Schwierigkeiten erkennen und Lösungsmöglichkeiten anbahnen. Sie darf aber nicht als die allein verantwortliche Gruppe auftreten, sondern sollte immer wieder verdeutlichen, dass die Verantwortung bei allen bleibt. Hilfreich ist in dieser Phase das Erstellen einer *Mindmap,* mit der sich alle wichtigen Planungsaspekte erfassen lassen. Aus dieser Übersicht ergeben sich Zuständigkeiten und Anforderungen. Arbeitsgruppen oder Einzelpersonen, die diese Aufgaben dann übernehmen, werden auf einer zweiten Konferenz eingesetzt.

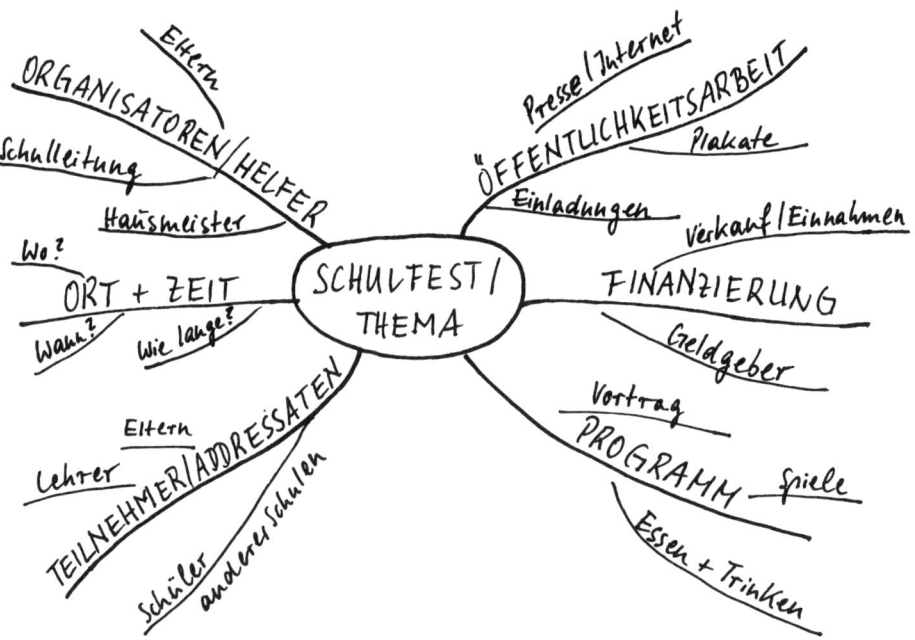

4. Die Arbeit der Arbeitsgruppen

Nach Möglichkeit sollten die Mitglieder der Planungsgruppe in den Arbeitsgruppen mitarbeiten und deren Koordination gewährleisten. Bei der Aufgabenverteilung innerhalb der Arbeitsgruppen muss für alle Beteiligten klar sein, welche Verantwortlichkeiten sie konkret übernehmen. Deutlich werden sollte auch, dass damit nicht nur die Ausführung von übertragenen Aufgaben gemeint ist, sondern dass sie innerhalb ihres Aufgabenfeldes Kompetenzen einbringen und in eigener Verantwortung entscheiden und handeln.

Bei langfristigen Planungen muss sich die gesamte Arbeitsgruppe immer wieder zu vereinbarten Terminen über den aktuellen Stand der Planung informieren, um bei auftretenden Problemen Veränderungen vornehmen zu können. Ein *Tätigkeitskatalog* kann diese Arbeit erleichtern. Dieser Plan sollte für alle Beteiligten als Gedächtnisstütze einsehbar sein.

Tätigkeitskatalog				
Was?	**Wer?**	**Unterstützt durch**	**An wen?**	**Bis wann?**
Apfelsaft pressen und ausgeben	Frau Reuter	Frau Klenke		

Für wichtige Aufgaben sollte immer eine Ersatzperson vorgesehen werden. Damit wird das Risiko negativer Überraschungen gering gehalten. Bei sofortiger Aktualisierung der Liste erfahren wir dann rechtzeitig, dass Katharinas Mutter am Festtag den frisch gepressten Apfelsaft doch nicht ausgeben kann und wer für sie einspringt.

Die Welt geht aber auch nicht unter, wenn irgendetwas auf dem Fest schief läuft. Im Gegenteil: Kleine Pannen und der spontane Umgang damit können dem Fest einen zusätzlichen Reiz geben.

5. Die Planungskonferenz

Auf einer dritten Konferenz (oder Dienstbesprechung) berichten die Arbeitsgruppen dann über den Stand der Vorbereitung. Es werden letzte Absprachen zur Durchführung des Festes getroffen. Besonders wichtig ist dabei:

– Welche Zuständigkeiten bzw. Entscheidungskompetenzen müssen
  während des Festes für jeden bekannt sein?
– Wie wird der Informationsfluss während des Festes geregelt?
– Gibt es eine zentrale Anlaufstation?
– Wer fällt bei unvorhergesehenen Ereignissen die Entscheidung?
– Kann ein Termin für eine Nachbesprechung festgelegt werden?
– …

Auch für das Ende des Festes müssen Zuständigkeiten festgesetzt werden:
– Wie wird das Aufräumen geregelt?
– Was passiert mit der Dekoration?
– Was muss von wem abgeholt werden?
– Wohin mit dem Müll?
– Was soll mit Fundsachen geschehen?
– Soll ein Festausklang für die Organisatoren festgesetzt werden?
– …

6. Der Festtag

Nun ist es endlich so weit, der Festtag kann beginnen. Je sorgfältiger die
Vorbereitung war, desto gelöster können die Organisatoren das Fest als
Teilnehmer und nicht nur als Verantwortliche erleben.

7. Die Nachlese

Eine Festnachlese und eine kritische Reflexion der Vorbereitung gehören
in jedem Fall zum Festvorhaben dazu. Die Schüler wollen und sollen ihre
persönlichen Eindrücke am Tag danach in der Klasse mitteilen. Ein all-
gemeiner Eindruck der Akzeptanz des Festes lässt sich z. B. mit einer *Auswertungszielscheibe* oder vorgegebenen *Satzanfängen* gewinnen.

Auswertungszielscheibe
Material: pro Schüler eine Kopie der Zielscheibe
Die Schüler kreuzen die für sie zutreffende Ziffer an. Anschließend werden die Ergebnisse auf eine Folie übertragen. Die Visualisierung der
Gesamteinschätzung kann als Einstieg in eine Diskussion über das Fest
genutzt werden. Gleiches gilt für die Nachbesprechung auf einer Konferenz.

Auswertungszielscheibe

Bitte bewerte das Fest mit einem Kreuz in jedem Segment der Zielscheibe. Je näher das Kreuz zur Mitte gesetzt wird, desto positiver ist die Bewertung in dem entsprechenden Teilbereich. Kreuze neben der Zielscheibe symbolisieren im betreffenden Bereich große Unzufriedenheit.

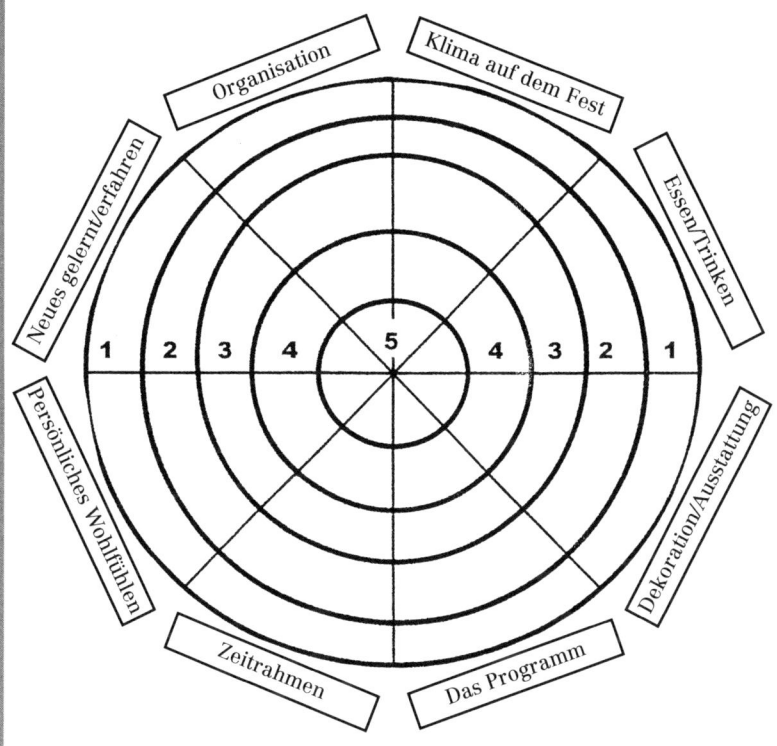

Anmerkungen zum Fest:

_____

_____

_____

_____

Satzanfänge vorgeben
Material: pro Schüler ein Arbeitsblatt mit vorgegebenen Satzanfängen
Die Schüler ergänzen Satzanfänge und reflektieren so ihre Erfahrungen.
Sie werden dadurch für die emotionalen und intellektuellen Lernprozesse
sensibilisiert und können einen Transfer für Zukünftiges leisten.

Wie war's für mich?

Ich habe gelernt, dass ich ...
Ich habe festgestellt, dass ich ...
Ich habe mich gefreut, weil ...
Ich habe vermisst, dass ich ...
Ich habe mich geärgert, weil ...
...

Ob die Sätze anschließend vorgelesen werden bzw. anonym oder mit
Namen versehen vom Lehrer ausgewertet werden, hängt von der jeweiligen didaktischen Intention ab.

B Planungs-Bausteine für schulische Feste

Jedes Fest hat seine eigene Planung, jedes Fest verläuft anders und jedes
Mal müssen andere und neue Gesichtspunkte berücksichtigt werden.
Aber dennoch gibt es Bausteine, die jedem Festkomitee helfen, das eigene
Vorgehen zu strukturieren und zu koordinieren.

1. Organisatoren und Helfer

Beim Abstecken von Umfang und Rahmen des Festes stellt sich als Erstes
die Frage nach dem *Teilnehmerkreis:* Ist es ein Schulfest mit
– Angehörigen und Freunden,
– Schülern anderer Schulen oder
– mit der allgemeinen Öffentlichkeit des Stadtteils?

Aus dem Teilnehmerkreis ergibt sich dann, wer bei der Vorbereitung und
Durchführung des Festes helfen kann (Schüler, Lehrer, Eltern oder sonstige Personen).

Planung im Team

Die Planung im Team entlastet die Einzelnen, und die Durchführung des Festes lässt sich entspannter erleben, wenn in bestimmten Phasen kurzfristiger Rückzug möglich ist. Auch die Erfahrungen lassen sich hinterher im Austausch besser reflektieren.

Eltern an der Planung und Durchführung beteiligen

Die Eltern der Schüler sind immer ein wichtiger Teil der Schulgemeinschaft und sollten deshalb auch in das Schulleben integriert werden. Feste bieten dazu die beste Gelegenheit und fördern die Identifikation aller mit der Schule als „ihre" Schule. Eltern können bei der Vorbereitung und dem Ablauf des Festes eine große Hilfe sein. Darüber hinaus können gemeinsame Aktivitäten die Zusammenarbeit zwischen Elternhaus und Schule nachhaltig verbessern. Je intensiver die Zusammenarbeit, desto schneller werden Eltern ihren Part in Eigenregie übernehmen.

Da die Eltern im gesellschaftlichen, politischen und beruflichen Leben stehen, können sie ihre persönlichen und beruflichen Fähigkeiten in die Planungsarbeit einbringen und auch für die Vernetzungen in außerschulischen Bereichen wichtig sein.

Gut ist es, wenn möglichst viele Eltern angesprochen und überzeugt werden können, einen Beitrag zu leisten. Eltern, die der Schule eher distanziert gegenüberstehen, erkennen dann möglicherweise, dass auch sie einen Beitrag für ein gutes Schulklima leisten können, das ja für das Wohlbefinden und den Schulerfolg ihrer Kinder wichtig ist. Manch ein Fest kann auch gerade auf die Zusammenarbeit mit den Eltern abzielen, um das Miteinander von Schule und Familie zu fördern.

Hausmeister, Sekretärin, Schulassistenten ... einbeziehen

Allen bekannt, aber im Alltag häufig nicht genügend berücksichtigt ist die Wichtigkeit der Einbeziehung dieses Personenkreises. Bei jedem Fest, das wir in der Schule durchführen, sind wir auf ihre Unterstützung angewiesen. Also sollte frühzeitig überlegt werden, in welchem Rahmen diese Personengruppe in die Planungen einbezogen wird. Dabei sollte klar werden, dass sie bei der Planung und Gestaltung des Festes eine tragende Rolle spielt.

Nicht vergessen werden sollte nach dem Fest ein Dankeschön an alle Helfer (z. B. ein vorgetragenes Lied, ein Bild, etwas anderes Selbstgemachtes oder ein briefliches Dankeschön, z. B. am schwarzen Brett ausgehängt).

2. Zeit- und Verlaufsplan

Auf der einen Seite können wir gar nicht früh genug mit der Planung eines Festes anfangen, auf der anderen Seite können spontane Feste die besten sein. Das sollte uns aber nicht dazu verführen, ein Fest aus Zeitmangel ungeplant anzugehen. Alle, die ein Fest vorbereiten, werden sich während der Planungsphase mit dem Gespenst des Zeitmangels herumschlagen müssen. Aber Zeitstress und Misserfolgsängste verschwinden meist spätestens bei Festbeginn: wenn die Organisatoren merken, dass der Erfolg des Festes nicht nur von ihnen, sondern auch von der Freude und dem Mitmachen der Besucher getragen wird.

Die *Terminplanung* hängt vom Anlass und der Art des Festes ab:
–   Welcher Wochentag ist der geeignetste?
–   Welche außerschulischen Aktivitäten stehen dem Fest im Wege?
–   Welche Nachmittags- bzw. Abendtermine haben die Schüler?
–   Welche zeitgleichen lokalen oder regionalen Ereignisse könnten das Fest beeinträchtigen?
–   Welche sonstigen Ereignisse können das Fest beeinträchtigen? (z. B. nationale/internationale Sportübertragungen im Fernsehen)
–   Wie lange soll das Fest dauern?

Der zeitliche Rahmen des Festes ist für alle Teilnehmer eine wichtige Orientierung. Bei Festen, die verschiedene Programmpunkte parallel anbieten, ist es schön, wenn alle Beteiligten einen gemeinsamen Anfang und ein gemeinsames Ende miteinander erleben. Dies können eine Begrüßungsansprache bzw. Abschlussworte sein, ein gemeinsames Singen …

Da man bekanntlich dann aufhören soll, wenn es am schönsten ist, sollten wir auch bei Schulfesten darauf achten, dass der vorgegebene Abschlusszeitpunkt nicht überschritten wird. Ein Fest, das mit einem Höhepunkt endet, bleibt oft stärker und länger in Erinnerung als eines, bei dem die Besucher langsam „abbröckeln".

3. Ort des Festes

In der Schule zu feiern hilft den Schülern, sich positiv mit der Schule und gerade auch mit den Räumlichkeiten zu identifizieren.

Aber auch Feste außerhalb der Schule sind wichtig, denn sie lassen erleben, dass Schule nicht nur aus dem besteht, was innerhalb des Schulgebäudes stattfindet. Beliebt sind dabei Anlagen, die die Möglichkeiten zum

Baden und Grillen bieten. Für Festorte außerhalb des Schulgeländes müssen zahlreiche Punkte bedacht werden:
- Wie kann der Ort erreicht werden? (Fahrradwege, Buslinien, Parkplätze)
- Wie ist der Platz ausgestattet? (Sitzmöglichkeiten, Unterstellmöglichkeiten bei Regen, Entsorgungsvorrichtungen, Toiletten, elektrische Anschlüsse)
- Müssen Genehmigungen eingeholt werden? (Ordnungsamt, Förster)
- Welche Sicherheitsbestimmungen sind zu beachten? (Brandgefahr beim Grillen)
- ...

Ortsbegehungen und Gespräche mit Ortskundigen sind hierbei besonders wichtig. Erst danach sollte man in die Planungsphase eintreten.

4. Festfinanzierung

Die Finanzierung ist ein wichtiger Faktor bei der Planung und Durchführung von Festen. Ausschmückung, Dekoration, Farbe, Kostüme, Preise, Speisen und Getränke – all das kostet Geld. Also müssen Mittel und Wege gefunden werden, kostendeckend zu planen. Der gesamte Bereich der Finanzierung beansprucht Genauigkeit und ein hohes Maß an Transparenz. Dabei stehen folgende Fragen im Mittelpunkt:
- Wofür ist Geld notwendig?
- Woher soll das Geld genommen werden?
- Wofür wird das Geld tatsächlich verwendet?

Bei der Finanzierung müssen wir unterscheiden zwischen
- Leihgaben (Tische, Stühle, Geschirr ...)
- Vorfinanzierung, also Mittel, die zurückerstattet werden müssen
- Spenden (Geld- und Sachspenden)
- Einnahmen (Eintrittsgelder, Preise für Lose, Speisen und Getränke ...)

Um die Verwaltung des Geldes zu regeln, empfiehlt es sich, innerhalb der Planungsgruppe ein kleines Team als „Finanzministerium" zu bilden, das für die Registrierung aller Einnahmen und Ausgaben verantwortlich ist. Je nach Festanlass, Schulform und Schulstufe ist zu klären, wie Lehrer, Eltern und Schüler in diesem „Finanzministerium" mitwirken.

Sponsoring

Schulen waren schon immer froh, wenn sie zur Finanzierung von Festen Spender fanden. Wurden früher von Sparkassen als Preise gestiftete Bleistifte oder Taschenkalender gerne genommen, so hat Sponsoring heute andere Dimensionen angenommen und ist damit zu einem viel diskutierten Thema geworden. Für Schüler ist eine intensive Auseinandersetzung mit dem Thema „Sponsoring" wichtig. Eine Erziehung, die Kritikfähigkeit, Mündigkeit und Verantwortungsbewusstsein zum Ziel hat, wird beim Planen und Feiern von Festen und gerade auch beim Umgang mit Sponsoren sehr konkret. Nach dem Motto „Catch the young" sind die Schüler für die Wirtschaft eine wichtige Zielgruppe als heutige und zukünftige Kunden und Konsumenten. Es sollte ein kritisches Abwägen der Chancen und Grenzen des Sponsorings angeregt werden: Welches sind die möglichen Interessen des Sponsors? Wie hoch ist der Preis, den die Schule dafür zahlt? Welche Art und welcher Umfang lässt sich für die Schule vertreten? Welche Verpflichtungen werden damit kurz-, mittel- oder langfristig eingegangen? Vor dem Hintergrund dieser Diskussion wird eine Auswahl über mögliche Sponsoren aus dem lokalen und regionalen Umfeld der Schule getroffen. Im Einzelnen können das sein:

– kleine und mittelständische Betriebe (es muss ja nicht die Brauerei sein, aber was spricht gegen das Blumengeschäft?)
– städtische und kommunale Einrichtungen (z. B. die Wasserwerke, Feuerwehr)
– kirchliche Einrichtungen
– Banken und Versicherungen
– …

Wurde schulintern geklärt, welche Einrichtungen bzw. Firmen als Sponsoren angesprochen werden sollen, macht es Sinn, auch die Elternvertretung und den Förderverein aktiv werden zu lassen, um geeignete Sponsoren ausfindig zu machen. Die Eltern haben oft einen „direkteren Draht" zu Geschäften und Betrieben als die Institution Schule. Diese Aktivitäten müssen gut koordiniert sein und möglichst in einer Hand zusammenfließen.

– Welche Kosten bzw. Unterstützungen können durch wen abgedeckt werden?
– Wer spricht wen mit welcher Zielrichtung an? Hier sollten bereits bestehende persönliche Kontakte berücksichtigt werden.

Spendengelder für außerschulische Organisationen

Hat ein Fest auch die Funktion, einen Spendenbetrag zusammenzubringen (z. B. für eine soziale Einrichtung im Schulbezirk, die Welthungerhilfe, die Schülerbücherei), so sollte dieses Anliegen vorher genau umrissen und sowohl bei der Vorbereitung als auch während des Festes öffentlich gemacht werden (Rundbriefe, Plakate und Informationsstände).

Checkliste für die Finanzierung

Hauptverantwortliche setzen gemeinsam fest:

Vor dem Fest:
- Wie viel Geld kann ausgegeben werden?
- Zu welchem Zweck wird Geld an Klassen, Arbeitsgruppen o. Ä. ausgegeben?
- Wie und wo wird das Geld verwaltet? (Konto, Schecks, Bargeld)
- Wer führt Buch über Einnahmen und Ausgaben? (Belege sammeln)
- Wie werden Sinn und Zweck der Geldeinnahmen den Festteilnehmern mitgeteilt?

Während des Festes:
- Wo müssen Geldkassetten vorhanden sein?
- Wer kümmert sich darum, dass ausreichend Wechselgeld vorhanden ist?
- Wer ist für welche „Kasse" verantwortlich?
- Wann und wo werden alle Einnahmen gesammelt? (Gelder niemals in der Schule aufbewahren!)

Nach dem Fest:
- Wie erfolgen Rückzahlungen?
- Wo wird das Geld aufbewahrt? (Inanspruchnahme von Zinsen)
- Wie erfolgen Spenden an außerschulische Institutionen?

Und noch eine Anmerkung zum Thema Geld

Schüler sind häufig ganz „heiß drauf", möglichst viel Geld einzunehmen. Das ist verständlich – insbesondere, wenn Geld für einen bestimmten Zweck erwirtschaftet werden soll. Nur: Das Geldeinnehmen sollte nicht zum wichtigsten Bestandteil eines Festes werden. Hohe Preise, jede Leistung in barer Münze als Gegenwert, das nimmt einem Fest die Leichtigkeit, die Freude am gemeinsamen Feiern. Deshalb ist genau zu überlegen, welche Beiträge kostenpflichtig und welche unentgeltlich geleistet werden können.

5. Öffentlichkeitsarbeit

Der Teilnehmerkreis des Festes muss im Vorfeld angesprochen werden. Bei einem Schulfest sind dies neben den Schülern die Schulelternschaft und – je nach Breite der Zielgruppe – die Bewohner eines Stadtteils/Ortes, Freunde und Verwandte der Schüler ... Es empfiehlt sich, eine eigene Planungsgruppe zu bilden, die für die Öffentlichkeitsarbeit vor und während des Festes zuständig ist. Der zeitliche Aspekt, wann sich die Gruppe in welcher Form an die Öffentlichkeit wendet, muss rechtzeitig in die gesamte Festplanung einbezogen werden.

Öffentlichkeitsarbeit vor dem Fest

Folgende Fragen müssen geklärt werden:
- Wer ist unsere Öffentlichkeit? (Genaue Beschreibung und Eingrenzung der anzusprechenden Zielgruppe)
- Worüber soll informiert werden? (Festlegung der Inhalte)
- Wie soll informiert werden? (Welche Medien können genutzt werden?)
- Welche besonderen Probleme müssen beachtet werden? (Informationen für ausländische Mitbürger)

Besteht Klarheit über die Zielgruppe und die Inhalte, können konkrete Aufgaben verteilt werden. Es empfiehlt sich, dass der Bereich der Öffentlichkeitsarbeit weitgehend von Schülern übernommen wird, wobei Lehrer und Eltern Hilfestellungen geben können.

In welcher Form sich die Schüler auch an die Öffentlichkeit wenden, inhaltlich können sie sich an den *fünf Ws* orientieren: *Wer* feiert? *Was* ist der Anlass? *Wie* wird gefeiert? *Wo* wird gefeiert? *Wann/Wie lange* wird gefeiert?

- *Plakate, Informationsblätter, Einladungen:* Diese Informationsträger sind das wichtigste Standbein der Öffentlichkeitsarbeit. Sie sollen das Anliegen der Feiernden prägnant, aber auch ansprechend dokumentieren. Die Informationsblätter und Einladungen sollten nicht ausgelegt, sondern verteilt werden. Das persönliche Ansprechen verstärkt bei den veranstaltenden Schülern die Identifikation mit ihrem Fest und persönlich können sie am besten Interesse und Neugier bei ihren Gesprächspartnern wecken.
- *Pressearbeit:* Sie ist wichtig, wenn es sich um ein Fest mit einer breiten Zielgruppe handelt. Ansprechpartner ist die Redaktion des Lokalteils der örtlichen Tageszeitung/en. Vielleicht gibt es ja auch eine spe-

zielle Jugendseite. Daneben sind auch Wochenblätter, Stadtanzeiger oder Kulturmagazine zu berücksichtigen. Die persönliche Kontaktaufnahme erleichtert es den Schülern, ihre Gesprächspartner von ihrem Anliegen zu überzeugen. Informationen werden eher gedruckt, wenn sie bereits vorformuliert sind. Gerne wird auch Bildmaterial (Dokumentation der Festvorbereitung ...) aufgenommen. Meist sind Schwarz-Weiß-Bilder für den Druck am besten geeignet.

– *Informationsstände:* Wochenmärkte und Eingänge von Einkaufsmärkten im Schulbezirk sind geeignete Plätze, um in der unterrichtsfreien Zeit für ein Schulfest zu werben. Mit Stellwänden kann auf Besonderheiten des Festes hingewiesen werden („Fest der Völker", „Feiern wie die Römer", Weihnachtsfeier mit Basar ...). Wichtig: Solche Stände müssen beim Ordnungsamt angemeldet werden.

– *Internet:* Immer mehr Schulen „gehen ans Netz". Die eigene Homepage bietet eine hervorragende Möglichkeit, mit kreativen Verfahren auf ein Fest aufmerksam zu machen. Vielleicht können dabei auch per E-Mail Einladungen an andere Klassen oder Schulen verschickt werden.

Öffentlichkeitsarbeit während des Festes

Hierzu gehören:

– *Zentraler Informationsstand:* Jeder Festteilnehmer sollte während der gesamten Festdauer alle wichtigen Informationen erhalten können (Lageplan, Zeitplan, Programmabläufe, Spendenlisten ...). Vielleicht kann auch ein Gästebuch ausgelegt werden, wo die Besucher ihre Meinung äußern, Kritik üben und Anregungen geben können.

– *Wegweiser:* Sie erleichtern die Orientierung auf dem Gelände, machen neugierig und rufen Vergessenes wieder in Erinnerung. Aber: Zu viele Wegweiser behindern die Orientierung eher.

– *Angebots- und Preisschilder:* Sie sind wichtig, damit die Besucher in Ruhe entscheiden können, ob sie das Angebot annehmen wollen. Dies gilt besonders für Cafeterien und Imbissstände.

Öffentlichkeitsarbeit nach dem Fest

Presseberichte, Dokumentationen über das Fest (Videoaufzeichnungen, Fotoausstellung, Internetseiten) und Danksagungen runden das Ereignis ab und können auch ein vorbereiteter Beitrag für die Festnachlese auf der nächsten Konferenz sein.

6. Festprogramm

Wird das Programm für ein Fest zusammengestellt, gibt es verschiedene
Eckpfeiler, an denen es sich orientieren wird:
- Thema des Festes
- Zielgruppe/Festteilnehmer
- Ressourcen der Schüler
- Raum/Ort
- Zeitpunkt/Dauer
- ...

Bei einem Sportfest ist natürlich das Spiel von zentraler Bedeutung, bei
einem Fest mit kulturellem Charakter oder einem „Fest der Völker" Aufführungen, musikalische Beiträge und Mitmachaktionen. Beim Zusammenstellen des Festprogramms sollte u. a. Ziel sein, dass die Teilnehmer
Zugehörigkeit empfinden und sich beteiligt fühlen (auch Zuschauen ist
eine Form von Beteiligung). Dabei gilt es, Traditionelles und Experimen-
telles gleichermaßen zu berücksichtigen und durch Programmvielfalt
Kopf, Herz, Hand und alle Sinne gleichermaßen einzubeziehen.

Spiele

Ein Fest ohne Spiel ist schwer vorstellbar. Das Spiel gehört zum Leben, zur Schule, zum Fest. Im durch Regeln (Spielregeln) geschützten Raum werden soziale Erfahrungen gemacht, die helfen, die Interaktionskompetenz ständig zu erweitern. Vom Spiel *just for fun* bis zum Lernspiel reicht die Bandbreite, die wir auf schulischen Festen vorfinden. Ihre Auswahl richtet sich nach dem Festcharakter und den damit verbundenen Zielen und Erwartungen. Aus dem Anspruch, dass alle Festteilnehmer die Möglichkeit zum Mitspielen haben sollen, ergeben sich folgende Fragen:

- Wer sind die Teilnehmer?
- Sollen alle Spiele für alle Teilnehmer gleichermaßen geeignet sein oder wollen wir ein differenziertes Angebot, das unterschiedliche Altersgruppen und unterschiedliche Fertigkeiten und Fähigkeiten anspricht? (z. B. Bewegungsspiele für jüngere Kinder, Ratespiele, Geschicklichkeitsspiele ...)
- Ist das Spielangebot abwechslungsreich?
- Welche Spieldauer ist für das einzelne Spiel vorgesehen?
- Wurde das Spiel ausprobiert und reflektiert?
- Welche Spielzeit ist insgesamt vorgesehen?
- Welche Materialien werden für das Spiel benötigt?
- Welche Räumlichkeiten stehen zur Verfügung?
- Was machen wir, wenn Spiele für draußen „ins Wasser fallen"?
- Sind die Spielregeln klar und einfach?
- Gibt es bei den Spielen Sieger und Verlierer? Mit welchen Reaktionen kann bei Niederlagen gerechnet werden? Wie soll damit umgegangen werden?
- Können Wettkampfspiele angeboten werden, die den Konkurrenzgedanken aufheben?
- Müssen wir beim oder für das Spiel die Festteilnehmer animieren? (Darstellungsspiele, Mitmachspiele)
- Können sich Warteschlangen bilden? Wie können sie verhindert werden?
- Besteht eine körperliche oder seelische Verletzungsgefahr? (Unfall, Bloßstellung)
- Wird bei diesem Spiel jeder Spaß haben? Sind die Anforderungen dem Teilnehmerkreis angemessen und mit gewissen Anstrengungen erfüllbar? Werden kulturelle Werte und Normen, sprachliche Probleme, Angst vor Blamage berücksichtigt?

Viele Spiele benötigen einen Spielleiter. Es sollte nicht dem Zufall überlassen bleiben, wer diese Rolle übernimmt. Grundsätzlich sollten die Spiele so angelegt sein, dass die Schüler diese Rolle ausfüllen können. Es wird aber auch Spiele geben, die besser von Erwachsenen geleitet werden. In beiden Fällen ist wichtig, dass der Spielleiter nicht nur für die Einhaltung der Regeln zuständig ist, sondern bei Bedarf auch in die Rolle eines Animateurs schlüpft und durch Tonfall, Gestik und Mimik Spielfreude ausstrahlt und vermittelt, dass das Spiel Spaß bringt und für die Teilnehmer ein tolles Erlebnis ist.

Aufgabe des Spielleiters ist es daher,
– die Spielregeln kurz und präzise zu erläutern,
– durch sein Auftreten den Mitspielern Sicherheit zu geben,
– den Spielverlauf zu beobachten und zu steuern,
– flexibel zu sein und auch Spielvarianten zu initiieren,
– neugierig zu machen,
– sich ggf. selbst als Mitspieler einzubringen, wenn es heißt: Freiwillige vor – und niemand meldet sich.

Theaterspiele

Das „Kind im Menschen" ist ein Schöpfer mit einer unendlichen Schaffenskraft. Das Theaterspiel schafft den Raum und ist die Bühne für dieses „Kind" mit all seiner Kraft und Fantasie. Das Theaterspiel „bindet und löst. Es fesselt. Es bannt, das heißt: es bezaubert."[1] Dieser Zauber ist es, der uns alle anlockt und ermutigt, etwas aufzuführen, und die Zuschauer in seinen Bann zieht. Deshalb fragen die Schüler bei Klassenfesten, Elternabenden oder Schulfesten immer wieder: „Können wir etwas aufführen?" Die Planungsgruppe eines Festes sollte immer bereit sein, dem Wunsch nach Aufführung nachzukommen. Dabei ist es wichtig, dass diese „Theatergruppen" eine kompetente Betreuung erfahren. Vielleicht ist es auch ratsam, Experten von außen zur Unterstützung heranzuziehen, denn geplatzte oder misslungene Aufführungen können zu einer allgemeinen Verunsicherung und zu einem Motivationsabbau führen, der sich auch nach dem Fest auf das Lernverhalten der Schüler auswirken kann.

Für die betreuenden Personen (Lehrer oder Eltern) ist es wichtig, sich mit

1 Huizinga, Johan: Homo Ludens. Vom Ursprung der Kultur im Spiel. Hamburg 1956, S. 18

den Schülern darüber zu verständigen, um was für eine Aufführung es sich handeln soll.[1]

- Das *freie darstellende Spiel* als lockere Anbindung an eine Spielvorlage ist eine lustbetonte, kreative, körperliche Umsetzung einer Spielidee. Formen des freien darstellenden Spiels, die sich für Feste eignen, sind *Stegreifspiele, Pantomimen, Clownspiele, Zaubereien* und der *Tanz.*

- Beim *Theaterspiel* als szenischer Umsetzung einer Textvorlage oder eines Drehbuchs gibt es verbindlichere Regieanweisungen. Darstellungsformen sind hier das *Laienspiel,* das *Figurentheater,* die *Revue* oder das *Kabarett.* Auch ein vor dem Fest geschriebenes und aufgenommenes *Hörspiel* kann zur „Aufführung" gebracht werden.

1 Meyer, Hilbert: Unterrichtsmethoden II. Berlin 1987, S. 349

Bei beiden Spielformen können Elemente des Mitmachtheaters integriert werden.

Vor der Aufführung müssen zwischen der Theatergruppe und der Planungsgruppe genaue Absprachen getroffen werden.

- Wo befindet sich die Bühne? (Forum, Klassenraum, Turnhalle ...) Andere Bereiche wie Cafeteria oder Stände, an denen es zu Warteschlangen und, damit verbundenen, zu störendem Lärm kommen kann, sollten sich nicht in näherer Nachbarschaft befinden.
- Bestehen Anschlüsse für Musik, Mikrofon und Beleuchtung?
- Was muss für den Zuschauerraum besorgt werden? (Stühle aus den Klassenräumen, Sitzbänke oder Matten aus der Turnhalle ...)
- Wo können sich die Spieler aufhalten und wo werden die Requisiten aufbewahrt?
- Wird weitere Hilfe (Moderator für verschiedene Programmteile ...) oder Unterstützung (Aufsichtspersonen ...) gewünscht?
- Wie lange dauert das Stück?
- Sind auf der Bühne Aufführungen mehrerer Gruppen geplant?
- Muss eine Programmabfolge erstellt werden? Wie kann der Spannungsbogen während des ganzen Festes aufrechterhalten werden? (Programmblöcke, Wechsel zwischen Musik/Tanz und Theater/Pantomime, Höhepunkte)
- Sind vor dem Festtag Proben notwendig? Welche Probleme können dadurch für den schulischen Alltag entstehen?
- ...

Je genauer all diese Punkte besprochen werden, desto größer sind die Aussichten, dass die Aufführungen störungsfrei ablaufen können. Es gilt zwar auch hier, mit Pannen zu leben, aber Pannen, die vorhersehbar waren, ärgern die Aufführenden oft sehr und können sie um die verdienten Erfolgserlebnisse bringen.

Aufführungen, Shows

Das Fernsehen mit seinen *Shows* animiert viele Schüler zur Nachahmung. Da gerade die Musiksender bei Jugendlichen zu den Rennern gehören, wird häufig der Wunsch geäußert, als Imitatoren einer Tanz- oder Musikgruppe aufzutreten. Je nach Festcharakter sollten diese Wünsche berücksichtigt werden. Sie sind oft ein großer Publikumsmagnet und werden gerade von Schülern als Bühne für ihre besonderen Fähigkeiten genutzt, die sie in den traditionellen Unterrichtsfächern selten entfalten können. Damit ein breites Publikum angesprochen wird, kommt es auch hier auf die Mischung an. Zwischen Tanz- und Gesangseinlagen können sich auch leisere Töne mischen, der Gedichtvortrag oder das Geigenspiel. Sehr beliebt sind auch *Modenschauen.* Die Themen sollten viel Raum für Kreativität bieten (z. B. Kleidung aus Müll, Mode im Jahr 3000, Mode im Reich der Fantasie). *Modenshows* können aber auch aufklären und informieren (z. B. Die Mode fremder Völker, Mit der Mode durch die Jahrhunderte, Die Mode unserer Eltern und Großeltern).

Für die Planungsgruppe ist es wichtig, bei diesem oft sehr breiten Angebot den Überblick zu behalten. Deswegen müssen die darstellenden Gruppen genaue Angaben über Dauer und technische Voraussetzungen liefern. Dann kann entschieden werden:

- Werden mehrere Bühnen benötigt?
- Welche Besonderheiten muss die Bühne bieten? (Laufsteg)
- Wie soll die genaue Programmabfolge sein?
- Sollen Aufführungsblöcke eingerichtet werden?
- Sind Wiederholungen gewünscht und sinnvoll?
- Wer soll moderieren?

Dabei muss die Planungsgruppe bedenken, dass Spiele, Theaterstücke und andere Aufführungen immer ein Programm im Programm darstellen. Sie sollen den Festcharakter unterstreichen, aber nicht so umfangreich angesetzt werden, dass sie zu einem Verdrängungsprozess führen und andere Gruppen mit ihren Ständen und Angeboten nur wenig Zulauf erhalten.

Stände und Buden

Das Angebot kann hier vielfältig sein und die unterschiedlichsten Intentionen haben. Schüler wollen an ihren Ständen informieren, unterhalten, Spenden sammeln, verkaufen oder auf andere Art und Weise Geld einnehmen. Für die „Kunden" ist wichtig, dass alle Sinne angesprochen werden. Denn auf ein Fest gehen wir, weil wir

- sehen wollen (Theaterstücke, geschmückte Stände)
- hören wollen (Musik, Vorträge, Sketche)
- fühlen wollen (Gipsmasken, Papierherstellung)
- riechen und schmecken wollen (Bratwürste, Waffeln, Säfte)
- handeln wollen (Spiel, Tanz)

Ideen für Stände und Buden: Tombola, Scherenschnitte, Töpferwerkstatt, Marmorieren, Schminkecke, Bücherbasar, Kreativecke, Seidenmalerei, Scherenschnitte, Wurfbuden, Geschicklichkeitsprüfung, Geisterbahn ...

7. Essen und Trinken

Essen und Trinken hält Leib und Seele zusammen, sagt ein Sprichwort, und beides macht ein Fest erst „rund". In vielen Schulen ist es üblich, die Versorgung in die Obhut der Eltern zu geben. Dies bedeutet für Lehrer und Schüler eine große Arbeitsentlastung, nimmt den Schülern aber einen wesentlichen Bereich der Verantwortlichkeit: die Feiernden mit Freude und Kreativität zu versorgen. Für Schüler ist das gemeinsame Planen und Zubereiten der Speisen und die liebevolle Dekoration der Tische nicht weniger wichtig als das Genießen selbst.

Schön ist es, wenn das Thema des Festes sich auch in der Auswahl der Speisen und Getränke widerspiegelt (Ritterfest mit Speisen und Getränken aus dem Mittelalter, Sport- und Spielefest mit leichter Vollwertkost und Tipps nach dem Motto: Essen und Trimmen – beides muss stimmen ...). Gleichermaßen beliebt sind:

– das Büfett
– das Essen an liebevoll gedeckten Tischen
– der Verzehr aus der Hand an Buden und Ständen (Bratwürste, Pfannkuchen, Salate, frisch gepresste Säfte)

Folgende Fragen sollte die Planungsgruppe bedenken:
– Mit wie vielen Teilnehmern ist zu rechnen?
– Welche Speisen lassen sich in der Schule zubereiten?
– Welche Speisen lassen sich vor dem Festtag vorbereiten? (Haltbarkeit)
– Wo können wir einkaufen und eventuelle Spender ausfindig machen? (Eltern, Geschäftsleute)
– Wie „gesund" sollen Speisen und Getränke sein?
– Wie und wo sollen Speisen und Getränke angeboten werden?
– Müssen Speisen und Getränke gekühlt werden?
– Sollen Preise festgesetzt werden? Welche Kriterien gibt es dafür?
– Welche Einrichtungen verleihen Tische, Stühle, Geschirr und Besteck?
– Wird Strom benötigt? Wie kann die Stromversorgung sichergestellt werden?
– Muss zwischendurch abgewaschen werden?

– Sind genügend Abfallkörbe aufgestellt? Wird dabei auf eine getrennte Entsorgung geachtet? Wer ist für die regelmäßige Leerung verantwortlich?

8. Dekoration

Das Auge feiert mit. Dekorationen erhöhen den optischen Reiz eines Festes. Dekoriert werden können der Außenbereich, das Schulgebäude und die Spielstätten, Buden und Stände.

Das Thema des Festes wird auch hier großen Einfluss auf die Ideen der Schüler haben. Wer beim Aufbau der Stände neben der Zweckmäßigkeit auch noch an ein schönes und originelles Aussehen denkt, weckt die Neugier der Festteilnehmer. Material, Kosten, Aufwand dürfen dabei nicht außer Acht gelassen werden. Auch die Wiederverwertbarkeit sollte bei den Überlegungen eine Rolle spielen. Manchmal ist es auch wichtig, den Rat von Fachleuten hinzuzuziehen. Denn Farben, die nicht auf Stoffen halten, Materialien, die nicht stabil genug sind, oder auch eine Begrünung, die zu schnell vertrocknet, machen einen Stand unattraktiv und drücken die Stimmung der Schüler. Beliebte Materialien für die Dekoration der Stände sind Kisten, große Kartons, Netze, Girlanden, Luftballons, Lampions, Dekostoffe, Zweige, Blumensträuße ...

Zur Dekoration gehören auch die *Informationstafeln*. Große Schilder über dem Stand vergrößern den Wirkungskreis, eine Preisliste, die mit den angepriesenen Waren verziert ist, verstärkt die Kaufbereitschaft der Festteilnehmer.

Auch die *Kleidung des Personals* ist für die Attraktivität eines Standes wichtig. Die Kochmütze gehört genauso zur Imbissbude wie das geschminkte Gesicht zur Schminkecke. Schüler an einem Informationsstand können z. B. durch T-Shirt-Aufdrucke auf ihr besonderes Anliegen hinweisen.

Ist schließlich alles organisiert, vorbereitet und dekoriert, so steht die Ampel auf Grün. Das Fest kann beginnen, die Besucher können kommen.

3 Feste zur Förderung der Klassengemeinschaft

von Jürgen Marx

Klassenfeste eignen sich besonders dazu, die Klassengemeinschaft nachhaltig zu fördern. Ein wichtiger Anlass kann die Neuzusammensetzung der Klasse oder die Integration neuer Mitschüler sein. Der Abschnitt *Klassenfeste zum Kennenlernen* bietet Anregungen und Spielvorschläge, die das Kennenlernen erleichtern und die Integration in die neue Lerngruppe fördern. Da aufwändige Klassenfeste in der Regel nicht allzu oft stattfinden, werden in den Abschnitten *Talentsuche* und *Das spielende Klassenzimmer* zusätzlich spielerische Aktivitäten vorgestellt, die die Förderung der Klassengemeinschaft auch im Unterrichtsalltag mit minimalem Aufwand ermöglichen und eine willkommene festähnliche Abwechslung in die Routine des Schulalltags bringen. Schullandheim-Aufenthalte und Klassenfahrten bieten vielfältige Chancen, Gemeinschaft zu erleben und den Zusammenhalt der Klasse zu verbessern. Auf die Möglichkeiten, die Feste in diesem Rahmen bieten, geht der Abschnitt *Klassenfahrten und Feste* ein.

A Klassenfeste zum Kennenlernen

In einer empirischen Untersuchung zur Einstellung von Klassenlehrerinnen und Klassenlehrern zu außerunterrichtlichen Aktivitäten antworteten die Lehrer auf die Frage, warum sie Feste als zusätzliche außerunterrichtliche Veranstaltungen für wichtig halten, besonders häufig: „Förderung der Vertrauensbeziehung zur Klasse", „Förderung der Klassengemeinschaft und des sozialen Lernens" und „besseres Kennenlernen".[1] Zudem wird der Spaß an den gemeinsamen Feiern hervorgeho-

---

1 vgl. Martin, a.a.O. S. 187

ben. Schüler und Eltern begrüßen Feste und Feiern ebenfalls ausdrücklich und auch die pädagogische Theorie betont den Stellenwert außerunterrichtlicher Aktivitäten und knüpft hohe Erwartungen an deren erzieherische Wirkungen.

Klassenfeste können zu den verschiedensten Anlässen stattfinden und unterschiedlichen Zwecken dienen.[1] Die Förderung der Klassengemeinschaft wird dabei immer ein wichtiger Begleiteffekt sein.

Ganz besonders im Mittelpunkt steht sie beim

- Kennenlernfest nach einer Klassenzusammenlegung (z. B. in Klasse 7 bei weiterführenden Schulen mit Sprachenwahl oder bei Zusammenlegungen auf Grund zu kleiner Klassen)
- Integrationsfest zu Schuljahresbeginn (Integration von Wiederholern und Neuzugezogenen)
- Begrüßungsfest für Schüler, die während des Schuljahrs neu in die Klasse kommen
- Fest zum Kennenlernen des neuen Klassenlehrers und neuer Fachlehrer (evtl. gemeinsam mit den Eltern)

1. Grillfest zum Schuljahresbeginn

Wenn es darum geht, dass die Klasse und die neue Klassenleitung (Klassenlehrer und Stellvertreter) sich möglichst schnell kennen lernen, dann bietet sich ein gemeinsames Fest bald nach Schuljahresbeginn an, zum Beispiel als *Sommer- oder Grillfest* im Freien – möglicherweise gemeinsam mit den Eltern.

Die Wahl des Festplatzes

Wenn nicht auf dem Gelände der Schule gefeiert werden soll, können Grillplätze von Kommunen oder privaten Trägern meist gegen eine geringe Gebühr angemietet werden (frühzeitig anmelden!). Oft haben diese Plätze den Vorteil, dass sie überdacht sind. Größere Grillhütten bieten zudem bei plötzlichem Regen Schutz, sodass das Fest auch bei unbeständigem Wetter nicht „ins Wasser fallen" muss. Bei der Platzauswahl sollte darauf geachtet werden, dass der Ort für den Grill – und das eventuelle zusätzliche Lagerfeuer – so auswählt wird, dass keine Brandgefahr besteht und dass auch genügend Platz für bewegungsintensive Spiele zur Verfügung

---

1 vgl. Marx, a.a.O. S. 42 f.

steht. Vorteilhaft ist es auch, wenn Spielplätze oder Freizeitanlagen in der Nähe sind, die die Schüler und evtl. mitkommende Geschwister zusätzlich nutzen können.

Gemeinsame Wanderung zum Grillplatz

Wird ein außerschulischer Festplatz gewählt, kann dieser auch gemeinschaftsfördernd durch eine gemeinsame Wanderung erreicht werden. Beim Wandern ergeben sich automatisch wechselnde Gruppierungen und damit vielfältige Gesprächs- und Kennenlernmöglichkeiten zwischen Schülern, Lehrern und Eltern.

Treffen sich die Teilnehmer erst am Grillplatz, kann eine bewusst eingeplante kurze Wandereinlage zur Erkundung des Umfeldes oder eine Schnitzeljagd zumindest für eine Teilgruppe denselben Zweck erfüllen.

Kommunikatives Grillen

Da die Vorbereitung des Grillfeuers und das Grillen selbst recht zeitaufwändig sind, bieten sich hier ebenfalls vielfältige Gesprächsmöglichkeiten. Aus diesem Grunde und auch weil das gesundheitsbewusste Garen *mit Schutzfolie* deutlich länger dauert, sollte ausreichend Zeit für das Grillen vorgesehen werden. Es empfiehlt sich, die Grillteams öfter auszutauschen.

Grillen die Schüler selbst, sollten ihnen zuvor einige Informationen zu gesundheitsbewusstem Grillen vermittelt werden. Die nachfolgende Übersicht kann zu diesem Zweck für die Schüler kopiert werden.

Tipps für gesundheitsbewusstes Grillen

- Grillkohle aufhäufeln, Grillanzünder unter und zwischen die Kohlestücke legen und anzünden.
- 30 bis 40 Minuten warten, bis die Grillkohle gleichmäßig glüht, was an der dünnen grauen Ascheschicht zu erkennen ist, die sie bedecken sollte.
- Schutzunterlage (Aluminiumfolie oder Aluminiumschalen) auf den Grillrost legen, um das Abtropfen und Verbrennen des Fettes und damit die Entstehung gesundheitsschädlicher Stoffe zu verhindern.
- Grilladen auflegen, öfter wenden, damit sie gleichmäßig garen und nicht anbrennen.
- Restglut nutzen: Kartoffeln in Aluminiumfolie wickeln und zum Garen in die Glut legen.

Was wird von wem mitgebracht?

Zuvor sollten Absprachen darüber getroffen werden, wer welche Grilladen, Salate und Getränke mitbringt, damit für alle genug zur Verfügung steht. Vorher in der Klasse kursierende Listen helfen, die Essensangebote zu koordinieren. Bei Festen mit Elternbeteiligung hat es sich bewährt, Grillkohle und Getränke zentral zu besorgen und die Unkosten zusammen mit der Platzmiete auf alle umzulegen. Grilladen und weitere Speisen kann dann jede Familie selbst mitbringen. Diese können zum Teil auf einem großen Gemeinschaftstisch als Büfett angeboten werden.

Das Spielangebot

Vor dem Grillen und parallel dazu können weitere gemeinschaftsbildende Aktivitäten stattfinden. Wenn sich die Schüler noch nicht gut mit Namen kennen oder wenn die Eltern am Fest teilnehmen, erleichtern Namensschilder für alle das gegenseitige Ansprechen und das Behalten der Namen (am einfachsten: Tesastreifen mit Filzstift beschriften lassen).

Als Festelemente haben sich Geländespiele, Ballspiel-Turniere (Fußball, Volleyball, Völkerball ...), Kleingruppenspiele (Federball, Indiaca ...) und Wettkampfspiele (Staffeln, Wettläufe ...) bewährt.[1]

1 vgl. Marx, a.a.O. S. 44

Da hier Festanlass das gegenseitige Kennenlernen ist, werden nachfolgend einige geeignete Kontaktspiele vorgestellt, die sich besonders gut im Freien spielen lassen. Sie haben die Funktion, das Interesse aneinander zu wecken, die Gruppe aufzulockern und Berührungsängste abzubauen.

Kennenlern- und Kontaktspiele im Freien

Porträt mit Lügen
ab Klasse 5
Die Teilnehmer werden in Paare aufgeteilt. In einem ersten Kennenlerngespräch, das auch bereits auf einer vorausgehenden Wanderung stattfinden kann, interviewen sich die Paare gegenseitig über Namen, Wohnort, Arbeit (bei Eltern), Lieblingsfächer (bei Schülern), Alter, Hobbys, Haustiere, Erwartungen an die Schule/Klasse ... In der Vorstellungsrunde stellen die Teilnehmer ihren Partner der Gruppe vor, indem sie vier Einzelheiten mitteilen, die sie am interessantesten fanden. Die vorstellende Person soll dabei allerdings eine Einzelheit frei erfinden. Die Gesamtgruppe versucht anschließend, die erfundene Information zu erraten.
Dieses Spiel eignet sich auch zur Einbeziehung der Eltern.

VIP-Spiel
ab Klasse 5
Material: Sicherheitsnadeln und Karten (ca. 7 x 10 cm) oder Kreppband
Allen Spielern wird eine Karte oder ein Streifen Kreppband auf den Rücken geheftet, worauf der Name einer sehr prominenten noch lebenden oder bereits verstorbenen Persönlichkeit steht. Jeder Spieler muss nun durch Fragen an seinen Nachbarn herausfinden, wer er ist. Das Spiel endet, wenn sich alle Spieler selbst erkannt haben.
Dieses Spiel eignet sich auch zur Einbeziehung der Eltern.

Rundtour
ab Klasse 5
Material: Orange, Apfel, kleiner Ball oder Banane
Die Spieler bilden einen Kreis. Der erste Spieler klemmt sich einen runden Gegenstand (Ball, Orange) unter sein Kinn und gibt diesen an seinen rechten Nachbarn weiter, ohne dass beide die Hände benutzen. Das Spiel ist beendet, wenn der Gegenstand wieder bei dem Ausgangsspieler angekommen ist. Fällt er zwischendurch zu Boden, geht es bei dem Spieler, der ihn zuletzt unter dem Kinn halten konnte.

Paketversand

ab Klasse 5

Material: Seile

Je nach Größe der Gesamtgruppe werden eine Gruppe oder mehrere Teilgruppen gebildet. Die Spielleitung bindet um jede eng zusammenstehende Gruppe möglichst eng ein Seil. Die Gruppen sollen sich nun als „Paket" möglichst schnell von ihrem Ausgangsort zu einem vorher festgelegten Ziel bewegen.

Zuordnungs- oder Schubladenspiel

ab Klasse 5

Material: mehrere Springseile oder Schnüre

Alle Teilnehmer versammeln sich in der Mitte des Spielfeldes. Die Spielleitung definiert zu einem Oberbegriff (Wohnort) mehrere Unterbegriffe (im Osten, Norden, Süden, Westen) – quasi „Schubladen", denen sich die Teilnehmer zuordnen sollen. Dazu müssen die Unterbegriffe einem klar markierten Ort zugeordnet werden (Baum, Bank … oder mit einem Springseil markierter Kreis). Diejenigen, die sich am betreffenden Ort eingefunden haben, tauschen sich kurz untereinander aus, warum sie in dieser „Schublade" gelandet sind. Nach fünf bis zehn Minuten folgt der nächste Oberbegriff und eine erneute Zuordnung.

Begriffsbeispiele: Wohnort im Norden, Osten, Süden, Westen; Geburtstag im ersten, zweiten, dritten, vierten Quartal; Lieblingsgetränk (Wasser, Cola, Milch, andere Getränke) …

Variante: Statt der Unterbegriffe können auch Thesen zu einem Thema genannt werden. Jede Person geht dann zu der These, der sie am ehesten zustimmen kann oder die sie am liebsten diskutieren möchte.

Der Höhepunkt – das gemeinsame Essen

Bei einem Grillfest stellt natürlich das gemeinsame Essen den Höhepunkt dar. Falls sich das Fest bis in den Abend hinzieht und wenn es abends schon kälter wird, kann ein zusätzliches Lagerfeuer die Feststimmung erhöhen. In Folie gewickelte Kartoffeln können in die Glut des Grill- oder Lagerfeuers gelegt werden. Stimmungsvoll und das Gemeinschaftsgefühl steigernd wirkt sich eine begleitende *Liederrunde* aus (möglichst mit Gitarrenbegleitung durch Schüler, Eltern oder Lehrer). Eine zur Gruppe und zur Situation passende und von Lehrern oder Schülern wirkungsvoll vorgelesene oder erzählte Geschichte wird ebenfalls das Gemeinschaftserlebnis stärken und eignet sich besonders in unteren Klassen als Abschluss des Kennenlernfestes.

2. Begrüßungsfest für neue Mitschüler

Der Neuzugang eines oder mehrerer Schüler mitten im Schuljahr stellt eine besondere Herausforderung an die Integrationsfähigkeit der Klasse dar. Ein Begrüßungsfest, das die wechselseitigen Kennenlernbedürfnisse berücksichtigt, kann das Einleben spielerisch erleichtern und damit wirkungsvoller fördern als rein unterrichtliche Maßnahmen. Da jahreszeitlich bedingt viele dieser Feste im Gebäude stattfinden müssen, stehen im Folgenden Aktivitäten und Spiele im Vordergrund, die sich vor allem für die Festgestaltung in schulischen oder außerschulischen Räumen eignen.

Raumdekoration und Festgestaltung

Trifft man sich in der Schule im Klassenzimmer oder einem anderen für Feiern geeigneten Raum, sollte für eine festliche Dekoration gesorgt werden, die den Schulalltag möglichst vergessen lässt. Sind die neuen Mitschüler neu zugezogen, können Zeitungsausschnitte, Werbematerialien und Plakate mit Schul- und Stadtbezug aufgehängt oder zu ansprechenden Collagen verarbeitet werden.

Aufwändiger, aber auch abwechslungsreicher ist es, gemeinsam ein Thema zu finden und gestalterisch umzusetzen. Ein Thema, das die Klasse oder eine aktuelle Klassenmode gut charakterisiert, eignet sich besonders für die Begrüßung. Es hilft zudem, Requisiten für die Raumdekoration zu finden und passende Musik sowie geeignete Speisen und Getränke auszuwählen und weitere originelle Programmpunkte kreativ zu gestalten.

Beispiel: Festthema „Hollywood"
Eine *Hollywood-Fete* könnte z. B. eine Klasse charakterisieren, die sich für Filme, Stars und Kino begeistert oder vielleicht sogar selbst einen Film gedreht hat. Filmplakate und Requisiten verhelfen zu stimmungsvoller Raumdekoration, ausgefallene Verkleidungen als verrückte Hollywood-Stars, Filmmusik- und Filmausschnitte, fantasievolle und bunte Getränke sorgen für das richtige Hollywood-Ambiente.

In diesem Festrahmen passen natürlich besonders gut *Medienspiele,* die man auf den Begrüßungsanlass und das Motto hin abwandeln kann. Hier zwei Beispiele:

Standbild: Die Westernszene „Ankunft der neuen Siedler" wird einschließlich der westerntypischen Naturelemente (Felsen, Bäume ...) von allen
Teilnehmern pantomimisch dargestellt (Dauer: maximal 10 Minuten). [1]
Schauspielertausch: Zunächst werden Ausschnitte aus einem typischen
Hollywood-Film (evt. Kennenlernsituation) gemeinsam angesehen. Diese
Vorführung wird dann vom Spielleiter mitten in einer Szene unterbrochen. Die Klasse bildet Gruppen, die nun unterschiedliche Fortsetzungen
der Handlung entwickeln und sich diese nach einer Probezeit gegenseitig vorspielen (Dauer: etwa 30 Minuten und länger).

Weitere Festthemen

Die nachfolgenden Themenbeispiele eignen sich besonders für Feste zur
„Integration neuer Schüler".[2]

– *Café Größenwahn:* Ältere Klassen mit „schrillen Typen" können z. B.
  ein Fest im Stil der „verrückten Zwanziger" gestalten.

– *Irrenhausfest:* Temperamentvolle jüngere Klassen könnten mit the-
  mengemäßer Verkleidung und Musik auch Beiträge zur „Therapie-
  geschichte" der Klasse einflechten (Lehrerimitationen, Sketche zu ein-
  drucksvollen Klassenerlebnissen, vorbildlichem Verhalten).

– *Musik zum „Abhotten":* Musikbegeisterte Klassen könnten eine Tanz-
  fete mit ihrer Lieblingsmusik und Musik- und Starquiz organisieren.

– *Presseball:* Journalistisch motivierten Lerngruppen eröffnet ein Pres-
  sefest vielseitige Möglichkeiten der kreativen Darstellung der Grup-
  pengeschichte („Klatschreportergeschichten über Klassenskandale"
  oder „Heldentaten auf Klassenfahrten" als großformatige Wandzeitung), Zeitungskleidung, Zeitungstänze (z. B. Wettbewerbstanz auf
  einem durch Halbierung immer weiter verkleinerten Zeitungsstück,
  das nicht verlassen werden darf).

– *Weltraumparty:* Science-Fiction-Fans werden sich für eine futuristische Weltraumfete mit entsprechender Kostümierung, Raumgestaltung und Musik begeistern lassen.

– *Schmink- und Kostümfest:* Nicht nur, aber besonders zu Karneval
  macht es Schülern unterer Klassen Spaß, sich originell zu verkleiden
  und zu bemalen. Beim Schminken helfen sich die Schüler gegenseitig
  und lernen sich dabei besser kennen.

---

1 vgl. Baer 1999, a.a.O. S. 180
2 vgl. Thiesen, a.a.O. S. 178–183

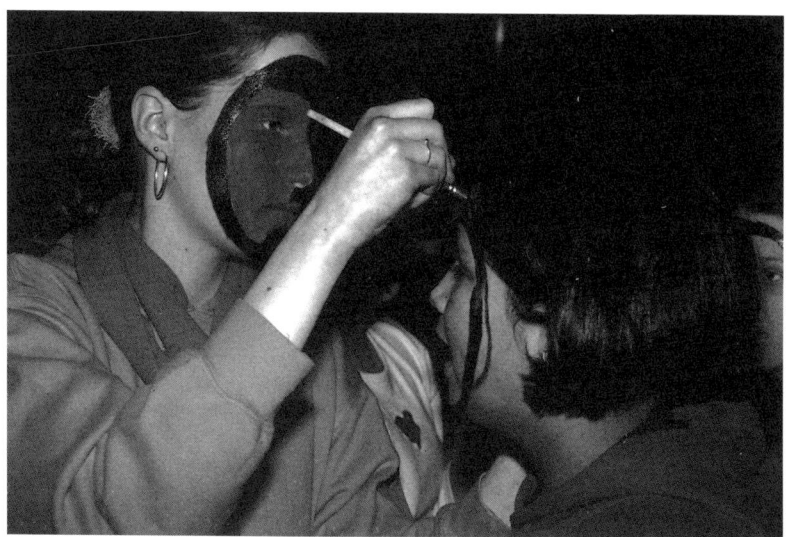

Kontaktspiele für drinnen

Je nach Thema des Festes ergeben sich unterschiedliche Möglichkeiten, Spiele einzubeziehen. Die nachfolgenden Spielideen konzentrieren sich auf das Kennenlernen. Einzelne Kennenlernspiele können in eine Themenfete einfach übernommen werden. Reizvoller könnte es sein, sie kreativ dem Motto der Fete anzupassen und sie entsprechend umzuwandeln. Mit den nachfolgenden Spielen kann aber auch ein einfacher Spielenachmittag im Klassenraum gestaltet werden.

Die Spiele und Aktivitäten richten sich an alte und neue Klassenmitglieder gleichermaßen. Immer geht es darum, den Gruppenkontakt zu intensivieren.

Spiele zum Kennenlernen der Gesamtklasse und einzelner Schüler

Klassenpuzzle
ab Klasse 5
Material: Vergrößerung eines Klassenfotos (30 x 45 cm), in Teile zerschnitten, Umschlag mit einem Puzzleteil pro Schüler
Alle Teilnehmer bekommen einen Umschlag mit einem Puzzleteil, öffnen diese gleichzeitig und legen nun in kooperativem Vorgehen auf dem Boden die einzelnen Teile wieder richtig zusammen.

Klassenbilanz

ab Klasse 7

Material: Karteikarten mit Fragen zur Klassensituation

Dieses Spiel setzt gute Gruppenkenntnis und Reflexionsfähigkeit voraus. Die Karten werden mit jeweils einem Klassenbilanzthema beschriftet und auf einen Stuhl gelegt, der sich im Zentrum des Stuhlkreises befindet. Freiwillige kommen nacheinander in den Kreis, nehmen sich jeweils die oberste Karte, lesen die gezogene Frage vor und beantworten sie. Die neuen Mitschüler, die die Klassensituation natürlich noch nicht so gut kennen, berichten über ihre bisherige Klasse. Falls eine Frage nicht beantwortet werden kann, darf eine zweite gezogen werden. Um mehrere Meinungen zu einem Thema zu erfahren, werden Karten mehrmals mit derselben Frage beschriftet. Zwei Regeln sind bei diesem Spiel zu beachten:

– Die Teilnehmer müssen sich ehrlich und ohne Abschweifungen äußern.
– Es darf keinem etwas übel genommen werden. Niemand darf persönlich angegriffen werden.

Vorschläge für die Fragen zur Klassenbilanz (nach Bedarf zu erweitern):

– Wie entwickelte sich die Klassengemeinschaft bisher?
– Welche Ereignisse/Erlebnisse verbindet die Klasse besonders?
– Gab es besondere Störungen/Krisen der Gruppe und wie wurden sie überwunden? Wähle ein Beispiel aus.
– Entstanden enge Freundschaften in der Klasse? Wie? Wähle ein Beispiel aus. (Eventuell bei Freundschaftsproblemen in der Klasse weglassen.)
– Was ist besonders an dieser Klasse, was unterscheidet sie von Parallelklassen?
– Wie beurteilst du das Verhältnis zwischen Jungen und Mädchen in der Klasse?
– Bezüglich welcher Verhaltensnormen und Werte herrscht in der Klasse die größte Einigkeit?
– Welche Themen/Meinungen sind in der Klasse besonders aktuell?
– Worüber herrscht besonders große Übereinstimmung in der Klasse?
– Worüber herrscht besonders große Uneinigkeit in der Klasse?
– Was ich schon immer einmal zur Situation der Klasse sagen wollte.
– Gibt es in der Klasse gemeinsame Lieblingsfächer? Gründe?
– Welche Lehrerin/welcher Lehrer ist bei der Klasse am beliebtesten? Warum?

Partnergeheimnis-Interview
ab Klasse 5
Dieses Spiel eignet sich besonders dazu, spielerisch mehr über die Neuen und ihre bisherige Umgebung zu erfahren. Jeweils zwei Schüler bilden ein Paar. Jeder erzählt dem anderen etwas über sich. Kennen sich die Schüler schon besser, sollten sich die Partner zusätzlich wechselseitig Geheimnisse über ihre Person anvertrauen, die innerhalb der Gesamtgruppe nicht oder nur wenigen bekannt sind (zu persönliche Geheimnisse sollten tabu bleiben). Anschließend bilden alle einen Kreis, in dessen Mitte die Paare Platz nehmen und sich gegenseitig vorstellen. Das jeweilige Geheimnis sollte die Gesamtgruppe aus drei Vorgaben nach vorheriger Gruppenberatung erraten. Beispiel: Julias Hobby ist das Tanzen. Martin gibt drei Hobbymöglichkeiten vor (Segeln, Tanzen, Reiten), die Gruppe muss sich auf ein Ergebnis einigen.

Sprechende Objekte
ab Klasse 5
Material: Stoffsack, kleiner persönlicher Gegenstand von jedem Schüler
Jeder Schüler hat einen kleinen persönlichen Gegenstand mitgebracht, mit dem er etwas Besonderes verbindet. Die Objekte werden in einem Beutel oder Sack gesammelt. Anschließend ziehen alle einen fremden Gegenstand (ggf. ein zweites Mal ziehen). Nun erzählt jeder reihum, was ihm zu dem betreffenden Gegenstand spontan einfällt, z. B. wie er wirkt, wie er sich die Person vorstellt, zu der das Objekt passen könnte. In der Abschlussrunde nimmt sich jeder wieder sein Lieblingsstück und erzählt von der wahren Bedeutung seines Mitbringsels.

Spiele zur Förderung des gegenseitigen Wahrnehmens und Vertrauens

Was hat sich verändert?
ab Klasse 5
Zwei Mannschaften stellen sich in einem Abstand von etwa zwei Metern so auf, dass jeder Schüler einem anderen gegenüber steht. Die Teilnehmer haben nun eine Minute Zeit, sich das Äußere ihres Gegenübers genau einzuprägen. Anschließend drehen sich alle auf ein Kommando des Spielleiters hin so um, dass sie sich gegenseitig den Rücken zuwenden. Die Spieler erhalten nun zwei Minuten Zeit, drei sichtbare Veränderungen an ihrer Vorderansicht vorzunehmen. Die Mitglieder jeder Mannschaft

dürfen dazu untereinander Gegenstände (Uhren, Brillen ...) austauschen. Anschließend drehen sich wieder alle um. Nun muss jeder die Veränderungen an seinem Gegenüber möglichst vollständig nennen.

Partner finden und Gesicht ertasten
ab Klasse 7
Material: Kassettenrekorder, Musik
Die Klasse verteilt sich im Raum. Der Spielleiter stellt Musik an und alle gehen mit geschlossenen Augen und ausgestreckten Armen durch den Raum. Berühren sich zwei Hände, schütteln sie sich herzlich und gehen weiter. Sobald der Spielleiter die Musik abstellt, bleibt jeder bei seinem zufällig gefundenen Partner oder sucht sich schnell einen. Die beiden Spielpartner ertasten nun gegenseitig ihre Gesichter, wobei es nicht darauf ankommt, sich zu erkennen, sondern sich Zeit zu nehmen, das Partnergesicht möglichst intensiv zu erforschen und Details zu entdecken, die einem mit bloßem Auge nicht aufgefallen wären. Auf ein Zeichen des Spielleiters öffnen alle ihre Augen und mustern ihr Gegenüber, um den Tasteindruck zu überprüfen.

Gruppenknäuel
ab Klasse 6
Material: Kassettenrekorder, Musik
Die Klasse stellt sich mit umfassten Händen in einem Kreis auf. Zu einer Musik bewegen sich die Schüler so, dass sie sich – übereinander steigend, durch die Beine krabbelnd – ineinander verknäulen. Hält der Leiter die Verwirrung für groß genug, schaltet er die Musik aus. Alle verharren nun einen Augenblick und versuchen dann schweigend das Knäuel wieder zu entwirren.

Vertrauenspendel
ab Klasse 7
Die Schüler bilden Dreiergruppen. Jeweils zwei Schüler einer Gruppe stellen sich in einem Abstand von etwa anderthalb Metern gegenüber. Der dritte Spieler postiert sich, seinen Körper versteifend, in der Mitte zwischen ihnen und lässt sich mit geschlossenen Augen langsam nach vorne fallen. Der vor ihm stehende Schüler fängt ihn an den Schultern auf und schiebt ihn vorsichtig in die Gegenrichtung, bis er diesmal nach hinten fällt und dort vom dritten Teilnehmer aufgefangen wird. Nach einiger Zeit

wird gewechselt, sodass jeder einmal pendeln kann. Abschließend tauschen sich die Schüler über ihre Gefühle während der Pendelaktion aus.

Spiele zum Kennenlernen der Schulumgebung

Motive erraten

ab Klasse 5

Material: Dias mit Schul- und Stadtmotiven, Diaprojektor, Leinwand

Die Klassenleitung oder ein Schülerteam fotografiert vorab mehrere signifikante Schul- und Stadtmotive in ungewöhnlicher Weise (Details, veränderte Perspektive, Verfremdung), sodass sie nur schwer zu erkennen sind. Ein zusätzliches „Lösungsfoto", das das Objekt in voller Größe und in seiner Umgebung zeigt, erleichtert die Auflösung der Raterunde. Die verfremdeten Fotos werden projiziert und die Schüler erraten die Motive durch Zuruf oder indem sie die Lösungen nacheinander auf einem Zettel notieren. Bei letzterem Verfahren kann in einer abschließenden Auswertung ein Gesamtsieger ermittelt und prämiert werden.

Reise zu den Stadt-Highlights

ab Klasse 5

Material: Zettel mit den Namen interessanter Sehenswürdigkeiten oder wichtiger Orte der Heimatstadt (Gebäude, Plätze, Straßen, Geschäfte)

Die Schüler bilden einen Stuhlkreis. Der in der Mitte stehende Spielleiter weist nun jedem Schüler eine Sehenswürdigkeit oder einen wichtigen Ort der Heimatstadt zu. Dann benennt er eine Reiseroute.(Beispiel: „Ich wandere/fahre vom Hauptbahnhof, am Kaufhof vorbei zum Marktplatzbrunnen, und das sofort!") Nach diesem Satz müssen die Schüler, denen die an der Reiseroute liegenden Stadt-Highlights zugeteilt wurden, sofort ihre Plätze tauschen. Der Spielleiter versucht dabei, einen der frei gewordenen Sitzplätze einzunehmen. Gelingt ihm das, übernimmt der ohne Stuhl gebliebene Schüler die Funktion des Spielleiters. Je mehr Reiseziele einbezogen werden, desto lebhafter wird der Spielverlauf.

3. Gemeinschaftsfördernde Spiel- und Sportnachmittage

Weniger aufwändig und daher schneller zu realisieren als größere Feste sind gemeinsame Spiel- und Sportaktivitäten am Nachmittag. Sie wirken sich gemeinschaftsfördernd aus und helfen ebenfalls, neue Mitschüler schneller in den Klassenverband zu integrieren.

Planung

An der Entscheidung, ob, wann, wo (welche Räumlichkeit drinnen oder welcher Platz draußen) und wie lange man sich nachmittags trifft, sollten alle Schüler beteiligt werden. Ein „Schülerausschuss" kann dann die Spiele auswählen, die Getränke, Sitzgelegenheiten für Zuschauer und Siegerpreise etc. besorgen. Der „Schülerausschuss" arbeitet natürlich mit dem Klassenlehrer und evtl. einem beratenden Sportlehrer eng zusammen.

– Spiele für draußen: Spiele mit Turniercharakter, Ballspiele ...
– Spiele für drinnen: Gesellschaftsspiele, Gruppenspiele, Spiele mit besonderem Begrüßungscharakter (s. S. 41f.), Tischtennisturnier, andere Wettbewerbe ...

Schüler, die sich in Sportvereinen oder Jugendgruppen engagieren und vielleicht sogar Leitungserfahrung haben, können meist vielfältige Vorschläge und Erfahrungen einbringen. Bei weniger erfahrenen Schülergruppen (in unteren Klassen) sollte der Klassenlehrer allerdings verstärkt bei der Auswahl helfen, Bücher mit Spielvorschlägen bereitstellen und erprobte Spielvorschläge beisteuern (vgl. die Literaturhinweise). Zudem sollte er darauf achten, dass die ausgewählten Spiele altersgemäß, pädagogisch geeignet und in der Durchführung ungefährlich sind. Wichtig ist auch, dass alle Schüler integriert werden und nicht nur die „Aktivisten" den Ton angeben.

Dokumentation

Eine zusätzliche Schülergruppe kann die Aktivitäten durch Dias, Fotos oder mit der Videokamera dokumentieren. Die Ergebnisse können nicht nur zur Verschönerung des Klassenraumes beitragen, sondern auch das nächste eventuell mit den Eltern als Gästen gestaltete Fest mit besonderen Programmhöhepunkten bereichern, nämlich einer Vorführung der Dias oder einer Videoreportage. Da Dias und Videofilme durch Abzüge oder Kopien beliebig vervielfältigt werden können, helfen sie in besonderer Weise, die Erinnerung an gemeinsame Erlebnisse wach zu halten und bei der Vorführung außerhalb der Lerngruppe die eigene Identifikation mit der Klassengemeinschaft und damit das Wir-Gefühl der Klasse zu stärken. Gelungene Fotos können auch der Schülerzeitung zur Verfügung gestellt werden.
(Zum Thema Sportfest siehe auch Kapitel 7.2)

4. Erkundungsrallye mit festlichem Höhepunkt

Eine Rallye am Nachmittag zur Erkundung von Schule und Stadt ist kein Fest im engeren Sinn, wohl aber eine den schulischen Alltag durchbrechende spielerische Möglichkeit zum Kennenlernen der fremden Schule oder – für neue Mitschüler – der unbekannten Stadt, die sich mit Festelementen gestalten lässt.

Bei einer *Schulrallye* geht es darum, möglichst viele unterschiedliche Funktionsräume (z. B. Bibliothek, Fachräume, Schularchiv, Sanitätsraum, Fotolabor, Medienräume, Hausmeisterloge) und wichtige Personen (Schulleitung, Sekretärin, Hausmeister, Schülersprecher) durch Lösung eines quizähnlichen Fragebogens kennen zu lernen. Die Fragen sollten dabei möglichst erst am jeweiligen Ort bzw. mit der jeweiligen Person zu klären und zu beantworten sein. Bei schwierigen Fragen können auch die „Alten" in der Klasse ihre Schule durchaus noch neu entdecken (z. B. Fragen zur Schulgeschichte, Fragen nach berühmten ehemaligen Schülern, Besonderheiten des Schulprogramms, entlegeneren Räumlichkeiten).

Ähnlich verläuft eine *Stadtrallye,* wobei das Vorbereitungsteam den Schwerpunkt z. B. auf stadtgeografische und historische Fragen legen kann. Bei jüngeren Schülern ist es reizvoller, nicht einen Fragebogen auszugeben, sondern die Aufgabenzettel jeweils an den verschiedenen Orten zu verstecken und die Stationenrallye textlich als *Schatzsuche* oder *Entführungs- bzw. Agentenstory* zu gestalten. Der Ausklang kann z. B. an einem zur Rahmengeschichte passenden Ort stattfinden (Burgkeller, romantisch gelegener Picknickplatz, Gaststätte mit Lokalkolorit ...). Hier kann es dann je nach Aufgabenstellung einen „Räuberspieß", einen „Agentencocktail" oder eine „Henkersmahlzeit" geben. Und falls die Rallye Wettbewerbscharakter hatte, findet zum Schluss eine feierliche Preisverleihung statt.

5. Spielerisches Kennenlernen im Deutschunterricht

Um neue Mitschüler zu integrieren, aber auch um den Zusammenhalt einer Klasse zu stärken, ohne aufwändige Vorbereitungen treffen und Zusatztermine einrichten zu müssen, eignen sich die folgenden „Miniprojekte", die sich im normalen Unterricht umsetzen lassen.

Reiseführer für Gleichaltrige
ab Klasse 5, besonders 7/8
Material: Schnellhefter, Papier, Stifte, Klebstoff, Bildmaterial
Die Klasse schreibt einen Stadtreiseführer für Neuzugezogene aus der
Perspektive von Jugendlichen. Zunächst wird aufgeteilt, welche Schülergruppe welche „Attraktion" der Stadt bzw. des Ortes übernimmt. Dies können neben Gebäuden, Einrichtungen, Treffpunkten auch kulturelle Ereignisse sein. Besonderheit: Bei der Auswahl und Darstellung soll besonders
das berücksichtigt werden, was für die eigene Altersgruppe interessant
ist. Die fertigen Beiträge werden dann zu einem „Reiseführer für Gleichaltrige" zusammengestellt.

Erzähl uns was
ab Klasse 5
Material: ein Würfel pro Gruppe, Filzstifte, Packpapier (1 x 1 m), kleine
Gegenstände
Dieses Spiel fördert das Kennenlernen einer neu zusammengesetzten
Klasse.
Zunächst werden nach dem Zufallsprinzip Gruppen von vier bis sechs
Spielern gebildet. Die Gruppen setzen sich um einen Tisch, auf dem das
Packpapier liegt. Jeder wählt sich einen Gegenstand als Spielfigur (etwas,
das die Schüler zufällig bei sich haben: Schlüsselanhänger, Ring, Radier-
gummi …), setzt diesen irgendwo auf das Packpapier und malt darum in
freier künstlerischer oder einfacher Gestaltung seine Ausgangsstation.
Anschließend würfelt der erste Spieler. Ist dies beispielsweise eine Vier,
malt er, ausgehend von seiner Startposition, vier Stationen auf sein Blatt
und setzt auf die vierte seine Spielfigur. Neben die Spielfigur schreibt
er das Thema einer Erzählung, die sich auf eine kurze Episode aus seinem Leben bezieht, und beginnt sofort damit, sie zu erzählen. Es kann
sich dabei z. B. um eine Kindheitsgeschichte, ein Schulerlebnis oder
ein Hobby handeln (ein schockierendes Erlebnis, mein liebstes Kinderspiel, etwas Unangenehmes aus der Schule, eine Unterrichtsanekdote, der
erste Kuss …). Genauso verfährt der nächste Mitspieler. Wenn alle Teilnehmer gewürfelt, ihre Stationen gemalt und sie mit einem Thema versehen haben, versuchen sie in den Folgerunden auf den gemalten Wegen
zu den Stationen der anderen Spieler mit den fremden Aufgaben zu gelan-
gen und, dort angekommen, die entsprechende Geschichte nachzuer-
zählen.

Briefe mit Selbstcharakterisierung
ab Klasse 7
Material: Papier, Kugelschreiber
Die Klasse teilt sich in zwei Gruppen auf. Die Schüler der *Gruppe A* erhalten die Hausaufgabe, eine Selbstcharakterisierung in Briefform zu verfassen, in der sie für sich als Freund bzw. Freundin werben. Diese Charakteristik wird mit einem erfundenen Namen gekennzeichnet und beim Lehrer abgegeben. In der Folgestunde zieht jeder aus der *Gruppe B* einen solchen Brief und verfasst ein ebenfalls mit fiktivem Namen versehenes positives Antwortschreiben. Der Lehrer übergibt den Schülern die jeweiligen Briefe. Dieser Briefwechsel wird so lange fortgesetzt, wie die Zeit ausreicht, spätestens jedoch, bis sich die Briefpartner erkannt haben und direkten Kontakt miteinander aufnehmen. In der nächsten Stunde kann die Klasse ihre Erfahrungen auswerten oder die Briefwechsel der Gesamtgruppe zur Verfügung stellen.

Perspektivenwechsel
ab Klasse 5
Jeder beschreibt sich in einem Text so, wie er aus der Sicht eines Lehrers, der Mutter oder eines Polizisten erscheinen mag. Diese Charakterisierungen werden anschließend vorgelesen und die Autoren geraten.

Aktion Klassengeschenk
ab Klasse 5
Material: Passfotos, Texte von „Perspektivenwechsel", PC und Scanner
Für diesen Vorschlag werden die Texte des „Perspektivenwechsels" (s. o.) benötigt. Zusätzlich bringen alle Schüler ein Passfoto mit. Computerexperten aus der Klasse scannen die Bilder ein und bringen sie auf gleiche Größe. Wenn alle zustimmen, können die Gesichter mit einem Grafikprogramm zusätzlich verfremdet werden, sodass z. B. Karikaturen entstehen. Ordnet man die Bilder den Texten des „Perspektivenwechsels" zu, ergibt sich ein originelles Begrüßungsgeschenk, das die Klasse ihren neuen Mitgliedern überreichen kann.

Momentaufnahme
ab Klasse 7
Diese Spielaktion geht von der Prämisse aus, dass jeder seine Umwelt aus seiner besonderen Perspektive, vielleicht sogar vor dem Hintergrund einer

besonderen Weltsicht wahrnimmt. In der ersten Stunde geht jeder Schüler, mit Stift und Papier ausgerüstet, aufs Schulgelände (Varianten: Blick aus dem Klassenfenster, bei älteren Schülern ist auch ein Gang in die Stadt möglich). Die Aufgabe besteht darin, das der Person wesentlich Erscheinende des Schulgeländes oder der Stadtszene in wenigen Sätzen zu notieren. So entstehen Momentaufnahmen, die mit den Fotos eines Touristen vergleichbar sind, nur dass statt der Bilder Sätze mitgebracht werden. In einer zweiten Phase werden die Momentaufnahmen der Gesamtgruppe vorgetragen. Die Zuhörer sollen herausfinden, warum der Schreiber unter den vielen Möglichkeiten gerade diese zum Beschreiben ausgewählt hat. Haben Schüler denselben oder einen ähnlichen Ausschnitt gewählt, sollten Unterschiede und Gemeinsamkeiten der Sichtweisen herausgefunden werden. In den Gesprächen lernen die Schüler die Individualität ihrer Wahrnehmungen und damit sich selbst und die anderen besser kennen. Bei philosophischem Interesse lässt sich am Schluss die Frage diskutieren, ob jeder Schreiber eine bewusste oder unbewusste Theorie im Kopf hat, mit der er die Außenwelt wahrnimmt.

B Talentschuppen – Jeder hat seine Stärken

Feste und spielerische Aktivitäten in der Klasse können auch mit dem Hauptziel „Spaß haben" stattfinden. Immer jedoch leben Klassenfeiern von den besonderen Begabungen, Fähigkeiten, Vorlieben und Stärken, die die einzelnen Klassenmitglieder in die Gestaltung einbringen können. Wenn es also gelingt, die vielleicht noch verborgen schlummernden Talente einer Lerngruppe ausfindig zu machen und durch geeignete Aktionen vorhandene Fähigkeiten auszubauen, ist dies für eine erfolgreiche Festgestaltung sehr förderlich.

1. Talente finden und nutzen

Jeder Mensch besitzt Fähigkeiten, die er besser beherrscht als die meisten Personen seines Umfeldes. Klassen haben den besonderen Vorteil, bei den Vorbereitungen festlicher Gemeinschaftsaktivitäten auf eine Vielzahl von Talenten zurückgreifen oder sogar auswählen zu können. Es gilt nur, sich dieser verborgenen Möglichkeiten rechtzeitig bewusst zu werden.

So sind zum Beispiel viele Schülerinnen und Schüler Mitglieder von Vereinen und als solche Spezialisten für die verschiedensten Aktivitäten. Schüler in Sportvereinen beherrschen oft *Spezialsportarten,* die sich als Show-Einlagen bei einem Fest vorführen lassen (Fechten, Judo ...).

Aber auch Schülerinnen und Schüler, die sich nicht in einem Verein betätigen, haben oft interessante Hobbys, von denen die Klasse bei Festen vielseitig profitieren kann. Manche beherrschen ein *Musikinstrument* oder gehören einer *Tanzgruppe* an und können ausgewählte Beiträge nicht nur selbst vorführen, sondern eventuell auch andere in eine musikalische Darbietung einbeziehen oder zu einem Tanz anleiten. *Musikkenner* und *CD-Sammler* sind meist gerne bereit, die musikalische Gestaltung einer Veranstaltung zu übernehmen und als Diskjockey zu fungieren. *Zeichnen-, Mal-* und *Bastelexperten* finden vielfältige Betätigungsmöglichkeiten als Einladungskarten-, Dekorations- und Kulissengestalter.

Oft gibt es auch Klassenmitglieder, die einige *Zaubertricks* oder *Kunststücke* beherrschen oder als Zirkusfans eine kleine *Clownnummer* auf die Beine stellen können – erste Beiträge zu einem Zirkus- oder Varietee-Programm.

Schüler, die gerne kochen, werden sicher gerne Beiträge für eine originelle *Partyküche* und *Getränkeideen* beisteuern.

Medienbegeisterte *Videofilm-* oder *Hörspielgestalter* lassen sich vielleicht überreden, besonders gelungene Kostproben vorzuführen, oder sind bereit, Festivitäten mit ihren Geräten kompetent zu dokumentieren.

In jeder Klasse finden sich Schülerinnen und Schüler mit *Erzähltalent,* die mit gekonnt dargebotenen Witzen scheinbar mühelos Lachsalven zu produzieren verstehen. Ausschau halten sollte man auch nach *Büttenrednern, Komikern, Pantomimen* und *Imitationskünstlern,* die mit ihren Spezialbegabungen ein Programm bereichern können. Die unzähligen schulischen Alltagsdramen mit den beschleunigt vergreisenden Lehreroriginalen und verhaltensauffälligen Schülerindividualisten schreien geradezu nach karikierender Nachbearbeitung durch kreative *Jungkabarettisten.*

2. Talente spielerisch fördern

Natürlich wird es Klassen geben, deren Talentschuppen nicht so gut gefüllt sind. Gerade aber in diesen Lerngruppen lohnt es sich, durch geeignete Übungen und Spiele vielleicht noch verborgen gebliebene Begabungen und Fähigkeiten zum Leben zu erwecken. Die nachfolgenden Übungen und Spiele dienen der Förderung des *Erzähl- und Redetalents* und dem *Ausdrucks- und Selbstdarstellungstraining*. Sie können zur Talentförderung im Unterricht eingesetzt werden, aber auch Programmpunkte von Festaktivitäten bilden. Die erste Übung eignet sich als Einstieg in eine Talentfindungsrunde.

Ich kann besonders gut ...
ab Klasse 6
Freiwillige kommen nacheinander vor die Klasse und teilen den anderen zunächst mit, was sie am besten können. Kann z. B. eine Schülerin besonders gut reiten, beschreibt sie den Mitschülern dann, was alles zu diesem Hobby dazugehört (Pflege, Satteln, Ausritt, Turnierteilnahme ...).

Erzählrunde
ab Klasse 5
Material: mit Begriffen beschriftete kleine Zettel, Stifte
Vorab werden vom Spielleiter einzelne Wörter auf kleinen Zetteln notiert, die sich in einem Märchen oder einer Geschichte unterbringen lassen (z. B. Berg, Riese, Wald, Zauberer, Hexe). Die Schüler ziehen nun einen oder mehrere Zettel. Dann beginnt der Erste mit einer Geschichte, in die er sein Wort/seine Wörter einbauen muss. Die anderen setzen diese Geschichte in gleicher Weise fort. Alle haben für ihren Teil der Geschichte jeweils eine Minute Zeit.

Spezialwortsuche
ab Klasse 5
Material: mit Begriffen beschriftete kleine Zettel, eine kleine Geschichte, Papier und Stifte
Jeder Spieler erhält einen Zettel mit einem seltenen Wort (z. B. Dickhäuter), das kein anderer lesen darf. Der Spielleiter beginnt eine kleine Geschichte zu erzählen oder vorzulesen. Mittendrin bricht er ab. Die Schüler müssen nun nach einer vorher bestimmten Reihenfolge die Geschichte fortsetzen und dabei den Begriff des eigenen Zettels so geschickt einflechten, dass er möglichst nicht auffällt. Jeder hat zum Erzählen eine Minute Zeit. Die Zuhörer versuchen das eingeflochtene Wort zu erraten und notieren ihren Tipp. Es kann nach jeder Fortsetzungsvariante oder erst am Ende geraten werden.

Verkaufskünstler
ab Klasse 6
Material: beliebige Gegenstände, die die Schüler von zu Hause mitbringen (CD, Glas, Korkenzieher ...)
Die Spieler sollen nun ihren Gegenstand so präsentieren, dass die Zuhörer glauben, ihnen fehlte etwas ganz Wesentliches, wenn sie dieses Objekt nicht besitzen. Die Zuhörer dürfen dem Verkaufskünstler zwischendurch auch Fragen stellen.

Wartesituation
ab Klasse 5
Nach einer kurzen Vorbereitungszeit stellt eine kleine Spielgruppe vor den anderen pantomimisch eine Wartesituation dar. Die Zuschauer müssen erraten, um welche Wartesituation, welche Wartenden (bei Patienten zusätzlich um welche Krankheiten) es sich handelt.
Beispiele: Zahnarztwartezimmer, Bushaltestelle, Kaufhauskasse, Zirkusvorverkaufstelle, Zeugenwartebank bei Gericht, Warteraum im Arbeitsamt, Schlange vor einer Damen- oder Herrentoilette)

Statuen aufstellen
ab Klasse 5
Ein Schüler baut aus bis zu vier Mitschülern (Statuen) ein Gesamtbild (Denkmal) auf. Das kann in mehreren Gruppen parallel geschehen. Der Denkmalbauer stellt dabei sein Bild der Gruppe oder ein bestimmtes Thema (Rivalität, Erziehung ...) unter besonderer Berücksichtigung von Haltung, Gestik und Mimik dar. Die Statuen verharren in der geformten Position, bis die Auswertung abgeschlossen ist.

Komische Situation ohne Worte
ab Klasse 5
Material: mit Situationsvorschlägen beschriftete Zettel
Die Schüler bilden Gruppen von mindestens drei Personen. Jede Gruppe bekommt einen Zettel, auf dem eine komische Situation mit offenem Ausgang notiert ist. Ihre Aufgabe ist es nun, diese Situation ohne Worte zu spielen und eine Auflösung zu entwickeln.
Situationsbeispiele:
- Ehepaar vor dem Traualtar: Der Bräutigam hat den Ring vergessen. Was ist zu tun?

– Damen treffen sich beim Kaffeeklatsch. Bei einer hochschwangeren
  Teilnehmerin kündigen sich überraschend die Wehen an.
– Menschen an einer Bushaltestelle verwandeln sich einer nach dem
  anderen in ein Tier. Wie verhalten sie sich jetzt?

Figuren entwickeln
ab Klasse 7
Material: viele Personenfotos
Die Klasse bildet Gruppen zu vier bis sechs Personen. Jede Gruppe
bekommt doppelt so viele Personenfotos, wie sie Mitglieder hat. Die
Schüler sortieren die Hälfte der Fotos aus. Für die verbleibenden Personen muss nun jeweils eine Kurzbiografie (Name, Alter, Beruf, Hobby, drei
Eigenschaften) erfunden werden. Anschließend gilt es, eine Situation aus-
zudenken, in der alle erfundenen Personen zusammentreffen.
Beispiele: Verhalten im Arztwartezimmer, Fahrstuhlpanne, Besteigen
eines Rettungsbootes beim Schiffsuntergang, Verwicklung in einen Unfall

Fiktive Selbstdarstellung
ab Klasse 8
Die Klasse bildet Kleingruppen von vier bis fünf Personen. Jede Gruppe
bekommt eine Situation zugewiesen, die sie darstellen muss. Jeder einzelne Spieler sollte sich in seiner Rolle möglichst vorteilhaft präsentieren
und gegenüber den anderen behaupten. Die Spielszenen werden reihum
vorgeführt und anschließend bezüglich Spielleistung und Selbstbehaup-
tung im Gespräch ausgewertet.
Hier einige Situationsbeispiele:
– Konkurrenzsituation zwischen Marktschreiern auf dem Wochen-
  markt, in der jeder Händler seine Waren lauthals anpreist, die seiner
  Konkurrenten jedoch abwertet.
– Diskussionsrunde in einer Talkshow, in der zwei Parteien zu einem
  möglichst kuriosen Thema kontrovers Stellung nehmen. (Sollte die
  Polizei U-Boote auf dem Rhein einsetzen? Sollten gute Witzeerzähler
  in Zukunft Vergnügungssteuer zahlen?) Welcher Gruppe gelingt es am
  besten, ihre Position überzeugend darzustellen?
– Eine Gruppe von Schauspielern bewirbt sich um die Titelrolle im Spiel-
  film „Missgeschicke eines linkischen Liebhabers". Jeder Bewerber
  sollte beim Vorspielen dem Regisseur besonders verdeutlichen, warum
  gerade er die Rolle erhalten sollte.

– Mehrere Bewerber beim Casting für „Big Brother": Wer schafft es,
durch die Darstellung seiner persönlichen Eigenschaften den Produ-
zenten davon zu überzeugen, dass er die richtige Besetzung für einen
wirkungsvollen Containeraufenthalt ist? Der Produzent sollte auch
kritisch nachfragen.

C Das spielende Klassenzimmer

Eine wirkungsvolle Stärkung der Klassengemeinschaft kann sich nicht auf
vereinzelte Festaktivitäten und die Förderung der Einzeltalente beschrän-
ken. Der alltägliche Unterricht bietet – wenn auch oft durch Stoffüberlas-
tung begrenzt – durchaus Gelegenheiten, den Klassenzusammenhalt in
motivierender Weise zu fördern. Spiele können in diesen sozialen Lern-
prozessen wichtige Funktionen übernehmen, indem sie neue Rollener-
fahrungen ermöglichen und Kooperationsfähigkeiten entwickeln helfen.
Zudem bieten sie eine willkommene Abwechslung im Schullalltag, machen
Spaß und erhöhen die Motivation. Oft wird übersehen, dass sie auch fach-
liches Lernen fördern können und sich zur Übung, Wiederholung und
Lernkontrolle Gewinn bringend einsetzen lassen.[1] Die nachfolgend vorgestellten *fachspezifischen Spielvarianten* ermöglichen vielseitige soziale
Lernprozesse auch im Fachunterricht. Mit ihnen lassen sich fachliche
Lernziele verfolgen, die den Spieleeinsatz auch bei knappem Zeitbudget
rechtfertigen. Abschließend werden einige *Entspannungsspiele* vorgestellt, die sich in allen Fächern bei Bedarf zwischendurch einsetzen lassen.

1. Spiele für einzelne Fächer

Gemeinschaftsfördernde Spiele im Deutschunterricht

Das Fach Deutsch eignet sich in besonderer Weise für den Spieleeinsatz,
da durch die Kommunikationsorientierung des Faches nicht nur das
Sprach-, sondern auch das Rollen- und Sozialverhalten im Unterricht thematisiert wird. *Sprachspiele* schulen das Sprach- und Sprechvermögen
und erweitern den Wortschatz. Sie sind für alle Altersgruppen geeignet.[2]

---

1 vgl. hierzu Schneider, a.a.O. S. 7 f.
2 vgl. Portmann/Schneider 1997, a.a.O. S. 9 ff.

Aber auch wenn es ums Schreiben geht, braucht das nicht im stillen Kämmerlein oder in Stillarbeit zu geschehen, sondern Schreibideen können in Gruppenprozessen oft kreativer entfaltet werden.[1] Außerdem werden die Teamarbeitsfähigkeiten nachhaltig entwickelt.

Komposita-Wettbewerb
ab Klasse 5
Material: ausklappbare Tafel, Blätter und Stifte
Die Klasse bildet zwei gleich große Gruppen, denen jeweils eine Tafelrückseite zugeordnet wird. Der Lehrer schreibt nun auf jede Tafelrückseite dasselbe zusammengesetze Nomen (z. B. Hundehütte). Anschließend müssen alle Schüler der beiden Gruppen nacheinander zur Tafel kommen und jeweils mit dem letzten Wortteil ein neues Kompositum bilden (z. B. Hüttendach, Dachziegel ...). Kommt ein Schüler nicht weiter, kann er sich mit seiner Gruppe beraten. Allerdings darf die Verständigung nur mit Hilfe von Zetteln geschehen. Sieger ist die Gruppe, deren Teilnehmer zuerst fertig sind.
Schwierigere Variante: Die Wiederholung von Wörtern und Wortteilen ist nicht erlaubt.

Adjektivsuche
ab Klasse 5
Material: ein Blatt pro Gruppe
Die Schüler entwerfen in Gruppen zunächst einen Text, in dem die Adjektive ausgelassen werden (Lücken lassen). Im zweiten Durchgang suchen sie in gemeinsamer Absprache die treffendsten Adjektive und ergänzen so die Lücken. Die Originalität der Geschichte und der Einfallsreichtum bei der Wahl der Adjektive sind die Kriterien, nach denen die Gruppenergebnisse anschließend bewertet werden.

Wortschlange
ab Klasse 5
Material: ein Blatt pro Gruppe
Die Klasse wird in mehrere Gruppen aufgeteilt. Gemeinsam für alle Gruppen werden die ersten beiden Buchstaben eines Wortes vorgegeben. Jede Spielgruppe versucht nun in einer vorher festgesetzten Zeit ein möglichst

---

1 vgl. Weller, a.a.O. S. 5 ff.

langes Nomen zu entwickeln. Die Erfinder des längsten Wortes haben gewonnen. Für besonderen Einfallsreichtum können zusätzliche Punkte vergeben werden.

Gemeinschaftsfördernde Spiele im Englischunterricht

Puzzle: Clothes
ab Klasse 6
Material: ein Puzzleteil und ein Briefumschlag pro Schüler
Aus Katalogen und Prospekten werden vom Lehrer Kleidungsstücke ausgeschnitten, auf Karton geklebt und in fünf Puzzleteile zerschnitten. Jedes Puzzlestück kommt in einen Briefumschlag. Jeder Schüler erhält einen Briefumschlag, schaut sich sein Puzzleteil an, ohne es den anderen Schülern zu zeigen, und beschreibt es der Gruppe im Plenum auf Englisch. Die fünf Schüler, die Teile eines gemeinsamen Kleidungsstücks haben, müssen sich möglichst schnell finden und ihr Puzzle zusammenlegen. Die schnellste Gruppe hat gewonnen.

What's in the van?
ab Klasse 7
Material: Papier, Stift, Uhr, pro Gruppe ein DIN-A4-Spielplan mit dem groben Umriss eines LKWs, in den zu den Wortfeldern „dishes" und „furniture" passende Gegenstände aus Katalogen und Prospekten eingeklebt und mit vertauschten Buchstaben auf Englisch beschriftet werden
Zunächst werden Gruppen zu je vier Schülern gebildet. Jede Gruppe erhält einen verdeckt auf den Tisch gelegten Spielplan. Nachdem die Spielzeit festgelegt wurde (fünf Minuten), drehen die Gruppen ihre Spielpläne um und versuchen so schnell wie möglich und in guter Zusammenarbeit die Buchstaben der Rätselwörter richtig zu ordnen. Nach Ablauf der Spielzeit werden die richtig notierten Wörter ausgezählt. Es hat die Gruppe gewonnen, die die meisten richtigen Begriffe gefunden und diese auch richtig geschrieben hat.
Varianten: Spielpläne zu anderen Wortfeldern (z. B. animals, body, food)

Gemeinschaftsfördernde Spiele im Erdkundeunterricht

Puzzles zu Themen oder Ländern
ab Klasse 5
Material: pro Gruppe ein Länder- oder Themenpuzzle, Briefumschlag
Landkarten oder Bilder zu geografischen Unterrichtsthemen werden

kopiert, auf Karton geklebt und in Puzzleteile zerschnitten. Vier Schüler
bilden jeweils eine Gruppe. Jede Gruppe erhält ein Puzzle in einem Briefumschlag. Allerdings ist in jedem Umschlag ein Puzzleteil vertauscht. Aufgabe der Gruppen ist es nun, die Puzzleteile möglichst schnell zusam-
menzusetzen. Dabei müssen die Gruppen das ihnen fehlende Puzzlestück
ausfindig machen und in Kooperation mit einer anderen Gruppe eintau-
schen. Es gewinnt die schnellste Gruppe.

Erdkundequiz
ab Klasse 7
Material: vorbereitete Fragekarten
Die Klasse bildet Gruppen und erstellt zu einem gemeinsamen Thema
(Deutschland, Europa …) Quizkarten. Dazu verabreden sie Unterthemen,
auf die sich die einzelnen Gruppen spezialisieren (die deutschen Bundes-
länder, einzelne Länder Europas …). Die Gruppen suchen nun zu ihrem
Spezialthema passende Fragen, die sie einzeln auf Kärtchen schreiben.
Die Kartenrückseiten werden mit der Lösung versehen. Die Gruppen können die Karten nun für ein Klassenquiz nutzen oder ihre Karten tauschen
und als Spielkarten für ein Quiz innerhalb ihrer Gruppe verwenden.

Gemeinschaftsfördernde Spiele im Geschichtsunterricht

Personen raten
ab Klasse 5
Material: Informationsmaterial, Zettel oder Karten, die die Schüler selbst
mit Informationen über die zu erratenden Personen versehen
Die Klasse wird in mehrere Kleingruppen unterteilt, die sich zunächst auf
mehrere berühmte Persönlichkeiten verständigen und nach einer Recher-
chephase Karten mit den wichtigsten Informationen über diese Personen
beschriften. Anschließend spielen jeweils zwei Gruppen miteinander. Jede
wählt ein Gruppenmitglied aus, das eine berühmte historische Person pantomimisch darstellen soll. Die ausgewählten Spieler erhalten die Infor-
mationskarten, denn sie sind die Adressaten der Fragen der Gegengruppe.
Diese Fragen sollen so gestellt werden, dass sie mit Ja oder Nein beantwortet werden können. Die Gruppe, die die Person der Gegengruppe am
schnellsten errät, hat gewonnen. Die Gruppen können abwechselnd fragen oder nacheinander (dann die Zeit stoppen).
Variante: Dieses Spiel lässt sich mit literarischen oder biblischen Personen auch im Deutsch- oder Religionsunterricht einsetzen.

Geschichtspuzzle
ab Klasse 5
Material: vorbereitete Puzzles mit historischen Themen
Historische Bauwerke, Gemälde, Fotografien von Einzelpersonen oder
geschichtlichen Situationen, Ablichtungen historischer Karten müssen in
Gruppen zusammengelegt und benannt werden. Je älter die Klasse, desto
ausführlicher sollten die Gruppen zusätzlich einen Kommentar zum historischen Kontext des Dargestellten erstellen.

Gemeinschaftsförderndes Spiel im Religionsunterricht

Bibelszenen-Rollenspiel
ab Klasse 5
Material: bunte Tücher und andere Materialien zum Verkleiden
Die Schüler erarbeiten in Gruppen biblische Geschichten als Rollenspiele
und führen sich diese gegenseitig vor. Bunte Tücher ermöglichen ohne
großen Aufwand fantasievolle Kostümierungen.

2. Spiele zur Entspannung im Unterricht

Nach anstrengenden Unterrichtsphasen oder in besonders unruhigen
Lerngruppen empfiehlt es sich, zum Abbau von Unruhe und Erregung
Entspannungs- und Auflockerungsspiele einzubauen.

Physikalische Verbindungen
ab Klasse 5
Die Schüler bewegen sich als „Atome" frei im Raum, bevor sie sich auf
Kommando zu „Molekülen" zusammenschließen. Erfolgt z. B. das Kommando „Molekül vier!", bilden sich sofort Vierergruppen. Es können auch
andere Merkmale als verbindende Impulse eingesetzt werden: Augen-
farbe, Farben, Haarfarbe, Hobbys …

Tätigkeiten ausführen
ab Klasse 5
Die Schüler sitzen an ihren Plätzen. Ein Schüler (oder der Lehrer) wird
Spielleiter und nennt Tätigkeiten (Hüpfen, Husten, Hacken …), die die
Klasse ausführen muss. Dabei wird mit bewegungsintensiven Tätigkeiten
begonnen und dann zu ruhigeren Aktivitäten übergegangen (Arme aus-
schütteln, gähnen, ruhig und gleichmäßig atmen, Augen schließen …).

Klassenorchesterprobe
ab Klasse 5
Jeder Schüler erprobt einen Ton, der ihn von allen anderen unterscheidet. Auf ein Zeichen des Spielleiters beginnen alle, ihren Ton zu summen. Durch vorher vereinbarte Kommandos oder Zeichen kann ein „Dirigent" Lautstärke und Tempo einzelner „Musiker" oder aller „Instrumente" verändern.

D Klassenfahrten und Feste

Klassenfahrten bieten besonders günstige Möglichkeiten, das Miteinander der Klassenmitglieder zu beobachten und nachhaltig zu fördern. Feste helfen dabei, Akzente zu setzen und Höhepunkte der meist einwöchigen Klassenfahrt oder des Landheimaufenthalts erlebnisintensiver zu gestalten. Neben einem Abschlussabend mit Festcharakter bilden auch ein Einstiegsfest und ggf. ein weiterer Abend zwischendurch Kristallisationspunkte für gemeinsame Aktivitäten und helfen, den Aufenthalt sinnvoll zu strukturieren.

1. Auftaktabend

Er sollte die Schüler auf die kommenden Tage und die Region einstimmen. Als *Dekoration* für den Festraum lassen sich z. B. touristische Werbeplakate des Ortes oder der Region schnell beschaffen. Noch reizvoller ist es, aus diesen Materialien selbst Collagen zu erstellen. Die *Programmelemente* sollten nach Möglichkeit die Besonderheiten der Region einbeziehen und so das Ankommen erleichtern. Eine *Talkshow* mit den Herbergseltern, Kontaktpersonen des Ortes oder Mitgliedern anderer Gruppen, die schon länger in der Jugendherberge sind, kann das Interesse für die noch unbekannten Örtlichkeiten wecken. Die *Spiele*, besonders die Begrüßungs- und Puzzlespiele (s. S. 41 ff.), lassen sich so abwandeln, dass örtliche und regionale Besonderheiten aufgenommen werden (Dialekt, besonderes Lokalkolorit …). Bei jüngeren Klassen kann auch eine fesselnde *Geschichte mit Ortsbezug* vorgelesen oder vorgetragen werden. Da ältere Schüler gerne tanzen, kann der erste Abend für sie mit einer *Klassendisko* schließen. Vermutlich wird hier Volksmusik nicht erwünscht sein, aber bei entsprechender Vorbereitung können regionaltypische Musikelemente dennoch in *Tanzspielen* (vgl. die Beispiele im Kapitel „Projektwochenfest", S. 218) oder als parodistische *Musikcollage* einfließen.

2. Festlicher Abend zwischendurch

Ein festlicher Abend zur Halbzeit kann z. B. als *Spielabend* gestaltet werden. Da die Schüler die Örtlichkeiten bereits besser kennen, lassen sich *Quizelemente mit lokalem Bezug* (berühmte Persönlichkeiten aus Politik, Wirtschaft, Literatur und Sport, Sehenswürdigkeiten ...) einbeziehen. Bei *Rollenspielen* und *Sketchen* können Sprache, Kostüme, Themen und Motive regionale Akzente setzen.

3. Abschlussfest

Standen während des Aufenthalts besondere Projektaktivitäten im Mittelpunkt (z. B. Produktion eines Films, Erarbeitung eines Theaterstücks), dann wird beim *Abschlussfest* sicherlich deren festliche Präsentation einen Höhepunkt bilden (vgl. die Beispiele zum Projektwochenfest, S. 218). Spiele, Quiz und Tanz können weitere Festelemente darstellen, wobei nun der Rückblick auf das Erlebte im Vordergrund steht (z. B. Wiederholung der Spiele- oder Klassendisko-Hits oder Moderation mit Bezug auf Gruppenereignisse oder inhaltliche Höhepunkte). *Lukullische Spezialitäten* der Region (Finanzierung durch Reise- oder Klassenkasse) helfen, den Abschied zu versüßen (bei den Beispielen Lübecker Marzipan, Nürnberger Lebkuchen und Berliner Ballen im wahrsten Sinne des Wortes).

Literatur

Baer, Ulrich: 666 Spiele für jede Gruppe für alle Situationen. 6. Aufl. Seelze 1999

Baer, Ulrich/Dietrich, Knut/Otto, Gunter: Spielzeit. Spielräume in der Schulwirklichkeit. Friedrich Jahresheft XIII, Seelze 1995

Bauer-Gantner, Martha: Spiel im Geschichtsunterricht. München 1984

Böhner, Thorsten: Spiele, die Beziehungen knüpfen. München 2000

Kohl, Karin: 20 Schulsketche. 7. Aufl. Niederzier 1995

Krowatschek, Dieter: 177 x Spaß im Unterricht. 2. Aufl. Dortmund 1987

Marx, Jürgen: Feste feiern. In: Siga Diepold (Hrsg.): Die Fundgrube für Klassenlehrer. Berlin 1999, S. 42–48

Martin, Lothar R.: Klassenlehrer- und Tutor/innen. Bad Heilbrunn 1996

Portmann, Rosemarie/Schneider, Elisabeth: Mit Sprache spielen. 3. Aufl. München 1997

Portmann, Rosemarie/Schneider Elisabeth: Spiele zur Entspannung und Konzentration. 12. Aufl. München 1998

Schneider, Karl-Hermann/Schneider, Renate: Spiele für den Unterricht in den Klassen 5–7. Mainz 2000

Thiesen, Peter: Freche Spiele. 2. Aufl. Weinheim 1997

Vopel, Klaus W.: Interaktionsspiele für Jugendliche, Teil 1. 2. Aufl. Hamburg 1984

Weller, Rainer: Kreative Spiele. Stuttgart 1999

Walker, Jamie: Gewaltfreier Umgang mit Konflikten in der Sekundarstufe I. Berlin 1995

4 Feiern, die der Schulzeit einen Rahmen geben

von Dieter Vorrath und Klaus-Dieter Lenzen

Das *Einschulungsfest* und die *Abschlussfeier* sind für Lehrerinnen und Lehrer jährlich wiederkehrende Festlichkeiten, für die Schülerinnen und Schüler umrahmen sie einen ganzen Lebensabschnitt.
Schuljubiläen sind Anlässe, wo die gesamte Schulgemeinschaft feiernd zurück und nach vorne blickt. Im Folgenden werden Anregungen für die Gestaltung dieser Festformen gegeben. Dabei wird auf ihre Bedeutung hingewiesen, es werden mögliche Abläufe skizziert und weitere Ideen vorgestellt.

A Einschulungsfeier

von Dieter Vorrath

Die Erinnerungen an das Schulleben sind Erinnerungen an einen langen und prägenden Lebensabschnitt. Dabei sind der Anfang und das Ende von besonderer Bedeutung. Sie sind Einschnitte, die den Schülern in Erinnerung bleiben. Welcher Art diese Erinnerungen sind, hängt sehr davon ab, wie die Schule diese Ereignisse gestaltet. Ein festlicher Auftakt kann erheblich dazu beitragen, den Start in den neuen Schulalltag zu erleichtern. Aus diesem Grunde brauchen nicht nur Erstklässler einen festlichen Rahmen ihrer Einschulung, sondern auch Schüler an den weiterführenden Schulen.

Dem ersten Schultag in einer neuen Schule fiebern die Schüler immer mit einer besonderen Erwartung, mit Neugier, großen Hoffnungen, aber manchmal auch mit einer gewissen Skepsis oder sogar mit ein wenig Angst entgegen. An diesem Tag begegnen sie zum ersten Mal ihren neuen Lehrern und meist auch vielen neuen Mitschülern. Diese Begegnung ist geprägt durch Verhaltensnormen und -erwartungen, die alle Beteiligten

mitbringen. Wird beim ersten Zusammentreffen eine gewisse Übereinstimmung empfunden, so ist ein emotionaler Grundstein für das Zusam-
men- und Zurechtfinden in der neuen Gemeinschaft gelegt.

1. Warum ein feierlicher Rahmen?

Häufig steht der erste Tag an einer Schule der Sekundarstufe I unter organisatorischen Zwängen: Die Schüler sollen ihren Stundenplan erhalten,
es müssen die Schulbücher verteilt werden, die neuen Schüler sollen mit
der Schulordnung vertraut gemacht werden usw. Da bleibt manchmal nur
wenig Zeit für Dinge, die das Kennenlernen fördern und helfen, den Einzelnen in die neue Gemeinschaft zu integrieren.

Welche Fragen beschäftigen dabei die Schüler? Auf der einen Seite sind
es organisatorische Fragen: Wie sieht mein Stundenplan aus? Wie heißt
mein neuer Mathematiklehrer? Wo kann ich mein Fahrrad sicher abstel-
len? Gibt es hier einen Schulkiosk?

Doch daneben sind es auch sehr persönliche Fragen, die die Schüler
beschäftigen: Was kommt hier auf mich zu? Werde ich es schaffen? Wer
wird mein neuer Nachbar sein? Ob ich gut mit ihm auskomme? Werden
die anderen mich mögen? Hoffentlich finde ich genügend Freunde in der
neuen Klasse.

Diese Fragen verdeutlichen den großen Wunsch der Schüler, sich in der
neuen Schule wohl zu fühlen, denn hier werden sie täglich viele Stunden
verbringen.

Eine kleine Feier am ersten Schultag kann hierzu viel beitragen, denn die
Feier

– heißt die Schüler in ihrer neuen Umgebung willkommen
– zeigt: Du bist willkommen, wir nehmen dich ernst (in deiner ganzen
  Person – deine Stärken, deine Schwächen)
– ist ein Symbol für eine Gemeinschaft, die um Integration bemüht ist
  und sich gegen Ausgrenzung wendet
– ist ein Akt der Höflichkeit
– gibt einen ersten Einblick in die Lernkultur der Schule
– vermittelt einen ersten Eindruck von der Grundeinstellung der Schule
  gegenüber ihren Schülern
– gibt den Schülern Orientierung
– ist ein lebendiger Auftakt eines neuen Lebensabschnitts
– ist ein Ankommen in einer neuen Umgebung

Am Beispiel der Einschulungsfeier an der Orientierungsstufe Osternburg in Oldenburg soll nun aufgezeigt werden, wie eine solche Feier gestaltet werden *kann*.

2. Willkommen im 5. Schuljahr – Ein Beispiel

Es ist der erste Tag eines neuen Schuljahres. Während die Schüler mit ihren Eltern das Forum füllen, macht sich im Lehrerzimmer eine gewisse Aufregung und Anspannung breit. Gleich werden sich alle Klassenlehrerinnen und Klassenlehrer der neuen 5. Klassen ins Forum begeben und sich unter Schüler und Eltern des neuen Jahrgangs mischen. Sie tun dies aber nicht unvorbereitet. Am Ende des vorigen Schuljahrs haben Schulleitung, Lehrer, Schulassistent, Eltern und Schüler der bisherigen 5. Klassen für diesen wichtigen Tag der neuen Schüler Vorbereitungen getroffen.

Die Vorbereitungen

Alle 4. Klassen im Einzugsbereich der Orientierungsstufe haben vor den Ferien von der Schulleiterin eine *Einladung* in ihre zukünftige Schule bekommen. An einem Vormittag in einer der letzten Schulwochen wurden sie durch das neue Schulgebäude geführt, sie sahen die Fachräume, den Verwaltungstrakt, das Lehrerzimmer und den Fahrradkeller. Dabei begegneten sie auch schon dem einen oder anderen Lehrer, dem Hausmeister, dem Schulassistenten und der Sekretärin, die den Schülern bei dieser Gelegenheit namentlich vorgestellt wurden.
Zum Schuljahresende fand an der Orientierungsstufe ein *Schulfest* statt. Einladungen dazu gingen auch an die Grundschulen. So hatten die Grundschulkinder Gelegenheit, schon mal in das gesellige Leben ihrer neuen Schule hineinzuschnuppern.
Für den ersten Schultag hat der Förderverein der Orientierungsstufe für die Eltern der „Neuen" einen *Kaffeeausschank* organisiert, wo er über seine Arbeit informiert und die neuen Eltern Möglichkeiten zum gegenseitigen Kennenlernen haben.
Der Schulassistent hat ein großes *Klassenpuzzle* vorbereitet (s. S. 71 f.) und eine Schülergruppe aus den bisherigen 5. Klassen hat als *Ständchen* für die Neuen den Schulsong geprobt, der von der Schulcombo instrumental begleitet wird. Vor der Begrüßungsfeier wurde noch ein letztes Mal geprobt.

OSO-Song

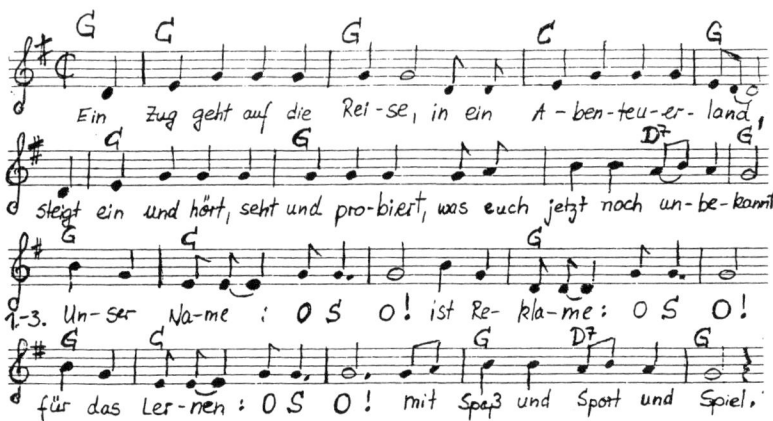

2. Hier gibt's nur Fensterplätze, im Preis für alle gleich.
   Ein jeder hat die gleiche Chance, ganz egal, in welchem Bereich.

3. Die Lok steht kräftig unter Dampf, der Schaffner hebt den Stab.
   Die Spannung steigt, der Schaffner pfeift und der Zug fährt endlich ab.

Im letzten Schuljahr hat sich eine 6. Klasse zur Begrüßung der Neuen etwas Besonderes einfallen lassen. An einem der letzten Schultage hat sie folgenden Begrüßungsspruch gestaltet:

Die alte Klasse 5b grüßt die neue Klasse. Wir wünschen euch alles Gute für die nächsten zwei Jahre und viel, viel Spaß und Freude!

Jeder Schüler hat dazu nach eigenen Vorstellungen ein Wort des Spruchs auf einem DIN-A3-Blatt grafisch umgesetzt. Diese vielgestaltige Botschaft wurde dann im Klassenraum der neuen Klasse aufgehängt.

Der Ablauf der Feier

Die Schüler sammeln sich auf den Stufen des Forums, während die Eltern hinter ihnen einen Kreis bilden. Dann beginnt der feierliche Teil des ersten Schultages:

- Die Schulleiterin spricht einige Begrüßungsworte.
- Die Schülergruppe und die Schulcombo tragen den Schulsong vor.

- Die Musiklehrerin initiiert einen allgemein bekannten Kanon (in der Regel „Meister Jakob"), sodass alle mitsingen können und dabei eine gemeinsame Aktivität erleben. Auch Eltern und Gäste werden zum Mitsingen aufgefordert, die Väter sollen mit ihren tiefen Stimmen die Glocken (Ding, Dang, Dong) besonders eindrucksvoll ertönen lassen.

Meister Jakob, Meister Jakob,
Schläfst du noch? Schläfst du noch?
Hörst du nicht die Glocken, hörst du nicht die Glocken?
Ding, Dang, Dong, Ding, Dang, Dong!

- Hat ein Schüler Geburtstag, wird stattdessen ein Geburtstagskanon gesungen – in diesem Fall (ebenfalls wegen seines Bekanntheitsgrades):

Viel Glück und viel Segen auf all deinen Wegen,
Gesundheit und Frohsinn sei auch mit dabei.

- Es schließt sich eine La-Ola-Welle an.
- Manchmal folgt an dieser Stelle eine kurze Aufführung einer bisherigen 5. Klasse, die auf dem Schulfest im vorigen Schuljahr bereits gezeigt wurde und hier ohne große Vorbereitung wiederholt werden kann (Sketsch, Tanzvorführung, Liedvortrag ...)
- Schließlich gibt die Schulleiterin den weiteren Ablauf des ersten Tages in der neuen Schule bekannt und erläutert das vorbereitete Puzzle zur *Klassenfindung.*
- Nun wird jeder Schüler von der Schulleiterin aufgerufen, mit Handschlag begrüßt und mit einem Puzzleteil ausgestattet.
- Gleitend geht die Feier in die Phase der Klassenfindung über.

Klassenpuzzle
Material: pro Klasse andersfarbiger Plakatkarton (DIN A1), Filzstift und Krepppapier in entsprechender Farbe, Klebestreifen
Für jede neue Klasse wird ein Plakatkarton mit dem Namen der Klasse, der Schüler und des Klassenlehrers beschriftet. Dann wird er in eine der Schülerzahl entsprechende Anzahl von Puzzleteilen zerschnitten. Im Flur befindet sich für jedes Puzzle ein Rahmen aus Krepppapier der entsprechenden Farbe. Aufgabe der Schüler ist es, ihr Klassenpuzzle im passenden Rahmen zusammenzulegen.

Der weitere Verlauf des ersten Schultages

Die Schüler sammeln sich nun mit ihren Puzzleteilen an einem Feld in der Farbe ihrer Puzzleteile und legen ihr Klassenpuzzle zusammen. Ist die Fläche ausgefüllt, sind alle Schüler einer Klasse 5 beisammen. Dem mittleren Feld ihres Puzzles können sie entnehmen, welche Klasse sie sind und wie ihr Klassenlehrer heißt. Den müssen sie nun unter den neugierig herumstehenden Erwachsenen finden. Haben sie ihn gefunden, werden sie von ihm in ihren neuen Klassenraum begleitet. Alle Puzzleteile werden mitgenommen. Das Puzzle kann als Visitenkarte an die Klassentür geklebt werden.

Vorbereitungen im Klassenraum

Die Klassenlehrer haben den Raum für den Empfang der neuen Klasse vorbereitet. Dazu haben sie sich z. B. folgende Fragen gestellt:
- Sind alle notwendigen Reparaturarbeiten durchgeführt?
- Sind genügend Tische und Stühle im Raum?
- Stehen die Tische in der gewünschten Anordnung?
- Will ich mit einem Sitzkreis beginnen? Ist der Sitzkreis aufgebaut?

- Sind alle ungewollten Spuren der Vorgängerklasse beseitigt? (Das bedeutet nicht, dass alle Wände nackt sein müssen. Es können „neutrale" Poster angebracht sein oder besondere Gemälde, die die alte Klasse der neuen als Geschenk erstellt hat.)
- Soll der Lehrertisch mit einer Pflanze oder einem Blumenstrauß geschmückt sein?
- Sind die Tafeln sauber?
- ...

Die erste Stunde in der neuen Klasse steht unter dem Zeichen des gegenseitigen Kennenlernens.[1] Währenddessen können sich die Eltern bei einer Tasse Kaffee unterhalten oder an Stellwänden über Besonderheiten der Schule und die Arbeit des Fördervereins informieren. Nach der dritten Stunde machen sich die Schüler dann gemeinsam mit ihren Eltern auf den Heimweg.

1 vgl. Diepold, Siga (Hrsg.): Die Fundgrube für Klassenlehrer. Berlin 1999, S. 20 ff.

In der Orientierungsstufe Osternburg ist es Tradition, dass sich an den ersten Schultag eine dreitägige *Eingangsphase* anschließt. So kann der Kennenlernprozess mit Muße erfolgen und die organisatorischen Notwendigkeiten werden auf mehrere Tage verteilt.

3. Ideen für den ersten Tag

Schulleiter-Interview

Der Schulleiter stellt sich nicht selbst vor, sondern wird durch ein Interview vorgestellt, das ein Sechstklässler mit ihm führt.

Ein Interview mit der Intention, die „Neuen" auf das neugierig zu machen, was sie in ihrer neuen Schule erwartet, kann auch zwischen zwei Schülern geführt werden.

Mögliche Fragen:

– Würden Sie sich kurz vorstellen?
– Wo sind Sie zur Schule gegangen?
– Was waren Ihre Lieblingsfächer?
– Wie sind Sie an diese Schule gekommen?
– Was mögen Sie an dieser Schule besonders?
– Gibt es etwas, was Sie den neuen Schülern mit auf den Weg geben wollen?

Vorstellung der Klassenlehrer

Schüler der 6. Klassen stellen den Neuen ihre zukünftigen Klassenlehrer vor nach dem Motto: Was ihr über Herrn Martens wissen solltet.

Beispiele: ... macht auch mal einen Witz, arbeitet mit uns zusammen, raucht leider auch gerne mal eine Zigarette, trainiert unsere Hockey-Schulmannschaft, erntet viel Applaus, nimmt nicht alles so ernst, singt mit uns auch gerne ein Lied ...

Fotoausstellung

Eine Fotoausstellung im Eingangsbereich der Schule gibt Einblicke in das Schulleben. Hier können Schüler höherer Klassen auf Aktivitäten hinweisen und für Unterstützung durch die Neuen werben.

Mögliche Themen:

– Klassen und Lehrer begrüßen die Neuen
– Collage mit großen Fotos der Klassen, der Lehrerschaft und des weiteren Personals, in die Fenster einer gezeichneten Schule geklebt

– Wir sind eine Umweltschule
– Dokumentation eines besonderen Anliegens der Schule
– Unsere Schul-AGs

Eine Schule stellt sich durch Symbole vor
Während der Feier stellen einige Schüler ihre Schule den Neuen vor. Dazu zeigen sie Gegenstände, die Besonderheiten der Schule und des Schullebens symbolisieren. Nach kurzen Assoziationspausen geben die Schüler entsprechende Erklärungen.
Beispiele:
– Seil – Wir ziehen alle an einem Strang.
– Bunte Tücher – Wir sind eine bunte, farbenfrohe Schule.
– Großer Geldschein – Jeder ist viel wert.
– Fernglas – Wir sind alle kleine Forscher.
– Erste-Hilfe-Tasche – Hier wird jedem geholfen.
– Schubkarre mit Steinen – Hindernisse werden aus dem Weg geräumt.
– …

Gleiches kann erreicht werden, wenn Schüler in symbolischer Verkleidung auftreten.
Beispiele:
– Schule unterstützt das Lernen – ein Arzt als Helfer
– … bringt Spaß – ein Clown als Unterhaltungskünstler
– … bedeutet Forschen – ein Forscher
– … bedeutet Bewegung – ein Sportler
– …

Patenschaften
Schülerpatenschaften: Schüler der 6./8. Klassen übernehmen Patenschaften für die neuen Schüler der 5./7. Klassen. Sie sollen persönliche Ansprechpartner sein, den neuen Schülern mit Rat und Tat – nicht nur in den ersten Schultagen – zur Seite stehen. Diese Patenschaften können symbolisiert werden, indem jeder neue Schüler von seinem Paten am ersten Schultag während einer Feierstunde eine Blume überreicht bekommt.
Klassenpatenschaften: Hier ist es der ganze Klassenverband, der betreuende Aufgaben übernimmt. Die Patenklassen können sich zum Schuljahresbeginn mit einem Brief an die neue Klasse wenden. Sie können auch

für die Neuen ein erstes gemeinsames Frühstück, eine Schulrallye oder ein gemeinsames Klassenfest organisieren.

Checkliste für die ersten Schultage

Raumgestaltung
- Wie soll die Sitzordnung aussehen?
- Wo soll der Lehrertisch stehen?
- Ist ohne große Umbaumaßnahmen ein Sitzkreis möglich?
- Soll es eine separate Arbeitsecke geben?
- Welches Arbeitsmaterial soll in der Klasse vorhanden sein?
- Wie und wann soll der Klassenraum ausgeschmückt werden?
- Sollen Pflanzen vorhanden sein? (Evtl. selbst ziehen?)

Erkundungen
- Erkundung des Schulgebäudes und -geländes (Schulrallye) (s. S. 51)
- Schulwegsicherung
- Weg zu außerschulischen Lernorten (Sportplatz, Bibliotheken …)

Regeln und Rituale
- Montagsgesprächskreis
- gemeinsames Frühstück
- Konzentrations- und Stilleübungen
- Bewegungsübungen
- Gesprächsregeln
- Klassenrat
- Klassenordnung/Schulordnung

Zusammenarbeit mit den Fachkollegen
- Welche Absprachen müssen mit den Kollegen getroffen werden?
- Welche Absprachen müssen mit den Schülern getroffen werden?
- Wann sollen sich die Fachkollegen der Klasse vorstellen?

Arbeitsformen
- Teamteaching
- Wochenplanarbeit
- Freiarbeit
- Buch-, Hobbyvorstellung
- Referate
- Was mache ich?
- Was soll in anderen Fächern gemacht werden?
- Welche Absprachen müssen getroffen werden?

Schülerbeobachtungen
- Was ist mein erster Eindruck?
- Welche Vorinformationen benötige ich?
- Wen will ich genauer beobachten?
- Was will ich beobachten?
- Welche „Elternformen" gibt es in der Klasse?

Sonstiges
- Material zur Gruppenbildung
- Gegenstände, die bei einem Sitzkreis/Morgenkreis in die Mitte gelegt werden sollen
- Sprechstein

B Abschlussfeier – Jedem Abschied wohnt ein Anfang inne

von Dieter Vorrath

Denken wir Lehrer an das Ende eines Schuljahres, so fallen uns viele Dinge ein, die unverrückbarer Bestandteil unseres Schulalltags sind: Konferenzen, Zensuren, Zeugnisse, Formulare, Büchereinsammeln, Hinterhertelefonieren usw. Wir erleben uns tagtäglich in einer neuen Stresssituation. Und dann noch diese Abschlussfeier. Wo sollen wir die Zeit und die Kraft hernehmen, um sie auch noch vorzubereiten? Doch der besondere Anlass dieser Feier setzt noch einmal viele Kräfte frei. Denn wir wissen: Ein Schulabschluss ist immer etwas Besonderes – für die Schüler, deren Eltern und für uns Lehrer.

Eine Abschlussfeier hat viele Funktionen:
- Sie ist der Schlusspunkt eines gemeinsam zurückgelegten Lebensabschnitts, das Ende eines Auflösungsprozesses, den die Abschlussklassen schon vor der Feier durchlaufen.
- Sie ist eine Gelegenheit der Sammlung und Besinnung, des Nachdenkens über Schule und Unterricht, über Verhaltensnormen und Bildungsziele.
- Sie ist ein Zeichen der Trennung. Die Schüler sind von diesem Tag an unabhängig von ihren Lehrern, sie gehen ihre eigenen Wege.
- Eine Abschlussfeier macht aber auch stolz. Die Schüler dürfen stolz sein auf das Erreichte. Die Lehrer dürfen stolz sein auf ihre verantwortungsvolle Begleitung der ihnen anvertrauten Schüler.

1. Planung der Abschlussfeier

Wenn wir eine Abschlussfeier planen, blicken wir auch zurück. Wir erinnern uns an vergangene Abschlussfeiern, an denen wir als Teilnehmer oder Organisatoren teilgenommen haben. Die Erinnerungen werden sehr unterschiedlich sein. Die einen sehen farbige, lebendige Bilder, Festteilnehmer (Schüler, Eltern, Lehrer), die Spaß miteinander haben und sich amüsieren. Andere erinnern sich vielleicht an eine ritualisierte Entlassungsfeier, im großen Saal, mit festlichen Reden und Musikbeiträgen. Ob nun die Abschlussfeier mehr als Fest oder mehr als Feier gestaltet wird, immer ist es eine Gemeinschaftsfeier, bei der als Grundregel gilt:

Alle Adressatengruppen müssen in die Planung einbezogen werden.

Wird dies beherzigt, dann gelingt es auch, das Ereignis zu einem gemeinsamen Anliegen werden zu lassen, alle Gruppen identifizieren sich stärker mit der Feier und dem Anlass, übernehmen Verantwortung und sehen in der Feierstunde einen Akt der Kommunikation zwischen Schülern, Lehrern und Eltern. Probleme, die durch unterschiedliche Erwartungen an eine Feier entstehen mögen, können so im Vorfeld erkannt und behoben werden.

Welches sind die Interessen der Schüler im Hinblick auf die Feier? Sie wollen als Redner auftreten, durch Sketsche dokumentieren, evtl. auch provozieren, oder der Feier mit ihrer Lieblingsmusik einen musikalischen Rahmen geben.

Dies stößt bei uns Lehrern nicht immer auf Gegenliebe. Wir wünschen uns vielleicht eher Redebeiträge mit bestimmten Inhalten, festliche Musikbeiträge aus dem Bereich der Klassik und szenische Einlagen, die „Gehalt" haben sollen. Gleichzeitig ahnen wir (manchmal befürchten wir es auch), dass unser Unterricht oder auch unsere Person Zielscheibe von Schülerbeiträgen sein können. Denn Abschlussfeiern sind oft der einzige Ort, wo Lehrerkritik (wir verwechseln es leicht mit Lehrerschelte) in die Öffentlichkeit getragen wird. Es sei nur an die häufig beliebte Zensierung von Lehrern durch Schüler in Bezug auf ihren Unterricht, ihre Kleidung, ihr Aussehen oder ihre Beliebtheit erinnert. Aber hier sollte jede Schule Mut zeigen. Stimmt die Kommunikation zwischen Schülern und Lehrern im Schulalltag, dann stimmt sie auch in der Vorbereitungsgruppe einer Schulfeier, denn die Abschlussfeier wird dann als Bestandteil dieser positiven Kommunikation begriffen. Das Miteinander rückt in den Mittelpunkt. Meinungsverschiedenheiten werden im Vorfeld benannt und können ausdiskutiert werden.

Für eine gelungene Abschlussfeier sollte es das Ziel aller an der Planung Beteiligten sein, die Balance zu halten zwischen

- einem feierlichen Rahmen und erfrischender Unbekümmertheit,
- der Bewahrung tradierter Elemente und der Förderung neuer, in die Zukunft weisender Aspekte,
- Anerkennung und Kritik,
- den unterschiedlichen Erwartungen, die aufeinander treffen können.

Für die Planung ist es wichtig, zwischen langfristigen, mittelfristigen und letzten Vorbereitungen zu unterscheiden. Je klarer die einzelnen Vorbereitungsphasen strukturiert sind, desto geringer ist der Stress kurz vor der Abschlussfeier. Das folgende Raster kann der Planungsgruppe als Orientierungshilfe dienen. Dabei ist zu bedenken, dass die Planungsphasen natürlich ineinander verzahnt sind.

Planungsraster: Abschlussfeier

Vorbereitungen		
langfristig	**mittelfristig**	**letzte**
Festlegung der Konzeption: – Welches Ziel verfolgt die Feier? – Was ist das Thema/ die Leitidee?	Rechtzeitige und verbindliche Konzeptionskorrekturen	
Erster Programmentwurf: Welche Mittel sind vorhanden, um das Konzept zu realisieren? – Räumlichkeiten – Redner – Art der Beiträge – …	*Festlegung des Programms:* – Programmbeiträge und -ablauf – Einigung über Raum und Zeit – Bestimmung und Einladung der Redner – Rechtzeitiges Verteilen und Versenden von Einladungen – Aufgabenverteilung – Erste Proben	*Sicherung des Programmablaufs:* – Überprüfung der Räumlichkeiten – Überprüfen der technischen Anlagen – Generalprobe

2. Organisation der Abschlussfeier

Wenn die Konzeption einer Abschlussfeier steht und das Programm zusammengestellt werden soll, kann noch einmal daran erinnert werden, was den besonderen Charakter einer Feier ausmacht und was die Feier vom Fest unterscheidet (vgl. Kapitel 1). Die einzelnen Programmteile sind dann geprägt von den Besonderheiten der Schule und der feiernden Klassen. Sie geben ein Gerüst vor, das Schüler, Lehrer und Eltern fantasievoll und kreativ mit Leben füllen.

Checkliste für die Organisation der Abschlussfeier

– *Ein genauer Zeitplan:* pünktlicher Beginn, 90 Minuten sollten nicht überschritten werden, Pausen sollten sich erübrigen, bei allen Programmpunkten müssen die zeitlichen Vorgaben genau eingehalten werden (kurze Pausen zwischen den einzelnen Programmpunkten müssen eingerechnet werden)

– *Einladungen, Programme:* rechtzeitige Verteilung

– Die Ausstattung des Raumes: festliche Dekoration, Blumenschmuck, ausstellenswerte Schülerarbeiten

– *Sitzordnung:* Sollen Plätze für bestimmte Personen/Personengruppen ausgewiesen werden? Werden „Ordner" benötigt, die bei der Platzzuordnung helfen?

– *Teilnehmer:* Welche Gäste sollen neben Schülern, Eltern und Lehrern eingeladen werden? Wer ist für die besondere Betreuung der Gäste zuständig? Wird ein Fahrdienst benötigt?

– *Kleidung:* Auch hierzu sollten Absprachen getroffen werden.

– *Musikalisches Rahmenprogramm:* Welche Art von Musik unterstreicht den Charakter der Feier? Wer übernimmt die Darbietung bzw. organisiert das Tonstudio?

– *Redebeiträge:* Wer übernimmt sie? Sind sie kurz und auf das Wesentliche bezogen?

– *Auszeichnungen:* Sie können für eine Schule wichtig sein, um sich in der Öffentlichkeit darzustellen.

– *Aufführungen:* Wer führt Sketche, Tanz-, Gesang- und instrumentale Einlagen vor? (Ausgewogenheit ist hier sehr wichtig.)

– *Festzeitung:* Soll zur Unterstützung der Feier und zur Erinnerung eine Festzeitung erstellt werden? (Sie kann verkauft werden, wenn der Erlös für eine besondere Spendenaktion vorgesehen ist.)

3. Ideen für die Abschlussfeier

Gerne wird auf Abschlussfeiern ein Rückblick auf die Entwicklung der Klassen und Schüler szenisch dokumentiert. Drei Möglichkeiten zur Umsetzung dieses Vorhabens sollen hier vorgestellt werden, ergänzt durch drei Vorschläge für Gesprächsrunden und Redebeiträge.

Vom Ich zum Wir – Die Klassenentwicklung in Standbildern
Rückbesinnung. Durch eine gelenkte „Fantasiereise" werden die einzelnen Phasen des Entwicklungsprozesses der Klasse vom Ich zum Wir in Erinnerung gerufen. Anschließend erhalten die Schüler Gelegenheit, ihre individuellen Bilder schreibend, malend oder einem Partner erzählend zu verarbeiten. Auch Unerledigtes/Unangenehmes erhält hier noch einmal Platz. Ein sensibler Umgang mit allen Beteiligten ist erforderlich. Danach kann die Klasse überlegen, welche Stationen für den Rückblick genutzt werden können. Zu jeder Station werden aus den Schülern der Klasse „gebaute" Standbilder entworfen und eingeübt, die dann auf der Feier vorgeführt werden.
Die Standbilder. Sie dokumentieren die einzelnen Phasen, die die Klasse in ihrer Schulzeit durchlaufen hat:
Orientierungsphase – Ich begegne den anderen. Das Standbild kann einen Schüler zeigen, der seinen neuen Mitschülern begegnet. Die Leitfragen: Wer bin ich? Wo stehe ich? Wie fühle ich mich? Wer sind die anderen? Wie sehen die anderen mich? Was wird hier von mir erwartet?
Abklärung und Annäherung – Die Klasse findet sich. Diese Phase kann in zwei Standbildern dargestellt werden. Das erste verdeutlicht die Bewegung, das Gerangel um die Platzbehauptung in der Gruppe. Das zweite zeigt die Gruppenstrukturen. Jeder hat seinen Platz gefunden. Umgangsformen, Verhaltensmuster und -regeln werden sichtbar. Die Gruppe steht in einer Beziehung zu ihren Lehrern.
Produktivität. In der Gruppe bestehen akzeptierte Werte und Normen, die konzentriertes Arbeiten möglich machen. Das Bild zeigt die Klasse in Arbeitszusammenhängen, die die Vielfältigkeit von Lernen ausdrücken.
Auflösung: Die Klasse nimmt Abschied von der Schule und löst sich als Gruppe auf. Trennungsgefühle, Trauer, aber auch Freude auf den Neubeginn werden sichtbar gemacht.
Die Aufführung. Die Standbilder werden von zwei bis drei Standbildbauern nacheinander zügig aufgebaut und bleiben einen wirkungsvollen

Augenblick lang in der Erstarrung. Die Erbauer können den Figuren Leben „einhauchen", indem sie, hinter ihnen stehend, die Hand auf ihre Schultern legen und sie befragen (Wer bist du? Wie fühlst du dich? Wie siehst du die Klasse? ...) Die eingefrorenen Figuren antworten aus ihren Positionen heraus.

Schattentheater

Die Phasen der Klassenentwicklung können mit Hilfe des Schattentheaters eindrucksvoll in Szene gesetzt werden. Im Mittelpunkt stehen Situationen, die Veränderungen innerhalb der Gruppe verdeutlichen (Hierarchien in der Klassengemeinschaft, das Wachsen des Einzelnen, das Abnehmen der Angst vor dem Unbekannten, das Zusammenwachsen aller ...). Dabei gilt: Je näher sich die Personen bzw. Gegenstände vor der Lichtquelle befinden, desto größer erscheinen ihre Schattenbilder auf der Leinwand. Dadurch, dass sich die einzelnen Personen während des Spiels in unterschiedlichen Entfernungen zur Lichtquelle bewegen, können die Veränderungen dargestellt werden. Die Szenen können auch durch symbolhafte Gegenstände und musikalische Untermalung ausgestaltet werden.

Das Schulleben als Schiffsreise

Die Entwicklung der Klasse wird als Schiffsreise vorgestellt. Situationen können sein:
– „Wir gehen an Bord." Wie gingen wir damals an Bord? Welche Aufgaben hatte jeder vor sich?
– „Wir befinden uns auf hoher See." Welchen Gefahren/Klippen waren wir ausgesetzt? Mussten wir mit Seeungeheuern kämpfen? Wie haben wir die Gefahren gemeistert?
– „Land in Sicht." Mit welchen Problemen hatten wir unter den Prüfungs- und Abschlussbedingungen zu kämpfen? Wie hat sich die Gruppe verhalten?
– „Wir gehen von Bord." Mit welchen Gefühlen gehen wir von Bord? Was nehmen wir mit? Wo gehen wir nun hin?

Talkrunde als Rückschau und Ausblick

Ausgewählte Teilnehmer führen ein kurzes Gespräch als Rückblick oder zu einem zentralen Anliegen der Klasse. Vertreter der Schüler, Eltern, Lehrer und ggf. der Kommune würdigen in der geleiteten Gesprächsrunde die Leistungen der Schüler/der Schule und gehen auf die anstehenden neuen Vorhaben und Aufgaben ein. Der Talkmaster bereitet dazu Fragen vor. (Wie war es, als die Schüler damals in diese Schule gekommen sind? Welches waren die eindruckvollsten Ereignisse? Wie geht es jetzt weiter? ...)

Hinweise für Redebeiträge
Nicht nur Personen in Leitungsfunktionen, sondern jeder Lehrer und auch mancher Schüler können in die Situation kommen, einen Redebeitrag liefern zu wollen oder zu müssen. Folgende Überlegungen geben hier Hilfestellung:
– Kann ein Motto für den Anlass des Zusammenkommens gefunden werden?
– Müssen Honoratioren besonders begrüßt werden?
– Wird die Aufmerksamkeitskurve der Zuhörer beachtet?

In einer Rede sollte die Wertschätzung der Angesprochenen zum Ausdruck kommen. Die Zuhörer möchten sich emotional angesprochen fühlen. Die Aussagen müssen klar und eindeutig sein und können durch anschauliche und lebendige Beispiele verstärkt werden.

Satirische Abschlussrede – ein Beispiel
Die folgende etwas eigenwillige Darstellung von Schule und Unterricht kann als Anregung für eine satirische Ansprache dienen, die schulische Probleme aufzeigt, damit aber zugleich Impulse für eine Neuorientierung geben will.

Das Konzept der individuellen Unterschiede

Es gab einmal eine Zeit, da hatten die Tiere eine Schule. Das Curriculum bestand aus Rennen, Klettern, Fliegen und Schwimmen, und alle Tiere wurden in allen Fächern unterrichtet.

Die Ente war ein guter Schwimmer, besser sogar als der Lehrer. Im Fliegen war sie durchschnittlich, aber im Rennen war sie ein besonders hoffnungsloser Fall. Da sie in diesem Fach schlechte Noten hatte, musste sie nachsitzen und den Schwimmunterricht ausfallen lassen, um das Rennen zu üben. Das tat sie so lange, bis sie auch im Schwimmen nur noch durchschnittlich war.

Durchschnittliche Noten waren aber akzeptabel, deshalb machte sich niemand Gedanken darum, außer der Ente.

Der Adler wurde als Problemschüler angesehen und unnachsichtig und streng gemaßregelt, da er, obwohl er in der Fliegerklasse alle anderen schlug, darauf bestand, seine eigene Methode anzuwenden.

Das Kaninchen war anfänglich im Laufen an der Spitze der Klasse, aber es bekam einen Nervenzusammenbruch und musste von der Schule abgehen wegen des vielen Nachhilfeunterrichts im Schwimmen.

Das Eichhörnchen war Klassenbester im Klettern, aber sein Fluglehrer ließ ihn seine Flugstunden am Boden beginnen statt vom Baumwipfel herunter. Es bekam Muskelkater durch Überanstrengung bei den Startübungen und immer mehr „Dreien" im Klettern und „Fünfen" im Rennen.

Am Ende des Jahres hielt ein anormaler Aal, der gut schwimmen und etwas rennen, klettern und fliegen konnte, als Schulbester die Schlussansprache.

(Quelle unbekannt)

4. Der Auflösungsprozess einer Klasse

Neben der offiziellen Abschlussfeier und der von den Schülern inoffiziell organisierten Abschiedsfete findet die Auflösung des Klassenverbandes statt. Dieser Auflösungsprozess ist zeitlich nicht exakt festzulegen, er geht schleichend vonstatten. Spätestens wenn die Zensuren feststehen und die Schüler die letzten Tage bis zu ihrer Entlassung noch überbrücken müssen, entsteht eine besondere Atmosphäre in der Klasse. Eine Unruhe, die aus dem Bewusstsein wächst, dass ein Lebensabschnitt zu Ende geht. Häufig ist dies mit Trennungsschmerz oder Trennungsangst, aber auch mit Erleichterung und Freude auf einen Neubeginn verbunden. Die vergangene Schulzeit und den Entwicklungsprozess der Gruppe noch einmal Revue passieren zu lassen, schafft eine gute Voraussetzung, um mit der Abschlussfeier einen würdigen Schlusspunkt setzen zu können.

Im Folgenden werden Aktivitäten vorgestellt, die beim Auflösungsprozess der Klassengemeinschaft hilfreich sein können.

Zeitleiste

Eine Zeitleiste der Schulzeit kann mit Fotos, Zeichnungen und Texten aus den zurückliegenden Schuljahren liebevoll gestaltet werden. Das Ergebnis sollte eine besondere Würdigung erhalten (z. B. auf der Abschlussfeier in Form einer Ausstellung oder als Geschenk der Klasse an die Schule).

Symbolische Geschenke

Es werden Gruppen gebildet, denen per Los Partnerguppen zugeordnet werden. Sie erstellen nun für die Schüler der Partnergruppe je ein zur Person passendes symbolisches Erinnerungsstück, das mit einfachen Mitteln angefertigt werden soll (z. B. auf Papier gemalt und zugeschnitten). Das Geschenk wird mit wenigen erklärenden Worten überreicht (z. B. „Wir haben für dich eine Rot-Kreuz-Fahne gezeichnet, weil wir dich immer als sehr hilfreich erlebt haben." „Wir haben das Papier als Wasserfall gestaltet, weil du wie ein Wasserfall reden konntest." „Wir haben für dich einen Wurm ausgeschnitten, weil du wie ein Bücherwurm warst und wir dich kaum von deinen Bücher weglotsen konnten.")

Hinweis: Vereinbart werden sollte, dass keine peinlichen oder beleidigenden Geschenke überreicht werden.

Abschlusstelegramm

Jeder schreibt im Telegrammstil und mit höchstens zwölf Wörtern auf, was ihm rückblickend zu seiner Schulzeit einfällt (z. B. viel gelernt, manchmal Stress, auch Angst gehabt, tolle Klassenfahrt, gute Freunde gefunden). Die Ergebnisse werden an der Wand plakatiert.

Abschluss-Blitzlicht: Was nehmt ihr mit? Was lasst ihr hier?

In einer ersten Stuhlkreis-Runde kann jeder sagen, was er gern hier in der Schule lässt, also das, woran er sich nur ungern erinnert (z. B. Angst vor Klassenarbeiten – Ärger mit Mitschülern – ungerechte Beurteilung. Diese Erinnerungen können auch aufgeschrieben und symbolisch in einen großen Papierkorb geworfen werden.

In einer zweiten Runde kann jeder sagen, was er aus seiner Schulzeit mitnimmt, was für ihn mit angenehmen Eindrücken verbunden ist (z. B. das Lernen gelernt zu haben – die Erfahrung gemacht zu haben, mit unterschiedlichen Menschen zusammenarbeiten zu können – geistige Arbeit als anstrengend, aber auch zufrieden machend erlebt zu haben ...).

Wichtig: Auch die Lehrerin bzw. der Lehrer gibt ein Blitzlicht. Alle Äußerungen bleiben unkommentiert. Jeder Schüler sollte pro Runde nicht mehr als drei Gedanken äußern. Niemand sollte persönlich angegriffen werden.

Dankesbriefe

Einen Dankesbrief zu schreiben, der sich reflektierend mit den vergangenen Schuljahren auseinandersetzt, kann je nach Adressat und Schwerpunkt sehr be/reinigend und lustvoll sein.

Beispiele:

An die Schulleitung: „Lieber Herr …/Liebe Frau…, wenn ich an Ihrer Stelle wäre, dann … „

An die Klassenlehrerin: „Liebe Frau…, Sie waren vier Jahre lang meine Klassenlehrerin, …"

An zukünftige Schüler: „Liebe neue Schüler dieser Schule, am Ende meiner Schulzeit möchte ich euch gern einiges über den Schulalltag und meine Erfahrungen mitteilen … "

An mich höchstpersönlich: „Hallo Malte, … "

Und noch ein Gedanke zum Schluss:

Ich glaube fest daran,
dass man jederzeit etwas aus dem machen kann,
was aus einem gemacht wurde.
Jean Paul Sartre

C Jubiläumsfeier –
Eine Revue zum 25sten der Laborschule

von Klaus-Dieter Lenzen

Jede Schule hat irgendwann einmal ein Jubiläum zu feiern: ihr 25-jähriges Bestehen, den 100. Geburtstag des Namengebers, den Wechsel der Schulleiterin … Die Schule wird solche Daten zum Anlass nehmen, auf ihre Geschichte zurückzublicken und in die Zukunft zu schauen. Sie wird ihre Leistungen bilanzieren und sich der Öffentlichkeit vorstellen. Zu diesem Zweck wird gewöhnlich ein Festausschuss gebildet, in dem, wenn es gut geht, nicht nur Kolleginnen und Kollegen vertreten sind, sondern auch Schülerinnen und Schüler sowie deren Eltern. Gemeinsam werden sie die Grundkonzeption eines Festprogramms entwickeln. Einen Festvortrag wird es vermutlich geben, zahlreiche Grußworte werden erwartet, vielleicht kommt eine Ausstellung zur Geschichte der Schule zu Stande. Eine Jubiläumszeitung wird erstellt, der gesellige Abend mit Überraschungsgästen wird geplant, ein Konzert, vielleicht eine Schulfete oder eine Diskussionsveranstaltung mit Ehemaligen. Solche Formen werden gewöhnlich gewählt, wenn es darum geht, ein Schuljubiläum „gebührend" – d. h. zugleich feierlich und ausgelassen, ernst und heiter – zu feiern.

Im Folgenden stelle ich eine Form des Jubiläum-Feierns vor, die ungewöhnlich sein mag, aber sehr wirkungsvoll sein kann. Es handelt sich um eine „Jubiläums-Revue", d. h. um eine festliche Theateraufführung, in der die Schule sich – ihr Profil und ihre Geschichte, ihre Stärken und ihre Schwächen – in Szene setzt.

Diese Form eines szenischen Festbeitrages habe ich als besonders überzeugend erlebt,

–   weil sie den anstrengenden, mit vielen Reden verbundenen Festakt auflockert, indem sie auch heitere, für Augen und Ohren gedachte Beiträge anbietet;
–   weil sie die Kombination von verschiedenen Medien und Beiträge verschiedener Fächer erlaubt (Musik, Rede, Gedicht, Szene, Tanz);
–   weil sich an ihr alle Gruppen einer Schule beteiligen können, ältere Schülerinnen und Schüler und jüngere, außerdem die Lehrerinnen und Lehrer wie auch Eltern und außerschulisch arbeitende Personen;
–   und nicht zuletzt: weil diese Form mit den erwähnten anderen Formen, ein Schuljubiläum zu begehen, auch verbunden werden kann.

Ich werde diese Form einer Jubiläums-Revue darstellen,

–   indem ich das an meiner Schule entwickelte Beispiel mit dem Titel „Zu Besuch im Versuch" vorstelle,
–   indem ich dabei die Grundstrukturen, Arbeits- und Organisationsformen erläutere, die mit diesem Vorhaben verbunden waren,
–   indem ich schließlich Hinweise dazu gebe, wie man ein solches Jubiläumsstück auch für die eigene Schule entwickeln kann.

1. Die Grundidee: Das Schulprofil in Szene setzen

Unser Jubiläums-Anlass hieß: Die Laborschule Bielefeld wird 25 Jahre alt! Wer hätte gedacht, dass die Versuchsschule des Landes Nordrhein-Westfalen überhaupt so alt wird, ist sie doch eine etwas ungewöhnliche

Einrichtung, eine der Universität zugeordnete Angebotsschule, eine Gesamtschule mit einigen reformpädagogischen Extras, gegründet in Zeiten der Bildungsreform, von interessierten Erziehungswissenschaftlerinnen und Lehrern häufig hoch gelobt und viel besucht, immer wieder aber auch angefeindet und zum Spielball bildungspolitischer Auseinandersetzungen gemacht – aber eben doch: 25 Jahre alt geworden! Wie feiert man den Geburtstag einer solchen Schule?

Schon beim ersten Nachdenken waren wir mitten in den eigentlichen Kern des Festthemas hineingeraten. Es musste um die Versuchsschule gehen, um ihr spezifisches Profil, um die wechselvolle Geschichte einer in die Jahre gekommenen reformpädagogisch ambitionierten Einrichtung, das war schon relativ schnell klar. Der eingesetzte Festausschuss konzentrierte sich folgerichtig auf diesen thematischen Kern. Er entwarf ein Jubiläumsprogramm, das aus Festbeiträgen wie den bereits erwähnten bestand. Geplant wurden eine Podiumsdiskussion, ein Festakt, die Fete am Abend, eine Rundfahrt durch die Bielefelder Innenstadt – und eben jene Jubiläums-Revue.

Die Grundidee einer Jubiläums-Revue ist ebenso nahe liegend wie simpel: Die Schule geht an die Öffentlichkeit. Sie tritt auf, und zwar auf der Bühne. Sie stellt sich dem gespannten Festpublikum in einer bunten und abwechslungsreichen Szenenfolge vor. Alle Jahrgänge der Schule steuern zu diesem Jubiläumsspektakel ihren szenischen Beitrag bei und zeigen – in welcher Form auch immer –, was für diese Schule heute typisch ist und in den zurückliegenden Jahren typisch war. Dabei sind möglichst viele für das Profil der Schule bezeichnende Abschnitte mit einem szenischen Beitrag vertreten. In Szene gesetzt werden sowohl die Stärken der Schule als auch ihre Schwierigkeiten und Probleme, besondere Ereignisse in ihrer Geschichte sowie Wünsche und Hoffnungen für die Zukunft. In der Summe sollte keine geschönte Leistungsbilanz, sondern das tatsächliche Profil der Schule dargestellt werden, heiter und abwechslungsreich, selbstkritisch und selbstsicher, bunt und multimedial, witzig und alltagsnah.

So einfach und überzeugend die Idee war, so schwierig schien uns – einer für die Gestaltung dieser Revue eingesetzten Planungsgruppe[1] – am

---

1 Zur Planungsgruppe gehörten: Gerd Fischer, Peter Konopka, Klaus-Dieter Lenzen, Annelie Wachendorff, Monika Wieczorek, Brundhild Zimmer.

Anfang ihre Realisation: Wer sollte diese vielen Beiträge gestalten, wer sollte sie einsammeln? Wer konnte garantieren, dass wirklich aus allen Schwerpunkten Beiträge geliefert würden? Wie ließ sich aus dem Nebeneinander von Einzelbeiträgen eine lebendige Szenenfolge entwickeln? Wie würden wir thematische Dopplungen verhindern? Wer garantierte uns, dass am Ende nicht ein mehrere Abende füllendes Riesenprogramm zusammenkommen würde, das ein Festpublikum – nach Sektempfang und Festansprache – nicht mehr würde verdauen können?

2. Die Konzeptbausteine: Eine Jubiläums-Revue realisieren

Dass es uns gelungen ist, die ursprüngliche Idee umzusetzen und mit der Revue „Zu Besuch im Versuch" ein heiteres und vielfarbiges Stück Versuchsschulprogramm auf die Bühne zu bringen,[1] hat u. a. mit den *Konzeptbausteinen* zu tun, die uns bei der Planung dieses szenischen Großunternehmens Orientierung gaben. Ich stelle im Folgenden einige dieser Konzeptbausteine vor.

Eine Planungsgruppe bilden

Die Planungsgruppe bestand in unserem Falle aus Kolleginnen und Kollegen, die in dieser Konstellation noch nicht zusammengearbeitet hatten. Sie vertraten unterschiedliche Fächer (Musik, Literatur, Theater, Technik, Englisch, Kunst, Sport) und hatten ihre Arbeitsschwerpunkte in unterschiedlichen Jahrgängen. Gemeinsam war ihnen ein Interesse an kreativer Arbeit. Die Gruppe bildete sich etwa ein halbes Jahr vor der eigentlichen Aufführung; sie begleitete die Planungs- und die Realisationsphase. Als eine Art Projektgruppe war sie für das Gelingen des Vorhabens Jubiläums-Revue (mit)verantwortlich. Gegenüber dem Gesamtkollegium gab die Gruppe in regelmäßigen Abständen Auskunft über den Stand der Arbeit. Sie lud weitere Personen zur Mitarbeit für spezielle Aufgaben ein, verwaltete einen finanziellen Etat und schrieb das Konzept regelmäßig fort. Innerhalb der Gruppe gab es eine Art Arbeitsteilung. Eine Kollegin war vor allem für die musikalischen Beiträge verantwortlich, eine

1 Zur Aufführung gibt es einen professionell geschnittenen Videofilm: Walter Blohm/Klaus-Dieter Lenzen, Oliver Manthey: Zu Besuch im Versuch. Zum 25sten der Laborschule. Bielefeld 2000. Anfragen: Klaus-Dieter Lenzen, Laborschule Bielefeld/Universität Bielefeld, Universitätsstr., 33615 Bielefeld

andere kümmerte sich um Bühnenaufbauten und Technik. Ein Kollege betreute das Gesamtmanuskript der Revue, ein anderer kümmerte sich um den Finanzetat und die Werbung.

Für diese Anfangsphase der Festvorbereitung war – wie für die folgenden auch – eine Reihe von Fragestellungen und Arbeitsschritte kennzeichnend.

Arbeitsschritte und Leitfragen

Wie stellen wir eine Gruppe zusammen? Welche Fähigkeiten werden gebraucht? Wir suchen Leute, denen es Spaß macht, eine Jubiläums-Revue zu entwickeln. Wir sprechen insbesondere die Kolleginnen und Kollegen aus den Bereichen Musik, Theater, Kunst und Sport an, suchen aber auch nach Personen, die andere kreative Fähigkeiten (auch außerhalb der Schule) pflegen.

Wie können Überlastungen vermieden und die besonderen Fähigkeiten der einzelnen Gruppenmitglieder genutzt werden? Wir planen gemeinsam, machen aber nicht immer alle alles zur gleichen Zeit. In bestimmten Phasen werden Arbeitsschwerpunkte benannt, besondere Zuständigkeiten vereinbart, Arbeitsteilungen eingerichtet.

Wie halten wir Kontakt zum Kollegium und zur Gesamtplanung des Festes? In regelmäßigen Abschnitten gibt es in der Lehrerkonferenz einen kurzen Zwischenbericht, möglichst in einer dem Vorhaben angemessenen prägnanten und heiteren Form.

Das Spektrum möglicher Beiträge überschaubar machen

Von Anfang an war uns klar, dass wir auf ein möglichst multimediales, abwechslungsreiches Spektakel hinauswollten. Deshalb haben wir das Kollegium auch zu möglichst verschiedenartigen Beiträgen aufgefordert und entsprechende Anregungen gegeben: „Denkt euch Szenen aus, keine Vorträge; arbeitet mit Liedern und Kleinkunstformen, nutzt Diaprojektionen und Gedichtformen, Schattentheater und Zaubertricks, arbeitet mit Musik, Tanz und Pantomime!" Wir haben auf Beispiele hingewiesen, die in zurückliegenden Projektwochen bereits entwickelt worden waren, damit sich alle Kolleginnen und Kollegen vorstellen konnten, welche Art von szenischen Beiträgen wir suchten. Außerdem haben wir eine Ideensammlung entwickelt und auch mögliche szenische Realisierungen skizziert. Diese Anregungen wurden zu einem Teil direkt aufgegriffen, zu einem anderen Teil gaben sie nur den Anstoß zu wiederum neuen Ideen.

In dieser Phase der Festvorbereitungen hatten wir bereits eine Vorstellung davon, wie wir die vielen Beiträge dramaturgisch verarbeiten wollten. Entstehen sollte eine Art *Revue*, d. h. eine möglichst abwechslungsreiche Reihung von Beiträgen. Die Revueform, geläufig aus Zirkusprogrammen und Unterhaltungssendungen, ist eine recht einfache dramaturgische Form. Sie ist rein additiv, lässt aber eine große Vielfalt zu: Lieder können neben Tänzen und Schattenspielen stehen, Dialoge neben Gedichten, Pantomimen neben musikalischen Beiträgen, Einzelauftritte neben Massenszenen. Diese Vielfalt ist nicht nur möglich, sondern auch gewünscht.

Arbeitsschritte und Leitfragen

Welche öffentlichkeitswirksamen Beiträge hat unsere Schule in den letzten Jahren produziert? Wir stellen eine einfache Übersicht zusammen.
Was können wir davon für die Jubiläums-Revue gebrauchen, weiterentwickeln und überarbeiten? Wir gehen bereits existierende Beiträge unter dem Gesichtspunkt der Bühnentauglichkeit durch.
Welche Beiträge können aus den einzelnen Fachbereichen kommen, z. B. aus den Fachbereichen Musik, Sport, Deutsch (Theater)? Wir gehen gezielt die einzelnen Fachbereiche durch, die dem Bühnenvorhaben besonders nahe liegen.
Welche Beiträge anderer Fachbereiche könnten für die Bühne gesondert aufbereitet werden? Wir gehen auch die Fachbereiche durch, die dem Bühnenvorhaben zunächst nicht besonders nahe zu liegen scheinen, z. B. Mathematik, Naturwissenschaften.
Welche szenischen Beiträge schlagen wir (der Festausschuss) dem Kollegium insgesamt vor? Wir stellen eine Liste von möglichen Beiträgen zusammen. Diese Liste ist offen und jederzeit ergänzbar.

Am Ende dieser Planungsphase stand ein erster Programmentwurf. Er bestand aus Umzügen und Liedern, Schattenspielen und Maskenauftritten, Jonglagen und Kunststücken, Sprechszenen und Musikbeiträgen. Das war eher zu viel als zu wenig und zudem noch völlig formlos. Uns wurde klar: Diese erste Sammlung von Einzelbeiträgen musste – auch das zeigen uns ja die Zirkusprogramme und Unterhaltungsserien – in irgendeiner Weise gestaltet, d. h. begleitet und zusammengehalten werden. Eine Revue braucht Moderation, einen Rahmen und ein thematisches Zentrum. Ohne diese Rahmung zerfällt sie in Formlosigkeit; sie wird uferlos.

Den Rahmen und ein thematisches Zentrum finden

Das Geburtstagsfest sollte sich mit der Geschichte und aktuellen Situation der Versuchsschule befassen. In der Jubiläums-Revue wollten wir aus der wechselvollen Geschichte dieser Einrichtung „erzählen", in szenischen Bildern ihre aktuelle Situation beschreiben. Damit war auch gesagt: Es konnte nicht jedes Kunststück, jedes Lied und jede Szene auf die Bühne gebracht werden. Gesucht wurden Beiträge, die zu dem – bewusst sehr weit gefassten – thematischen Zentrum passten. Diese thematische Konzentration war im Kollegium vorab vereinbart worden, sie musste personell aber auch auf der Bühne präsent sein. Wir brauchten Bühnenfiguren, die diesen thematischen Rahmen deutlich machten, Figuren, die für die Versuchsschule standen.

Eine Eichendorff-Schule wird Herrn Eichendorff, eine Pestalozzi-Schule Herrn Pestalozzi als Moderator auftreten lassen, die Kurt-Tucholsky-Schule wird mit Texten ihres Namensgebers arbeiten. Wer aber sollte in unserem Fall die notwendigen Szenenübergänge gestalten? Welche Personen sind eigentlich für unsere Schule besonders typisch? Sollten wir unsere Schulleitung auftreten lassen, die Kultusministerin des Landes oder Hartmut von Hentig, den Gründer der Reformschulprojekte? – Nach einer wirklich zündenden Idee haben wir lange gesucht, obwohl sie doch nahe lag: Als Versuchs- und Universitätsschule wird unsere Schule von Studierenden und Lehrern häufig besucht. Neugierige Kollegen sind darunter und skeptische, Reformpädagogen mit Leib und Seele und ihre Kritiker. Eine solche Besuchergruppe sollte in das beginnende Festprogramm – scheinbar unerwartet – hereinplatzen. Die Besucher sollten einen Schulbesuch durchführen und mit jeder Szene einen neuen Einblick in die Schule erhalten. Eine Gruppe von eingeweihten Schulleuten (eine jüngere Schülerin, ein älterer Schüler und ein Lehrer) würde ihnen gegenüberstehen und jeweils die notwendigen Erläuterungen geben. Gemeinsam würden diese beiden Gruppen die Moderation übernehmen. Sie würden die Übergänge von einer Szene zur nächsten gestalten und den szenischen Beiträgen einen Rahmen geben.

Textprobe

Moderatorin 1: Da sind sie ja, unsere Besucher! Einen schönen guten Tag, verehrte Kolleginnen und Kollegen (gibt jedem die Hand).
Besucherin 3: Helene Sauerbier, ich bin Konrektorin der Grundschule in Kleinmeppen an der Wupper. Und ich sag's Ihnen gleich ganz offen:

Ich stehe dem Konzept skeptisch gegenüber!
Besucher 2: Mein Name ist Istwan Nagy. Ich bin von weither angereist, aus Ungarn. Und ich hab meinem Kollegium versprochen, dass ich Bilder mitbringe ... Gestatten? (fotografiert) Gestatten, Gnädigste?
Besucher 4: Meyer zu Brinken, Studienrat, Helmholtz-Gymnasium in Sindelfingen. Ich vertrete die Fächer Physik und Sport.
Besucherin 1: Henriette Perlenspiel. Ich komme – wie immer schon – von der Astrid-Lindgren-Grundschule in Hamburg Buchholz.
Moderatorin 1: Danke Ihnen. – Darf ich Sie bitten, mir zu folgen? Sie sind hier gerade mitten in eine pädagogische Situation geraten, eine Schulfeier zum 25sten!

Arbeitsschritte und Leitfragen

Welches sind die für das Profil unserer Schule in der Vergangenheit, in der Gegenwart und Zukunft typischen Elemente? Wir stellen eine Sammlung solcher Profilmerkmale zusammen und führen ein Gespräch über typische Merkmale unserer Schule.

Wie kann entsprechend der inhaltliche Schwerpunkt unserer Jubiläums-Revue aussehen? Im Anschluss an eine lose Sammlung möglicher Beiträge entwickeln wir einen thematischen Schwerpunkt bzw. den roten Faden unserer Revue.

Welche Personen verbinden wir mit der gewählten inhaltlichen Schwerpunktsetzung? Welche Bühnenfiguren fallen uns dazu ein? Wir legen mögliche Moderatorenrollen fest.

Die Einzelbeiträge konzipieren

Sobald sich für die gesamte Revue eine gewisse Kontur abgezeichnet hat, kann mit der konkreten Ausgestaltung der Einzelbeiträge begonnen werden. Jetzt muss auf Details der Einzelszenen geachtet werden: Die Spieldauer gewinnt an Bedeutung, thematische Dopplungen müssen vermieden werden. Einzelne Schüler- und Lehrergruppen übernehmen die Verantwortung für bestimmte Szenen; sie müssen sich Gedanken darüber machen, mit welchen Ausdrucksformen sie arbeiten. Ein szenisches Großunternehmen wie die Jubiläums-Revue braucht möglichst viele Bestandteile, in denen Musik, Bewegung, Kostüme oder Projektionen eine tragende Rolle spielen. Reine Sprechszenen sind demgegenüber, schon aus tontechnischen Gründen, vor einem großen Festpublikum besonders schwierig zu realisieren. Also haben wir darum gebeten, möglichst mit

Musik und Pantomime zu arbeiten, Bewegungstheater statt Sprechthea-
ter zu realisieren, ein Lied zu singen statt einen Text zu sprechen. Diese
Bitte hat anregend gewirkt; den Kolleginnen und Kollegen fielen überraschend viele Beiträge ein, die mit wenig Sprache auskamen und andere
Gestaltungselemente nutzten. Selbst der Elternbeitrag kam ohne Rede aus
und trat als Elternchor auf. Hier einige Beispiele:

Szene „Modenschau": Wahlkurse und Leistungskurse kennzeichnen
das Unterrichtsangebot in der Sekundarstufe I unserer Schule. Häufig wird der Kurs „Mode" angeboten. Gewählt wird er sowohl von den
Mädchen als auch von den Jungen. Die Kursgruppe entwickelt eine
mit Musik unterlegte, choreographisch genau festgelegte Modenschau.
Präsentiert werden die Kleidungsstücke, die Schülerinnen und Schüler
entworfen und gefertigt haben. Einzelpräsentationen wechseln
schwungvoll mit Gruppenvorträgen. Die Szene erfordert verschiedene
Scheinwerfereinstellungen und Lichteffekte.

Szene „Meine Schulzeit": Mit Texten soll zwar möglichst sparsam
umgegangen werden, einige besonders eindrucksvolle Passagen aus
Aufsätzen, die Abgängerjahrgänge im Deutschunterricht rückblickend
auf ihre Schulzeit geschrieben haben, werden dennoch vorgetragen.
Die ausgewählten Passagen werden von Schülerinnen und Schülern
abwechselnd über drei Mikrofone gelesen. Szenenbild: Drei kleine
Tische mit Leselampen. Die Scheinwerfer konzentrieren den Spot auf
diese drei Punkte; die Bühne ist ansonsten dunkel.

Szene „Bewegte Schule": Ein Kennzeichen unserer Schule ist, so sagen
die Sportlehrer, dass sie eine „bewegte Schule" ist. Mit Pausensport,
Sportfreizeiten und natürlich den Sportstunden bietet sie ein reich-
haltiges Bewegungs- und Sportprogramm an. In der Szene werden
einige Bewegungsbeispiele hintereinander gespielt: Einer Zirkus-
truppe folgen Rock-'n'-Roll-Tänzer, Einradfahrerinnen und Jongleure.
Jeder Beitrag ist mit einer anderen Musik unterlegt; das Licht wechselt mit den Bewegungsbeispielen.

Szene „Beurteilungen": An unserer Schule gibt es bis zum Ende der
Sekundarstufe I notenfreie Zeugnisse (ähnlich den schriftlichen
Berichten in den ersten beiden Grundschuljahren). Dieses besondere
Strukturmerkmal ist mit viel Arbeit verbunden. Wenn die schriftlichen
Berichte verfasst werden, sitzen Laborschullehrerinnen und -lehrer
oft Stunde um Stunde vor dem Computer. Die entsprechende Szene

zeigt das Arbeitszimmer einer Kollegin; es ist auf einer fahrbaren Fläche installiert, die ganz langsam über die Bühne gezogen wird. Die Kollegin unterhält sich mit ihrem Kind. „Mama, wie viele Beurteilungen musst du noch schreiben?…" Der Dialog ist vorab auf Tonband aufgezeichnet worden; er wird in die ansonsten stille Szene eingespielt. Nächtliche Arbeitsstimmung macht sich breit.

Szene „Lernort Zoo": Die Ganztagsschule verfügt – wie andere Gesamtschulen auch – über eine Reihe von Lernorten, die auch außerhalb des Unterrichts genutzt werden. Dazu zählen der Schulzoo, die Bibliothek, die Werkstatt, die Disko, der Spielplatz. Die Szene thematisiert den Schulzoo mit zwei Liedern, zunächst mit einem von den jüngeren Schülerinnen und Schülern gesungenen Lied „In the jungle" und dann mit einer Paraphrase auf das Lied von Mackie Messer. Dieses zweite Lied wird von Schattentheater-Bildern begleitet:

Und Kaninchen haben Zähne
Und die trag'n sie vorm Gesicht.
Beini Beißer hat zwei Beißer
Und die Beißer sieht man nicht.

In 'ner großen Freitags-Pause
Teilt ein spitzer Schrei den Raum (iiiih!!).
Und ein Ratz ver-steckt im Schlumpf sich:
Beini Beißer sieht man kaum.

Und die Annelie, schwer verwundet,
steht nun im Ver-tretungsplan.
Und den Zahn wetzt Beini Beißer,
dem man nichts be-weisen kann.

(…)

Arbeitsschritte und Leitfragen
Wie können thematische Dopplungen vermieden werden? Wir legen Vorhaben zusammen, die einander thematisch zu ähnlich sind, kürzen und wählen aus.
Wer übernimmt welchen Beitrag? Wir geben die einzelnen Szenenbeiträge in die Verantwortung der Gruppen, die sie gestalten.

Wie soll jede einzelne Szene aussehen? Wir entwickeln die Gestaltung der Einzelbeiträge und sehen uns erste Proben an.

In welchem Medium werden die einzelnen Beiträge „formuliert"? Wie können die Szenen belebt werden? Wir sehen die Beiträge auf ihre Ausdrucksform hin durch und geben Anregungen, die auf die Verwendung von Musik, Kostüm, Ausstattung, Beleuchtung etc. bezogen sind.

Das Programm festlegen

Aus den angemeldeten Beiträgen lässt sich recht einfach ein Programm entwickeln. Das Kriterium „Abwechslungsreichtum" ist bei der Festlegung der Reihenfolge besonders wichtig. Es sollten nicht mehrere Sprechszenen aufeinander folgen; ein Wechsel in den Medien macht die Sache lebendig. Auf Massenszenen sollten solche folgen, in denen nur wenige Personen auf der Bühne sind.

Unter dramaturgischen Gesichtspunkten sollte die Abfolge auch daraufhin durchgesehen werden, wo die vermutlichen Höhepunkte liegen, wo deutliche Zäsuren (zum Beispiel für eine Pause) gemacht werden können, an welchen Stellen Zeit für Umbauten gebraucht wird und wie diese Zeit überbrückt werden kann. Wichtig ist auch, dass es zum Ende hin eine deutliche Steigerung gibt.

Sobald die Reihenfolge der Beiträge feststeht, können auch die Übergänge zwischen den Szenen konzipiert werden. Damit steht die gesamte Abfolge fest.

Unser Programm sah die folgenden Beiträge vor:

Szene 1: Masken und Kostümumzug

Szene 2: Unterrichtsbesuch und ein Hip-Hop-Song

Szene 3: Lesung: Meine Laborschulzeit

Szene 4: „Bewegte Schule" – Jonglage, Tanz, Zirkus

Szene 5: Elternchor

Szene 6: Lernort Schulzoo: Zwei Lieder und ein Schattenspiel

Szene 7: Großraum – Bewegungstheater und Percussionsgruppe

Szene 8: Leistungskurs Mode: Modenschau

Szene 9: „Was ist eine gute Schule"? – Podiumsdiskussion in Masken und ein Chanson

Szene 10: Unsere Partnerschule: Lieder und Tänze aus Schweden

Szene 11: Lernberichte statt Noten: Hörspiel und Schattentheater

Szene 12: Abschlusslied

Wir haben die Erfahrung gemacht, dass eine Jubiläums-Revue auf keinen Fall mehr als zwölf Szenen enthalten sollte. Schon bei einer ersten Zusammenstellung des Programms sollten die Zeiten mitkalkuliert werden, die für jeden Beitrag gebraucht werden.

Sobald sich abzeichnet, welche Konturen das Programm in etwa haben wird, kann auch mit der Arbeit an einem Programmheft begonnen werden. Ein Leistungskurs Kunst kann mit der Konzeption von Plakaten beginnen. Die Jubiläums-Revue wird spätestens jetzt einen passenden Titel erhalten.

Arbeitsschritte und Leitfragen

Wie soll die Programmabfolge aussehen? Welches sind Gesichtspunkte bei der Festlegung des Programms? Wir achten auf Abwechslungsreichtum, sehen für den Schluss eine Steigerung vor (z. B. gemeinsames Lied aller Akteure) und taxieren die Zeiten.

Wozu wird die Programmabfolge gebraucht? Wir nutzen sie als Inhaltsverzeichnis unserer Revue. Ein Programmheft wird in Auftrag gegeben. Das Plakat wird entworfen und gedruckt. Einladungen können geschrieben werden.

Das Skript betreuen

Unser Skript war aus einem kurzen Planungspapier hervorgegangen. Darin hatten wir die Grundkonzeption der Jubiläums-Revue für das Kollegium erstmals skizziert. Das Planungspapier hatte eine erste gemeinsame Arbeitsgrundlage markiert. Von da aus wurde es beständig erweitert, umgeschrieben und ergänzt. Für die weitere Arbeit hatten wir dann bald eine Textfassung vorliegen, die eine Beschreibung der einzelnen Szenen enthielt, die eingeschobenen Dialoge der Moderatoren, außerdem Regienanweisungen, Hinweise zu den Aufbauten und zur technischen Ausstattung. In der Phase der Probenarbeiten bezogen wir uns auf ein ausgearbeitetes Skript, das als Grundlage der Aufführung diente. Betreut wurde das Skript von einer Person aus der Planungsgruppe. Sie hatte die Aufgabe, das Skript dem jeweils neuesten Stand anzupassen und entsprechend fortzuschreiben. Das Skript diente als Beratungs- und Planungsgrundlage sowie als Basistext für die Proben.

Arbeitsschritte und Leitfragen

Welche Form von Text dient als Grundlage der Theaterarbeiten? Wir beginnen mit einem ersten Konzeptentwurf und schreiben ihn beständig weiter.

Was sollte in dem Skript festgehalten sein? In dem Skript notieren wir alle Dialoge sowie die Hinweise zu Aufbauten, Beleuchtung, auftretenden Personen.

Wer schreibt ein solches Skript? Aus unserer Arbeitsgruppe wählen wir maximal zwei Personen aus, die sich darauf konzentrieren, den Text zu betreuen. Diese Textarbeit in der gesamten Gruppe durchzuführen würde zu viel Zeit kosten.

Welche Funktion hat ein solches Skript? Wir benutzen es als Grundlage gemeinsamer Verständigung im Kollegium und in der Arbeitsgruppe sowie als Grundlage der Probenarbeit.

Die Probenarbeit gestalten

Wenn der Verlauf der Revue unter den beteiligten Gruppen abgesprochen und in einem Skript festgehalten ist, können die einzelnen Szenenbeiträge völlig unabhängig voneinander geprobt werden. Wir haben in diesem Sinne selten *eine* Probe gehabt, sondern beständig *mehrere* nebeneinander. Die szenischen Versatzstücke wurden parallel an verschiedenen Orten geprobt. Da alle Gruppen wussten, an welcher Stelle des Gesamtbildes ihr

Beitrag erscheinen würde, konnten sie sich ganz auf das eigene Vorhaben konzentrieren und mussten nicht beständig an das gemeinsame Ganze denken. Auch die Moderatorengruppe, die für die Gestaltung der Übergänge zuständig war, hatte ihre eigenen Proben. Erst kurz vor der eigentlichen Aufführung wird dann aus den vielen Einzelteilen das Gesamtwerk zusammengesetzt. Wir empfehlen, den Gesamtablauf in zwei Abschnitten zu proben und maximal zwei Gesamtproben anzusetzen. Eine zu lange Gesamtprobenzeit setzt die Spannung aufs Spiel und führt zu Ermüdungserscheinungen.

Erst zum Zeitpunkt der Haupt- und Generalprobe wird genau sichtbar, wie lang die Revue tatsächlich wird. Damit es zu diesem Zeitpunkt keine bösen Überraschungen gibt, sollte schon während der gesamten Probenarbeiten auf die Spieldauer geachtet werden. Auch gute Beiträge kommen am Ende „nicht rüber", wenn Zeitmaße nicht eingehalten werden.

Die Spieldauer der szenischen Revue sollte eine Stunde möglichst nicht weit überschreiten. Wenn eine Pause vorgesehen ist, kann sie auch anderthalb Stunden dauern. Da die Jubiläums-Revue zahlreiche Beiträge aus unterschiedlichen Bereichen der Schule vereint, kann jeder Beitrag nur kurz ausfallen. In ein Revueprogramm lassen sich nach unseren Erfahrungen zwischen zehn und maximal zwölf Beiträgen einspielen, wenn diese entsprechend kurz gehalten werden. Die Durchschnittsdauer für einen Beitrag beträgt dabei etwa fünf Minuten. Zur reinen Spielzeit muss die Zeit für Umbauten dazugerechnet werden sowie die Zeit für spontane Publikumsreaktionen.

Für eine effektive Gestaltung der Probenarbeit ist auch die rechtzeitige Auswahl des Spielortes wichtig. Wenn eine ganze Schule sich mit Beiträgen aus möglichst vielen Schwerpunkten vorstellt, dann wird es eine ungewöhnlich große Anzahl von Akteuren auf der Bühne geben. Die brauchen Platz zum Spielen, müssen nach ihren Auftritten ins Publikum zurückgehen können und den anderen Zuschauern dennoch Platz genug lassen. Der Spielort muss schnelle Wechsel zulassen und sowohl Einzelauftritte als auch Massenaufzüge erlauben.

Da wir über keinen solchen Raum verfügen, haben wir uns in der benachbarten Universität umgesehen und als Auftrittsort das Auditorium maximum gewählt. Der Raum ist groß genug, vielleicht sogar zu groß. Er bringt Beleuchtungs- und Beschallungsprobleme mit sich, da er eigentlich nicht für das Theaterspielen gedacht ist. Er bietet im Gegenzug aber auch einige besondere Inszenierungsmöglichkeiten: Wir konnten in der Mitte eines riesigen Auditoriums spielen, zwischen nach rechts und links aufsteigenden Zuschauerreihen. Wir konnten die Ränge mit einbeziehen, einen Chor hoch ins Publikum setzen, hatten außerdem genügend Auftritts- und Abgangsmöglichkeiten und auch Platz zum Umkleiden sowie einen festen Ort für die Band.

Während der gesamten Vorbereitungszeit, insbesondere aber in der Probenphase, sollte darauf geachtet werden, dass Stress möglichst vermieden wird. Das wird gelingen, wenn Arbeiten sinnvoll verteilt und rechtzeitig an Interessierte delegiert werden. Es gibt im Umfeld der Jubiläums-Revue ein weites Feld von Arbeiten, die an Schüler, Lehrer oder Eltern übergeben werden können. Auch Personen, die an dem Bühnenspektakel nicht unmittelbar teilnehmen, können doch mitwirken und für das Gelingen der Aufführung wichtig werden. Sie können Bereiche wie Umbau, Beleuchtung, Effekte, Beschallung, Kostüm, Werbung, Einladung und Plakat verantwortlich übernehmen.Wir selbst haben vielleicht den Fehler gemacht, solche Aufgaben nicht rechtzeitig in die Hände anderer Personen zu geben, und sind am Ende deshalb in Stress-Situationen geraten.

Arbeitsschritte und Leitfragen

Wie soll der Probenplan gestaltet werden? Wir haben den Gesamtverlauf des Bühnenstückes so aufgebaut, dass er aus zahlreichen Beiträgen am Ende wie ein Puzzle zusammengesetzt werden kann. Wir brauchten deshalb nur wenige Gesamtproben am Ende der Probenzeit.

Welcher Spielort wird gewählt? In unserer Schule haben wir nur bestimmte Spielorte zur Verfügung, die sich für die Revue eignen. Wir müssen vorab überlegen, ob der Spielort den Auftritt so vieler Personen erlaubt. Denkbar sind ergänzend auch andere Spielorte außerhalb der Bühne: die Empore, der Zwischengang, der Publikumsraum.

Wie kann Stress vermieden werden? Wir teilen die vielen Arbeiten, die im Verlauf der Probenarbeit anfallen, gezielt auf. Es gibt Zuständigkeiten für die Bereiche Werbung, Plakat, Einladungen, Beleuchtung, Maske, Kostüm, Umbauten etc.

3. Und was hat uns das ganze Theater gebracht?

Ein Ergebnis der mühevollen Planungs- und Probenarbeit wird natürlich das Ereignis sein, auf das alles zusteuert: die hoffentlich gelingende Aufführung. Ein anderes Ergebnis aber liegt bereits auf dem Weg dahin, im

Arbeitsprozess selbst. Dieser Prozess bildet den Zustand einer Schule ab und er kann auch dazu beitragen, ihn zu verändern. Es erweist sich nämlich während der Arbeit, wie viel Kooperation und Kreativität in einem Kollegium vorausgesetzt und wie viel neu entwickelt werden kann. In diesem Sinne wurde auch uns im Verlauf der Probenarbeit deutlich, was typische Strukturen unserer Schule sind – im Positiven wie im Negativen. Da wurde spürbar, „wer mit wem kann", warum einige Gruppierungen so viel Platz auf der Bühne brauchen und andere auf wenig Raum mehr zu sagen haben, wie viel Kooperation vorausgesetzt werden kann und welche Potenziale im regulären Schulalltag nicht genutzt werden. Besonders beeindruckt waren wir davon, welches Ausmaß an Fantasie und Kooperation die Idee einer szenischen Revue in unserem Kollegium freisetzen konnte – wo wir doch in Konferenzen genau diese Tugenden manchmal vermissen. Und schließlich wurde immer wieder betont, hier sei endlich einmal etwas *Gemeinsames* gelungen.

5 Feste als Unterrichtsthema

von Irene Kambas

Feste sind das Gedächtnis der Kulturen und Religionen. Feste ordnen unsere Zeit zum Jahreslauf von Arbeit, Natur und Gemeinschaft. Sie führen den Einzelnen durch das Jahr seiner Kultur und durch sein Lebensjahr. Feste bedeuten für die Mitglieder einer Gemeinschaft die gemeinsame Kultur und den sozialen Sinn eines Zeitabschnittes im Jahr.

Im Folgenden sind Informationen zu den wichtigsten Festen der großen Religionsgemeinschaften und zu einigen Brauchtumsfesten zusammengestellt. Ergänzt werden diese Informationen durch Anregungen für den Unterricht. Im Anhang des Kapitels finden sich Literaturhinweise und Internetadressen für die weitere Recherche.

A Feste der Religionen

Ein Teil unserer kulturellen Gewohnheiten stammt aus religiösen Traditionen. Bevor wir andere Traditionen kennen lernen und über sie nachdenken, wirken die eigenen Festrituale und Bräuche wie eine natürliche Ordnung.

„Sicher hat jede Familie ein paar hübsche Kleinigkeiten für den Adventsschmuck der Klasse", sagte eine Mutter in einer Klasse von Kindern unterschiedlicher kultureller und nationaler Herkunft. Unvorstellbar für sie, dass einige zu Hause keinen Adventsschmuck haben.

Das Wissen über eigene und fremde Gewohnheiten und Traditionen ist ein erster Schritt hin zu den anderen. Wer die eigenen Einstellungen genau kennt, sieht auch besser, was ihn mit anderen verbindet. Das ermöglicht es, sogar im Bereich der vertrautesten Gewohnheiten nach Gemeinsamkeiten und Unterschieden zu fragen. Die Gemeinsamkeiten sind die Grundlage der Verständigung: Was erstaunt, wird benennbar, und wir können sachlich verständlich machen, warum es uns erstaunt. Bei der folgenden Darstellung der wichtigsten Feste der großen Religionsgemeinschaften steht darum ihr jeweiliger *Sinn* im Vordergrund.

Mit der Reflexion über die religiösen Feste verbinden sich wichtige Lernziele. Die Beschäftigung mit religiösen Festen der eigenen und anderer Kulturen

- fördert das interkulturelle Lernen,
- schafft Wissen über die Herkunft der Bräuche und Rituale,
- lässt die eigenen Werte und Einstellungen deutlich werden,
- anerkennt die religiös vorgeformten Einstellungen der anderen,
- fördert die Anerkennung von Verschiedenheit,
- relativiert eigene Erklärungen für den Zusammenhang der Welt,
- lässt andere religiöse Deutungen der Zeit und der Welt als gleichwertig neben den eigenen erscheinen,
- hilft aktive Toleranz zu entwickeln,
- regt dazu an, ein selbstständiges Mitglied einer sozialen Gemeinschaft zu sein und deren soziales Leben zu gestalten.

1. Die Feste der Religionen im Jahreslauf

Festkalender. Im Christentum richten sich einige Feste nach dem Mondkalender (z. B. Ostern), andere nach dem Sonnenkalender (z. B. Weihnachten). Die Feste des Islams richten sich ausschließlich nach dem Mondkalender. Hier finden die religiösen Feste Jahr für Jahr etwa zehn Tage früher statt. Der Buddhismus ordnet die Feste ursprünglich nach einem jahreszeitlich gebundenen Mondkalander. In Japan jedoch haben die buddhistischen Feste ihren Platz im internationalen Geschäftskalender gefunden. Als Hindu wird man geboren. Der Hinduismus ist mehr eine Denkweise und Einstellung als eine systematische Religion nach unserer Vorstellung. In Europa lebende Hindugemeinschaften richten ihren Monats- und Festkalender weitgehend nach dem gregorianischen Kalender.

Fasten vor dem Fest. Vielen religiösen Festen geht eine Zeit des Fastens und der Besinnung auf den Ursprung des Festes voraus. Das Fest stellt dieser Periode der Entsagung einen begrenzten Zeitabschnitt des Überflusses – manchmal auch großer Ausgelassenheit – gegenüber. Gefeiert wird die Gemeinsamkeit stiftende Erinnerung an den Ursprung des Festes.

Jahreszeitlicher Bezug. Viele religiöse Feste haben einen jahreszeitlichen Bezug. So begehen Buddhisten, Christen und Juden zur Jahreswende

Lichtfeste. Es werden Geschenke und Glückwünsche ausgetauscht und
man begeht die Feste in heiterer oder auch besinnlicher Form. In Ländern mit hauptsächlich christlicher Kultur feiern die Menschen zum Jahresende zahlreiche Namensfeste von Heiligen, die mit dem Anzünden von
Lichtern und Geschenken verbunden sind. Für die niederländischen Kinder bringt der Nikolaus die Geschenke, die Schweden feiern am 13. Dezember das Fest der heiligen Lucia, die mit einer Lichterkrone auf dem Kopf
durchs Land reist. Für die Kinder ist das Jahresende eine Zeit voller Erwartung.

Religion und Brauchtum. In der Festgestaltung mischen und überlagern
sich religiöser Sinn und Elemente des Brauchtums mit mythischem und
naturreligiösem Hintergrund. So gehen die Bräuche zur Osterzeit, wie wir
sie in unserem Kulturkreis kennen, auf germanische Frühlingsfeste
zurück, bei denen vor allem das Wiederaufblühen der Natur gefeiert
wurde. Der Osterhase stammt aus dem germanischen Mythenkreis, die
Hasen waren die Fruchtbarkeit symbolisierenden Tiere der germanischen
Göttin Freya.

Im Folgenden werden die bekanntesten Feste in der alphabetischen Reihenfolge der Religion vorgestellt. Dem interkulturellen Anliegen dieses
Kapitels entsprechend, werden die Gemeinsamkeiten und Eigenheiten der
Religionen und der Feste herausgestellt. Die Schreibweise entspricht dem
interkulturellen Kalender des Senats von Berlin.[1]

Hier zunächst eine tabellarische Übersicht für das Jahr 2002:

Buddhismus

Nirwana-Tag (15. Februar)

An diesem Tag begehen die Gläubigen das Erinnerungsfest an das „Ver-
löschen des Buddha" (15. Februar 486 v. Chr.). Die japanischen Buddhisten gedenken an diesem Tag ihrer verstorbenen Angehörigen und Ahnen.
Bei den Zeremonien an den Gräbern rezitieren sie Sutren des Buddha.

Frühlingsfest (18. – 24. März)

Dieses Fest erinnert die Buddhisten an die Haupttugenden des Buddhismus: Freigebigkeit, Sittlichkeit, Geduld, Energie, Meditation, Weisheit.

---

1 Die Ausländerbeauftragte des Senats von Berlin gibt jährlich einen „Interkulturellen Kalender" heraus: Potsdamer Straße 65, 10785 Berlin, Tel.:
030/9017-2351, Fax: 030/2625407

Kalender der religiösen Feste im Jahr 2002

	Januar	Februar	März	April	Mai	Juni/Juli August	Sept.	Oktober	Nov.	Dez.
buddhistisch		15. Nirwana-Tag (Verstorbenengedächtnis)	18.–24. Frühlingsfest	8. Blumenfest (Geburtsfest des Buddha)						29. Gutor
christlich	1. Neujahr 6. Dreikönigstag/orthodoxes Weihnachtsfest	14. Aschermittwoch	29. Karfreitag 31. Ostersonntag		9. Christi Himmelfahrt 19./20. Pfingsten 30. Fronleichnam			6. Erntedankfest 31. Reformationsfest	1. Allerheiligen 2. Allerseelen 11. St. Martin 20. Bußtag	6. Nikolaus 13. Lucia 24.–26. Weihnachten
hinduistisch		26. Holi								
islamisch		23. Id al-Adha/Opferfest	21. Newruz (schiitisches Neujahr)						6. Beginn des Ramadan (Fastenmonat)	6. Id al Fitr/ Fest des fastenbrechens
jüdisch		26. Purim	28. erster Abend des Pessach-Festes	4. letzter Abend des Pessach-Festes	17./18. Schawuot		7./8. Rosch HaSchana (Neujahr) 15./16. Jom Kippur 21.–29. Sukkot 29. Simchat Torah		30. erster Abend von Chanukka	7. achter Abend von Chanukka

Durch diese „Tore der Weisheit" sollen sie treten, um Vollkommenheit zu erstreben.

In Japan gedenken die Gläubigen an diesen Festtagen wiederum der Toten: Sie bringen Blumen und Nahrungsmittel zu den Gräbern ihrer Ahnen.

Blumenfest (8. April)

Mit dem Blumenfest wird die Geburt des Buddha gefeiert. Der Legende zufolge wurde Buddha in einem mit Blumen übersäten Garten geboren. An diesem Tag finden Kindervergnügungen statt. Weil es ein fröhliches Fest ist, dürfen an diesem Tag die Ordensregeln der Klöster ausgesetzt werden.

Gutor (Ende Dezember)

Für die Buddhisten ist dieses Fest der Erleuchtung des Buddha die Vorbereitung auf ein neues Jahr. Sie denken an alles Negative und schaffen es damit aus der Welt.

Vor dem Düsseldorfer Eko-Haus, dem buddhistischen Tempel, steht eine Tempelglocke. 108 Menschen stellen sich beim Gutor-Fest hintereinander auf. Jeder von ihnen darf die Glocke einmal kräftig schlagen. Die Zahl geht darauf zurück, dass die Menschen nach buddhistischer Lehre von 108 Begierden und Plagen heimgesucht werden. Die Glocke befreit die Gläubigen von ihren negativen Gedanken. Mit ihrem durchdringenden, alles erfassenden Ton trägt sie negative Gedanken und schlechte Erinnerungen aus dem alten Jahr im Verklingen davon.

Das tibetische *Vorneujahrsfest* wird um den 29. Dezember herum gefeiert. Die japanischen Buddhisten feiern es mit dem internationalen Geschäftskalender am 31. Dezember.

Christentum

Ostern

Ostern ist das wichtigste Fest der Christen. In den Osterfeiern vergegenwärtigen sie den Leidensweg Jesu, seinen Tod und seine Auferstehung für die Erlösung der Menschen. Es wird immer am Sonntag nach dem ersten Vollmond nach Frühlingsanfang gefeiert.

Dem Osterfest geht eine vierzigtägige Fastenzeit voraus, die regional unterschiedlich begangen wird. Die Kirchen in Nordeuropa legen den Gläubigen den Verzicht auf ein lieb gewonnenes Laster nahe.

Christi Himmelfahrt

Vierzig Tage nach Ostern folgt Christi Himmelfahrt. Der Feiertag soll daran erinnern, dass Jesus 40 Tage nach der Auferstehung am Ölberg in Jerusalem in den Himmel erhoben wurde. Das Fest begeht die Vergeistigung des Mensch gewordenen Christus, ist also im religiösen Sinne das Gegenstück zu Weihnachten. Das Fest hat seinen christlichen Charakter in unserer Lebenswelt nahezu verloren und gilt heute als *Vatertag*.

Pfingsten

Für das Christentum ist Pfingsten ein weiteres großes Fest: Als sich die Jünger Jesu 50 Tage nach Ostern in Jerusalem versammelt hatten, empfingen sie in ihrem menschlichen Geist den Heiligen Geist. Nach christlichem Verständnis gibt er den Gläubigen eine tiefere Erkenntnisfähigkeit, als der Verstand sie leisten kann. Christen empfangen Pfingsten ihren Glauben. Die Pfingstgeschichte gilt als Gründungsbericht für die christlichen Gemeinden und als Beginn der Mission. Denn von der Wirkung des Pfingstwunders heißt es: „Und sie redeten in allen Zungen."

Fronleichnam

Dieser Feiertag wird in katholischen Gegenden mit Prozessionen begangen. Er fand erstmals im Jahr 1246 statt und geht auf den Streit um das richtige Verständnis des Abendmahles zurück. Fronleichnam dient dazu, den *Leib des Herrn* zu zeigen, denn nach katholischem Verständnis haben die Gläubigen im Gottesdienst (bei der Kommunion) am lebendigen Leib Christi Anteil. Besonders in ländlichen Gemeinden finden prachtvolle Prozessionen statt, unter Beteiligung der örtlichen Schützenvereine. In den Städten dagegen geht die öffentliche Feier dieses Tages immer mehr zurück.

Erntedankfest

In den christlichen Gemeinden wird am ersten Sonntag nach Michaelis (29. September) das Erntedankfest gefeiert. Die Altäre in den Kirchen werden mit Obst, Getreide und Blumen geschmückt. In den Gottesdiensten danken die Gläubigen für die Gaben, mit denen sie sich erhalten können.

Gedenktage im Herbst

Das christliche Kirchenjahr geht besinnlich zu Ende. Am 31. Oktober gedenken die evangelischen Gemeinden der Reformation, es folgen Allerheiligen (1. November), Allerseelen (2. November), der Bußtag am dritten Mittwoch im November und am letzten Sonntag vor dem Advent der Totensonntag.

Sankt Martin (11. November)

Dieses Fest feiern vor allem die Kinder mit Laternenumzügen und Martinsspielen. Die Legende erzählt, dass der römische Soldat Martin, der später der Bischof von Tours wurde, seinen Mantel entzweischnitt und mit einem frierenden Bettler teilte. Dies gilt als Beispiel der christlichen Nächstenliebe. Der Martinstag liegt kurz vor der (heute nicht mehr praktizierten) sechswöchigen Fastenzeit des Advents, einem Pendant zur vorösterlichen Fastenzeit. In früheren Zeiten endete mit dem Martinstag das Pachtjahr und die Verträge mit den Haus- und Hofangestellten wurden neu geschlossen. Der Tag ist mit verschiedenen Bräuchen verknüpft: Neben Laternenumzügen finden Gänsebraten-Essen und scherzhafte Droh- und Bettelzüge der Kinder durch die Orte statt.

Weihnachten

Weihnachten ist das Geburtsfest Jesu. Die westlichen Christen feiern es vom 24. bis 26. Dezember. Es gibt besonderen Weihnachtsschmuck, üppige Speisen, viel Süßes und vor allem Geschenke. Die orthodoxen Christen begehen den 6. Januar als Fest der Geburtsepiphanie (Fest der Erscheinung des Herrn).

Auf vorchristliche Zeit geht der Termin des westlichen Weihnachtsfestes in der Nähe der Wintersonnenwende (21. Dezember) zurück.

Heilige Drei Könige (6. Januar)

Epiphanias ist das Fest des Erscheinens der „Weisen aus dem Morgenland" am Stall von Bethlehem. Im Mittelalter kam der Brauch des Sternsingens auf, der heute noch in katholischen Gemeinden verbreitet ist. Dabei ziehen Kinder als die Heiligen Drei Könige durch den Ort, sammeln Spenden für karitative Zwecke.

Hinduismus

Der Hinduismus ist eine Lebensform und weniger eine Religion. Er hat viele regionale Fassetten und viele Gottheiten. Das ist uns zunächst fremd, doch seine weisen und farbigen Feste sind eine Möglichkeit, hierzu einen Zugang zu finden.

Holi

Am ersten Tag des Vollmonds im Februar beginnt das ausgelassene Holi-Fest, ein Frühlingsfest, bei dem das Gute über das Böse siegt. Die Erzählungen berichten vom Königssohn Prahlada, der keine bösen Geister verehren will, obwohl er damit gegen den Glauben seines Vaters verstößt. Daraufhin muss Prahlada mit seiner dämonengläubigen Schwester Holika einen Scheiterhaufen besteigen. Holika, so meint der königliche Vater, wird durch einen Dämonenzauber geschützt. Doch Prahladas Glaube an den Gott Vishnu erweist sich als stärker und so rettet Vishnu Prahlada, während Holika verbrennt. Es besteht ein jahreszeitlicher Zusammenhang zu der für das Frühjahr erhofften Ernte. Man isst an diesem Tag Kokosnüsse, Reis und andere Feldfrüchte. Zum Feiern ziehen die Menschen alte Kleider an und bespritzen sich gegenseitig mit gefärbtem Wasser und Puder.

Onam

Zur Mitte der südindischen Erntezeit Ende August/Anfang September feiert man Onam. Wegen der geografischen Ausmaße Indiens gibt es unterschiedliche Festdaten. Der Legende nach wurde der Dämonenkönig Mahabali einst vom Gott Vishnu besiegt, erhielt aber die Erlaubnis, einmal im Jahr zurückzukehren, weil er ein guter König war. Anlässlich dieses Feiertages werden die Häuser gereinigt und geschmückt, man zieht neue Kleider an und beschenkt sich.

Islam

In den islamischen Ländern werden Feiertage aus geographischen und geschichtlichen Gründen sehr unterschiedlich begangen. Sie bestimmen vor allem das Geschehen in den Moscheen. Zu den regionalen Unterschieden kommen die unterschiedlichen Ausprägungen des Islams (Sunniten, Schiiten …). Dies kann hier nicht ausführlich dargestellt werden. Aber alle Muslime feiern die beiden großen islamischen Feste: das Opferfest Id al-Adha im Anschluss an die Pilgerfahrt nach Mekka und Medina und das Ramadanfest Id al-Fitr im Anschluss an den Fastenmonat Ramadan.

Id al-Adha/Opferfest

Zu den Pflichten des guten Muslims gehört es, einmal im Leben an der Wallfahrt nach Mekka teilzunehmen. Den Abschluss der Pilgerzeremonie bildet das fünftägige Opferfest. Das Fest erinnert an die Erzählung, nach der Abraham auf Befehl Gottes seinen Sohn Isaak opfern sollte. Gott schickte Abraham im letzten Moment ein Schaf, das er statt seines Sohnes opferte.

Am Morgen des ersten Feiertages werden überall in der islamischen Welt Opfertiere geschlachtet (meist Schafe, aber auch Rinder, Kamele und Hühner), um für das Fest zubereitet zu werden. Ein Drittel des Fleisches wird den Armen gespendet, ein Drittel soll man Verwandten schenken und ein Drittel für das eigene Fest behalten. Dazu gibt es viel Gemüse und eine Apfelsüßspeise. Um ihren Wohltätigkeitspflichten gerecht zu werden, können Muslime auch ein Zehntel ihres Einkommens den Bedürftigen spenden. Vor allem die Kinder bekommen Geschenke, oft neue Kleidung, aber auch Spielzeug. Die Familien treffen sich zu einem Festessen, das viele Stunden dauern kann. Man unterhält sich, spielt und hört Musik, tanzt und erzählt Geschichten. Sehr beliebt sind an diesem Tag in der arabischen Welt Spiele, bei denen man versucht, Reime und kleine Gedichte zu erfinden und sie dann von anderen aufnehmen und fortführen zu lassen.

Newruz (21. März)

Die schiitischen Muslime und die Kurden begehen mit unserem Frühlingsbeginn ihr Neujahrsfest. Im Mittleren Osten ist dies mit großen Feierlichkeiten verbunden. Das neue Jahr wird mit lautem Getöse begrüßt, mit Feuerwerk, Kanonenschüssen und entzündeten Reisighaufen.

Ramadan

Im Fastenmonat Ramadan ist von der Morgendämmerung bis zum Sonnenuntergang Essen, Trinken und Rauchen verboten. Die Muslime sollen einmal im Jahr für einen Monat Armut und Entsagung erfahren. Zudem stärkt das Fasten den Willen und zeigt den Menschen, dass sie sich nicht vorwiegend von körperlichen Befindlichkeiten lenken lassen sollen. An jedem Abend des Ramadan gibt es ein ausgiebiges Festessen in der Familie, wobei unter *Familie* alle am Ort anwesenden Angehörigen zu verstehen sind.

Id al-Fitr (türkisch: Ramasan Bayrami)

Das dreitägige Fest des Fastenbrechens beginnt am Tag nach dem Ende des Ramadan. Es wird häufig auch *Zuckerfest* (Seker Bayrami) genannt, weil dabei viele Süßigkeiten verschenkt und gegessen werden.

Die Muslime besuchen die Moschee und danken Allah, dass er ihnen die Einhaltung des Fastens ermöglichte und eventuelle Übertretungen vergibt. Die Gläubigen tauschen Glückwünsche aus, essen süße Köstlichkeiten und die Kinder erhalten neben den Süßigkeiten auch neue Kleider. Wie beim Opferfest und wie auch in anderen Religionen wird an diesem großen Festtag der Bedürftigen gedacht. Die Spende für die Armen ist Glaubenspflicht. Das eigene Glück soll man teilen, damit es mehr wird.

Judentum

Die Feste Rosch HaSchana, Jom Kippur, Sukkot und Simchat Tora sind eine Folge von Festen, mit denen das jüdische neue Jahr eingeleitet wird. Die Festperiode im September/Oktober dauert ungefähr drei Wochen. In Israel normalisiert sich erst danach das Arbeits-, Schul- und Universitätsleben wieder.

Rosch HaSchana

An zwei Tagen wird das jüdische Neujahrsfest begangen. Der Name bedeutet „Geburtstag der Welt". In der Synagoge wird der Schofar geblasen, ein Instrument aus gedrehtem Widderhorn. Erinnert wird an die Erzählung von Abraham, der seinen einzigen Sohn Isaak Gott opfern soll. Doch Gott nimmt das Menschenopfer nicht an und schickt Abraham einen Widder. An Rosch HaSchana denken die Gläubigen über das Vergangene nach und hoffen auf die Kraft, dem Leben die gewünschte Richtung zu geben. Bei der Familienfeier werden Apfelstücke in Honig getaucht, zum Ausdruck dafür, dass es ein süßes neues Jahr werden möge. Außerdem gibt es Honigkuchen und süß gewürztes Möhrengemüse (Möhrenzimmes).

Jom Kippur

An diesem Versöhnungstag wird nach der religiösen Vorstellung die Welt gerichtet. Jom Kippur ist ein strenger Fastentag, an dem in den Synagogen um Verzeihung gebetet wird und die Menschen sich untereinander um Verzeihung und Versöhnung bitten sollen.

Sukkot

Das achttägige Laubhüttenfest ist ein weiteres der drei jüdischen Erntefeste. Zugleich begeht man die Erinnerung an die Sklaverei in Ägypten. Auf Balkonen und im Garten werden Hütten gebaut, in denen zumindest die Mahlzeiten eingenommen werden sollen. Man lädt Freunde und Bekannte zum Festessen ein, verbringt möglichst viel Zeit gemeinsam und trägt Gestecke aus Zitruszweigen, Palme, Myrthe und Weizen mit sich.

Simchat Thora

Dieses Fest drückt die Freude über das gemeinsame Glaubensgesetz aus. Im Laufe des Jahres ist die Thora einmal vollständig verlesen worden und nun zeigen alle ihre Freude mit kostbaren Kleidern und ausgelassener Freude, sogar die Kinder dürfen den Segen über die Thora sprechen.

Chanukka

Das achttägige Lichterfest erinnert an die Wiedereinweihung des geschändeten jüdischen Tempels. Die Legende: Während der Zeit der syrisch-hellenischen Gewaltherrschaft war der Tempel von Jerusalem entweiht worden. Judith hat durch eine List den Aufstand des Judas Makkabäus gegen die Unterdrücker ermöglicht. Nun soll der Tempel wieder eingeweiht werden. Als man dazu den siebenarmigen Leuchter (Menorah) des Tempels entzünden will, findet sich nur ein kleines Gefäß mit koscherem Öl, das höchstens für einen Tag reichen würde. Für die Herstellung neuen koscheren Öls hätte man mindestens acht Tage benötigt. Doch als das Licht entzündet wird, geschieht ein Wunder: Das Licht leuchtet entgegen aller Wahrscheinlichkeit acht Tage lang – gerade lange genug, um neues koscheres Öl zu gewinnen.

An jedem Tag des Lichterfestes wird am achtarmigen Chanukka-Leuchter von rechts nach links eine neue Kerze entzündet. Das Fest wird mit Liedern, Spielen und Geschenken (vor allem an die Kinder) gefeiert. Es ist ein häusliches, heiteres Fest, bei dem es in Öl gebackene Speisen gibt (Krapfen und Kartoffelpfannkuchen).

Purim

Das Fest gedenkt der Errettung der Juden im persischen Weltreich durch Esther. Die Legende: Der Höfling Haman hatte den Perserkönig Ahasver überredet, alle Juden im Perserreich an einem per Los ermittelten Stichtag zu töten. Der Königin Esther, einer Jüdin, gelang es jedoch, Ahasver von diesem Vorhaben abzubringen. Haman wurde hingerichtet. Eine Purim-Regel lautet: „Esst, trinkt (laut Talmud Alkohol) und seid fröhlich." Man veranstaltet an diesem Tag ein festliches Familienessen, das nachmittags beginnt und bis in die Abendstunden dauert.

Purim ist der Karneval der Juden. Es ist Brauch, dass man sich an diesem Tag kostümiert. Eine religiöse Erklärung für diesen Brauch: Gottes Wirken bei der Errettung der Juden geschah unerkannt, darum sollen auch die Gläubigen an diesem Festtag nicht erkannt werden. An diesem Tag ist alles „anders herum". Man sagt und meint einfach alles im Scherz. Beim Konditor gibt es Hamantaschen, das traditionelle Purim-Gebäck (Rezept s. S. 135).

Pessach

Pessach, das zweite Erntefest der Juden, wird auch das *Fest der ungesäuerten Brote* genannt. Man gedenkt der biblischen Erzählung von der Befreiung der Juden aus der Sklaverei in Ägypten. Sieben Tage lang ist es verboten, etwas Gesäuertes zu essen. Das Fest beginnt mit der Säuberung des Hauses von allem Gesäuerten (Chamez). Während des Festes wird ungesäuertes Brot (Mazzen) gegessen.

Am Vorabend des Festes findet der *Seder-Abend* statt, der an die letzte Mahlzeit im ägyptischen Exil erinnert. Der Tisch wird festlich gedeckt, alle tragen Festkleider und es wird an diesem Abend besonderes Geschirr verwendet. Es gibt eine festgelegte Reihenfolge symbolischer Speisen:
- drei Mazzen, ungesäuerte Brotfladen
- vier Becher Kiddusch-Wein, ein nichtalkoholisches Getränk aus Rosinen, mit dem die Freude über die Befreiung ausgedrückt wird
- die „bitteren Kräuter" Meerrettich, Radieschen, Lauch, die an die bittere Zeit der Sklaverei erinnern
- Petersilie (oder Sellerie oder eine Kartoffel), die für die Hoffnung auf den Neubeginn steht
- Charssit, ein Mus aus Äpfeln, Feigen, Walnüssen, Essig oder Wein, Zimt und etwas ungesäuertem Mazza-Mehl, als Symbol für die Sklavenarbeit in Ägypten
- ein hart gekochtes Ei, das symbolisch für Wandelbarkeit, Zerbrechlichkeit und Fruchtbarkeit steht und im Rahmen des Pessach-Festes, das an die Zerstörung des Tempels erinnert, zugleich ein Symbol der Trauer ist
- der geröstete Unterschenkelknochen des Pessach-Lamms, das für die Tempelopfer zum Pessach-Fest steht
- eine Schale Salzwasser für die Tränen des Exils

Zu Beginn des Festaktes waschen sich alle die Hände. Der Hausherr spricht die rituellen Gebete und den Segen über die symbolischen Gaben.

Er zündet Kerzen an. Es folgt ein festgelegtes Frage-Antwort-Ritual zwischen dem Vater und den Kindern, mit dem die Geschichte der Befreiung wiederholt wird. Der Wein wird getrunken. Für den Propheten Elias wird ein Glas bereitgestellt, denn er wird die Botschaft von der endgültigen Erlösung bringen. Gemeinsam werden die traditionellen Pessach-Lieder gesungen. Zum Ende des Rituals sagen sich alle gegenseitig den Glückwunsch: „Nächstes Jahr in Jerusalem".

Schawuot

Dieses Fest, auch „Fest der ersten Früchte" genannt, findet 50 Tage nach Pessach statt und ist eines der drei jüdischen Erntefeste. Es erinnert an die Erzählung von der Übergabe der Gesetze (Thora) an Moses und das Volk Israel. Man schmückt die Synagoge und die eigene Wohnung mit Zweigen und Blumen. In der Synagoge werden die Thora-Rollen gezeigt, die Zehn Gebote vorgelesen und erklärt.

Gemeinsame Inhalte religiöser Feste

	Christentum	**Islam**	**Judentum**	**Hinduismus**	**Buddhismus**
hohe Feiertage	Karfreitag, Ostern	Ramadan, Opferfest	Jom Kipur		
Verzeihen	Ostern, Buß- und Bettag	Id-al-Fitr	Jom Kipur		
Neubesinnung		Ramadan	Rosch HaSchana		Gutor
Freude	Ostern, Weihnachten	Ramadan Id al-Fitr	Purim Simchat Thora		
Geschenke	Weihnachten,	Id-al-Fitr Id al-Adha	Chanukka Sukkot	Osnam	
Dank	Erntedank	Id al-Adha Id-al-Fitr	Schawuot Sukkot		

2. Religiöse Feste am Lebensweg

Die Religionen haben nicht nur Jahr und Tag für die Menschen geordnet, sie begleiten sie auch durch ihre individuelle Biografie. Jede Religion kennt Übergangsriten in eine neue biografische Phase: Aufnahme in die Gemeinschaft, das Erwachsenwerden, Eheschließung, Begräbnis.

Geburt/Geburtstag

Buddhismus: Biografische Feste sind für Buddhisten nicht wichtig. In Deutschland lebende Buddhisten übernehmen bei ihrem Eintritt in die Gemeinschaft einen buddhistischen Namen. Dies geschieht im Rahmen einer Andacht. Der neue Name spielt nur in der buddhistischen Gemeinschaft eine Rolle und wird neben dem bürgerlichen Namen geführt.

Christentum: Kinder und Erwachsene feiern ihre Geburtstage als persönliche Ehrentage ohne Bezug auf den Glauben.

Hinduismus: Bei der Geburt und bei allen wichtigen Entscheidungen im Leben sollte ein Hindu einen Astrologen zu Rate ziehen, denn der günstige und richtige Augenblick wird vom Stand der Gestirne bestimmt. Die Neugeborenen bekommen ein Lebenshoroskop. Ein Hindu durchläuft in seinem Leben 16 Stadien, Lebensphasen, die unter dem Einfluss der Tierkreiszeichen zu deuten sind.

Islam: Den Neugeborenen wird der Gebetsruf ins rechte und das Glaubensbekenntnis ins linke Ohr gesprochen. Die weiteren Geburtstage haben keine große Bedeutung.

Judentum: In frommen Familien werden die Neugeborenen mit einem Segen des Vaters begrüßt und die Eltern werden beglückwünscht.

Namensgebung

Buddhismus: s. o. (Geburt/Geburtstag)

Christentum: Zur Aufnahme in die Glaubensgemeinschaft gießen Protestanten und Katholiken den Täuflingen beim Gottesdienst symbolisch etwas Wasser über den Kopf und nennen den Namen des neuen Mitgliedes der Gemeinschaft vor Gott.

Hinduismus: Im Tempel bekommt jeder Hindu ein Lebenshoroskop, das Namakarma.

Islam: Muslime bekommen bei der Geburt ihren Namen. Manche türkischen Familien feiern den ersten Zahn, zu dem die Kinder eine Schere, den Koran und ein Goldstück geschenkt bekommen. Manche Familien begehen auch für die Jungen das Bismillah-Fest, wenn sie vier Jahre alt werden. Von da an sollen die Kinder im Koran unterrichtet werden.

Judentum: Die Beschneidung ist das Fest der Namensgebung. Den Jungen wird wenige Wochen nach der Geburt die Vorhaut des Gliedes beschnitten und der Name des Kindes vor Gott genannt. Für die Mädchen spricht der Rabbiner ein Gebet.

Aufnahme in die Gemeinschaft

Buddhismus: Mönchsweihe: Bhikkhu. Jeder männliche Buddhist soll einmal im Leben Mönch sein. Die Dauer ist für die meisten begrenzt auf ungefähr drei Monate.

Christentum: Kommunion bei den katholischen Christen (mit etwa 8 Jahren), Konfirmation bei den evangelischen Christen (mit etwa 14 Jahren). Nach vorbereitendem Unterricht werden die Kinder bzw. Jugendlichen als vollwertige Mitglieder in die Kirchengemeinde aufgenommen. In den Familien wird der Tag gefeiert, die Kinder und Jugendlichen bekommen Geschenke.

Hinduismus: Der Hinduismus kennt keine Beitrittszeremonie.

Islam: In einigen Ländern werden die Jungen zur Aufnahme in die Gemeinschaft beschnitten. Die Feier dauert mehrere Tage, die Jungen tragen nach der Beschneidung ein weißes Gewand. Sie wechseln vom Frauenbereich in die Obhut, d. h. den Wohnbereich der Männer über, bekommen Glückwünsche und Geschenke.

Judentum: Jungen: Bar-Mizwa; Mädchen: Bat-Mizwa. Nach vorbereitendem Unterricht werden die Kinder bzw. Jugendlichen im Alter von 12 bis 13 Jahren Mitglieder der Gemeinde. Dies wird in den Familien mit einem Festessen gefeiert. Manche Jungen halten ihre erste Rede im Familienkreis.

Heirat

Buddhismus: Die Paare erbitten den Segen der Mönche, ansonsten sind die Bräuche in den buddhistischen Regionen sehr verschieden.

Christentum: Katholiken: Die Ehe ist als Sakrament unauflöslich und verbunden mit dem Gedanken an gemeinsame Kinder. Protestanten: Es findet ein Segensgottesdienst für das Hochzeitspaar statt.

Hinduismus: Regional und sozial sind die Festformen sehr unterschiedlich. Die aufwändigen Feiern dauern meist mehrere Tage. Wie zu allen wichtigen Tagen wird der Rat eines Astrologen eingeholt.

Islam: Mit der Hochzeit verlässt die junge Frau das Elternhaus, um im Haus der Familie des Mannes zu leben. Das Fest dauert drei Tage, Männer und Frauen feiern der Tradition nach getrennt. In europäisch orientierten Familien geht die Geschlechtertrennung zurück. Am dritten Tag ist die offizielle Trauungszeremonie.

Judentum: Die Ehe gehört zu den religiösen Pflichten im Judentum. Sie wird vor dem Rabbiner geschlossen und gilt als heiliger Bund.

Tod

Buddhismus: Die Bestattungsriten sind regional sehr verschieden; sie richten sich nach den Lebensbedingungen in den unterschiedlichen Ländern.
Christentum: Es gibt sowohl die Beerdigung als auch die Einäscherung. Der Glaube sagt den Christen, dass der Tod wie das Leben eine Durchgangsstation ist, nach der die Auferstehung und das ewige Leben folgen. Die katholischen Christen feiern ein Seelenamt zur Beerdigung eines Toten, die evangelischen Christen gestalten eine Gedenkfeier.
Hinduismus: Die Toten werden verbrannt und die Asche in den Ganges oder einen anderen heiligen Fluss gestreut. Da die Hindus an die Wiedergeburt glauben, ist der Tod für sie die Erfüllung des Daseins. Die Verstorbenen haben nach allem Streben ihren Frieden gefunden.
Islam: Tod bedeutet für die Muslime, sich in die Obhut Gottes zu begeben. Nach der Leichenwäsche werden die Toten in ein weißes Tuch gehüllt, dann zur Moschee und zum Friedhof getragen. Der Leichnam soll im Grab auf der rechten Seite liegen, mit Blick auf Mekka. Die Friedhöfe und Grabstätten sind schmucklos und schlicht.
Judentum: Für die Toten wird vom nächsten männlichen Verwandten ein Kaddisch (Trauergebet) gesprochen. Er wird in ein Leintuch gehüllt und begraben. Die Toten ruhen in ihrem Grab bis zum Ende aller Zeiten. Zur Ehrung der Toten legt man beim Grabbesuch einen Stein am Grab nieder, oft mit einem Segensspruch darauf.

B Religionsfeste: Ideen für den Unterricht

1. Religionsfeste gegenübergestellt

Opfer-, Pessach- und Osterfest
Klasse 6/7 (auch für höhere Klassen)
Fach: Religion
Zeitbedarf: zwei Doppelstunden für Aufgabenstellung und Recherche, eine Doppelstunde für die Präsentation der Ergebnisse
Material: große Papierbögen für die Wandzeitung, dicke Filzstifte
Die Schüler stellen Inhalte und Rituale der wichtigsten Feste der monotheistischen Religionen (islamisches Opferfest, jüdisches Pessach-Fest und christliches Osterfest) gegenüber.
Sie recherchieren dazu im Internet, mit Hilfe eines Lexikons und weite-

ren Informationsmaterials (s. Abschnitt 1: Feste der Religionen im Jahreslauf). Die Aufgabe lässt sich in arbeitsteiliger Gruppenarbeit lösen. Jeweils eine Gruppe wird zum Spezialistenteam für eine Religion. Es empfiehlt sich eine Gruppengröße von bis zu vier Schülern, sodass mehrere Gruppen zum selben Fest recherchieren können. Diese Gruppen können dann ihre Informationen zunächst untereinander vergleichen, bevor sie die Ergebnisse vom Lehrer überprüfen lassen und dann auf großen Wandzeitungsbögen dokumentieren. Das Gesamtgruppenergebnis könnte dann in einer Tabelle folgendermaßen zusammengefasst werden.

	Opferfest Id al-Adha	Pessach	Ostern
Wann? *(Datum)*	23.2.2002 – Ende der Pilgerzeit nach Mekka	Beginn am Abend des 14. Nissan, Ende am Abend des 22. Nissan (28.3. – 4.4.2002)	29.3.2002 Karfreitag 31.3. – 1.4.2002 Ostern
Woran erinnert das Fest? *(Inhalt)*	Hingabe des Menschen an Gott und das Vertrauen auf seine Barmherzigkeit; Opferbereitschaft Abrahams	Rettung der Israeliten; Auszug aus der ägyptischen Sklaverei; Erinnerung an biblische und historische Trauerzeiten der Juden	Tod und Auferstehung Jesu
Verlauf des Festes im religiösen Kontext	Gebete in der Moschee, Pilgerrituale in Mekka	Seder-Abend, erster Abend des Pessach-Festes: rituelles Essen in der Familie, Gebete, Segen	Karfreitagsliturgie, Karsamstagsgottesdienst, Osterliturgie
Verlauf des Festes in den Familien	Festessen, Familienbesuche, Geschenke	s. o.	Kirchgang, Festessen

Workshop: Weihnachten, Chanukka und Zuckerfest
Klasse 7/8
Fächer: Sachunterricht, Politik, Fremdsprachen, Erdkunde, Religion, Deutsch, Gesellschaftslehre
Material: Kopien, Computer mit Internetanschluss, Liederbücher …
Zeitbedarf: für die Zusammenstellung der Gruppen und Festlegung des Fragerasters etwa zwei Stunden, zwei Stunden Recherche und Herstellung der Wandzeitung, eine Stunde Präsentation

Das nachfolgend skizzierte fächerverbindende Projekt ist für Freiarbeit und Projektunterricht geeignet und erfordet gemeinsame Planung und Absprache mit Kollegen.[1] Die Schüler recherchieren in Gruppen, wie in ausgewählten Ländern Weihnachten, Chanukka und Zuckerfest (oder andere Feste) begangen werden. Die Ergebnisse können in einem Album festgehalten oder für die Öffentlichkeitsarbeit der Schule genutzt werden. Zunächst werden die Schüler über das Wissensfeld *Weihnachten, Chanukka, Zuckerfest* informiert. Dann überlegt die gesamte Projektgruppe, zu welchen Festen in welchen Ländern bzw. geographischen Verbreitungsgebieten sie recherchieren will, und teilt sich dann in Ländergruppen auf. Die Ordnung nach Ländern bzw. Verbreitungsgebieten geht davon aus, dass die Vermischung der religiösen Einflüsse durch die Migrationsbewegungen der letzten Jahrzehnte wahrscheinlich noch nicht traditionsbildend gewirkt hat. Sprache, Nation bzw. Sprachregion und religiös begründete Bräuche gehören noch weit gehend zusammen. Für Hinduismus, Islam und Judentum jedenfalls gilt, dass nicht in einer anderen Sprache *gebetet* werden kann.

Natürlich lassen sich auch andere Ordnungen finden. Hier mein Vorschlag:

1. Phase: Die Schüler stellen die Festbräuche, wie sie zum gewählten Fest im Land oder Gebiet ihrer Wahl gepflegt werden, in einer Tabelle gegenüber. Dazu wird zunächst gemeinsam ein Frageraster entworfen, das dann allen Gruppen zur Verfügung gestellt wird.

2. Phase: Die Informationen zu den Festbräuchen, Regeln und Ritualen im jeweiligen Land (Kultur) werden in den Familien, im Internet und in der Bücherei recherchiert und als Synopse in einer Tabelle gegenübergestellt. Wenn die Schüler Kontakte zu Partnerschulen haben, können sie den Fragebogen dort per E-Mail beantworten lassen.[2] Für eine Recherche im Internet ist es günstig, wenn die Schüler die benötigten Adressen zunächst sammeln und dann *offline* auswerten. Internetadressen finden sich im Anhang dieses Kapitels.

3. Phase: Die Schüler gestalten ein Album. Dazu sammeln sie Glückwunschgrüße zu dem jeweiligen Fest in der Landessprache, kopieren oder malen eine Glückwunschkarte, wählen Lieder zum Fest aus, die ihnen am besten gefallen, kopieren die Noten und Texte, recherchieren Rezepte für das Festmahl ... und kleben all dies in ein gemeinsames Album.

---

1 vgl. Brinkmöller-Becker 2000, a.a.O.
2 vgl. Dönhoff und Schulz, a.a.O.

	Christentum	Judentum	Islam
	England, Frankreich Schweden, Italien, Griechenland …	Israel, Deutschland, Frankreich, USA, Polen, Russland …	Türkei, Marokko, Pakistan …
Name des Festes			
Personen – Wer macht mit?			
An welche Personen / welchen Anlass erinnert das Fest?			
Hauptperson/en			
Gibt es Geschenke? Für wen? Welcher Art?			
Wie ist der Tagesablauf?			
Besondere Vorbereitungen? Welche?			
Festrituale			
Besondere Speisen			
Getränke (Alkohol ja/nein)			
Wie lautet der passende Glückwunsch?			
Spiele für Kinder und Jugendliche			
…			

Mögliche Inhalte des Albums:
- Die Länder im Kurzporträt
- Weihnachten, Chanukka, Zuckerfest in …
- Zusammenfassender Vergleich
- Grußpostkarten
- Die Weihnachts-, Chanukka- und evtl. Neujahrswünsche
- Die Lieder zum Fest, die uns am besten gefallen
- Rezepte zum Fest
- …

Das fertige Produkt kann dann der Öffentlichkeit vorgestellt werden. Evtl. lassen sich die Alben auch verkaufen und die Einnahmen für einen Zweck, der den Schülern wichtig ist, verwenden. Damit wird das Produkt der schulischen Arbeit über Weihnachts-, Lichter- und Geschenkfeste selbst zum Geschenk.

2. Pfingstfest: „Plötzlich redeten sie in allen Zungen …"

Das Pfingstfest mit seiner Erzählung von der Sprachverwirrung kann zum Anlass genommen werden, Schüler neugierig zu machen auf andere Sprachen oder auch um eine Sprache, die an der Schule unterrichtet wird, vorzustellen. An die Erzählung anknüpfend können die Schüler erste Wörter der anderer Sprache/n kennen lernen (Ich heiße…, bitte, danke …) und ausprobieren.

Das vielsprachige Karussell
Klasse 7/9
Fächer: Fremdsprachen
Wenn es in der Klasse Schülerinnen und Schüler aus Migrantenfamilien gibt, können sie die Sprachlehrerinnen und -lehrer sein. Die Schüler bilden so viele Gruppen, wie es zweite Sprachen in der Klasse gibt. Zunächst kann z. B. „Ich heiße …" in der jeweiligen Sprache geübt werden. Dann werden ein Innenkreis und einen Außenkreis gebildet. Die sich gegenüberstehenden Schüler stellen sich vor, einmal auf Deutsch: „Ich heiße …", einmal in der anderen Sprache. Nach 30 Sekunden gehen beide Kreise jeweils eine Position nach rechts und die neuen Partner stellen sich wiederum gegenseitig vor, bis sie wieder beim Ausgangpartner angekommen sind. Für die Schlussrunde wird ein Stuhlkreis gebildet und jeder stellt sich in der neuen Sprache vor.

Einführung einer Sprache
Klasse 7/9
Fächer: Fremdsprachen
Die Schüler üben einen Satz zum Vorstellen oder Begrüßen. Wenn jeder den Satz beherrscht, werden ein Innenkreis und ein Außenkreis gebildet. Die Gegenüberstehenden begrüßen sich bzw. stellen sich vor. Nach 30 Sekunden geht jeder einen Schritt nach rechts und stellt sich dem nächsten Partner vor. Die erste Runde ist beendet, wenn sich die ersten Paare

wieder gegenüberstehen. Anschließend können die Schüler sich auch im Stuhlkreis in der neuen Sprache vorstellen und begrüßen. Die Übung kann um weitere Sätze der ersten Verständigung ergänzt werden.

3. Herbstfeste

Viele Herbstfeste stehen in der Spannung zwischen Dank über die Ernte und Versöhnung, damit alle gemeinsam an der Freude über die Ernte und am Aufgehobensein in der Religions- oder Nationalgemeinschaft teilhaben können. In den Herbst fallen auch die globalen Gedenktage der UNO (16. Oktober: Welternährungstag, 17. Oktober: Welttag zur Beseitigung der Armut). Zeichen und Äußerungen der Dankbarkeit können sehr unterschiedlich ausfallen und empfunden werden. Dankbarkeit kann sich im Idealfall in eigenes Tätigwerden verwandeln.

Sportwettbewerb mit Paten
Klasse 5–10
In Analogie zu den Aktionen „Anstoß für Fair-Life" der Organisation „Brot für die Welt" kann die Schule anlässlich eines Sportfestes einen Sportwettbewerb (z. B. als Patenlauf) veranstalten, wobei die Gewinne in eine gemeinsam bestimmte karitative Aktion fließen. Die Schüler suchen sich dazu Paten (Familienmitglieder, Freunde, Bekannte), die für ihre sportlichen Leistungen Preisgebote machen und diese Gebote in eine Liste eintragen. Die Schüler lassen sich ihre Leistungen beim Sportfest von den Übungsleiterinnen und -leitern gegen Zahlung eines Preises zertifizieren.

Klassengericht zum Erntedankfest
Klasse 7–10
Fächer: Polytechnik, Kochen
Zeitbedarf: eine Stunde Planung, zwei bis drei Stunden Kochen und Essen
Material: Tischtücher, Essgeschirr, Getränke, Essenszutaten
Anlässlich der Erntedankfeste zum Jahresende wird in der Klasse gemeinsam der Tisch gedeckt und über Essgewohnheiten nachgedacht.
Zunächst wird die gemeinsame Mahlzeit, zu der jeder beiträgt, geplant. Bei dieser Mahlzeit sollen alle kulturellen Einflüsse zur Geltung kommen, die in der Klasse vertreten sind.
Zunächst findet eine Blitzumfrage zu den Lieblingsgerichten der Schülerinnen und Schüler statt. Sie füllen jeweils zu viert folgende Liste aus:

Mein Lieblingsessen	Zutaten
Pizza	Hefeteig, Tomaten, Käse, …
Spaghetti	Spaghetti, Wasser, Salz, Öl
Pfannkuchen	Mehl, Eier, Milch, Salz
Pudding	Puddingpulver, Milch
…	…

Die Listen werden verglichen. Danach wird ein gemeinsames Klassenmenü geplant, das sich in der Schulküche vorbereiten lässt.

Unser gemeinsames Klassenmenü	
Vorspeise	…
Hauptspeise	…
Dessert	…

Alle die Zutaten werden aufgelistet, eine Einkaufsliste erstellt. Dann wird verabredet, wer welche Zutaten mitbringt. Es folgt das Kochen und gemeinsame Essen am schön gedeckten Klassentisch.

4. Weihnachten/Jahreswende

Negatives verabschieden, Positives erhoffen
Klasse 5–10
Material: großer Gong, Becken oder ein anderes Instrument, mit dem sich ein langsam verhallender Ton erzeugen lässt, pro Schüler ein Teelicht, feuerfeste Unterlage
Das Ritual des buddhistischen Gutor-Festes (s. S. 106) kann der Klasse als Medium für die Reflexion des zurückliegenden Jahres dienen. Wichtig ist dafür eine ruhige Atmosphäre in der Klasse. Nach einem einleitenden Bericht über das buddhistische Ritual kann die Aufgabenstellung lauten: „Denkt fünf Minuten lang darüber nach, was euch belastet hat und was ihr jetzt loswerden könnt – Notendruck, Streit mit Freunden, alles, was (zum Glück) vorbei ist – und worauf ihr euch für das kommende Jahr freut." Anschließend bilden die Schüler einen Stuhlkreis. Jedes Kind zündet dann ein Teelicht an, stellt es in die Mitte und nennt dabei das Negative, das mit dem Feuer verbrennt, und das Positive, für das es leuchtet. Vielleicht passen diese Sätze: „Ich vergesse jetzt … Das hat mir nicht gut getan. Ich freue mich auf … Das wird schön." Die Teelichter können dabei

die Kontur einer Kerze, eines Stern, eines Tannenbaums bilden. Die geplante Form kann zuvor auf der Unterlage skizziert werden. Anschließend wird jeweils der Gong geschlagen (oder ein anderes geeignetes Instrument) und die Schüler lauschen dem Verhallen des Klanges. Alternativ kann auch ein anderes Ritual des Vergehens gefunden werden. *Wichtig:* Damit die Schülerinnen und Schüler ihre negativen Erinnerungen auch aussprechen mögen, ist es wichtig, sie vor scherzhaften oder groben Bemerkungen der anderen zu schützen. Vereinbart werden sollte deshalb, dass keine Äußerung kommentiert wird, von niemandem.

Wichteln

Klasse 5–10

Material: Je nach gewählter Variante Kartons, Streichholzschachteln, Toilettenpapierrollen, Bastel- und Dekorationsmaterial, kleine Geschenke

Beim Wichteln zieht jeder Schüler einen Zettel mit dem Namen eines Mitschülers, dem er dann zur Weihnachtsfeier ein kleines Geschenk mitbringt.

Variante 1: Statt der Namen steht auf den Zetteln eine Zahl, die einem Datum der Vorweihnachtszeit entspricht. Falls die Schüler wissen möchten, wem sie ein Geschenk machen, wird jeder Zahl ein Name zugeordnet. Dann wird ein geringer Betrag festgelegt, der für das Geschenk höchstens ausgegeben werden darf. Jeder Schüler gestaltet jetzt einen Schuhkarton festlich und bringt die gezogene Zahl außen groß an. Der Karton wird an dem Datum, das der gezogenen Zahl entspricht, mit dem Geschenk darin mitgebracht. Mit den Kartons wird Tag für Tag an einem stilisierten Tannenbaum gebaut, der in der Klasse als Zeichen der gemeinsamen Vorfreude wächst.

Variante 2: Die folgende Variante erhöht bei der Weihnachtsfeier in der Klasse die Spannung. Am Tag der Weihnachtsfeier zieht jeder noch einmal eine Zahl. Hat jemand dieselbe Zahl wie beim ersten Ziehen, wird getauscht. Die Schüler bekommen den Karton, der die gezogene Zahl trägt.

Variante 3: Das Projekt lässt sich auch verkleinern. Die Schachteln können Streichholzschachteln sein. Dies hat den Vorteil, dass sich der wachsende Baum jeden Tag wegschließen lässt. Die dekorativ gestalteten Streichholzschachteln werden nacheinander in Tannenbaumform (oder Kerzenform, Sternform…) mit Montagekleber aufeinander befestigt. Mit diesem Klebstoff lassen sich die Teile ohne Beschädigung wieder voneinander lösen.

Variante 4: Als alternative Verpackung eignen sich auch Toilettenpapierrollen. Sie können, mit farbigem Papier beklebt, zu bunten Kerzen gestaltet werden. Die Papierrolle wird dazu mit dem farbigen Papier umklebt.
Eine orange und eine gelbe Serviette über Eck aufeinander legen, dann
beide zusammen vorsichtig mit einem Löffel durch die Rolle stopfen. Jetzt
die kleinen Gaben in die Papierkerze legen und die orangenen und gel-
ben Zipfel mit einem Faden möglichst eng zusammenbinden. Nun die Zipfel zu Flammen formen.

Gute Gaben, böse Gaben

Klasse 9/10
Fächer: Religion, Ethik, Deutsch
Zeitbedarf: zwei Doppelstunden und eine Stunde Auswertung
Material: Papierbögen, dicke Filzstifte, Kreppband
Das Thema „Schenken" ist Inhalt vieler Erzählungen über die Weih-
nachtszeit.

> „Man muss den symmetrischen Tausch vom asymmetrischen unter-
> scheiden. Die Gaben können auf gleichem Niveau zirkulieren. Aber
> auch in der Verschiedenheit: dann bedeuten sie reich und arm, den
> erhabenen Spender und den unterwürfigen Empfänger. [...] Es gibt
> soziale Regeln, die den Geber und den Empfänger in einem unver-
> änderlichen Abstand festsetzen. Andere erlauben einen Tausch der
> Rollen."
>
> *Jean Starobinski*[1]

Im Anschluss an ein Gespräch über einen solchen Text kann die folgende
Gruppenarbeit zum Thema „Gute Geschenke, schlechte Geschenke" stattfinden. Jeweils drei Schüler arbeiten zusammen und malen ein Dreieck
auf ein DIN-A3-Blatt. Jeder Schüler schreibt in eine der drei Ecken seinen Namen. Dann notieren die Schüler drei bis fünf Beispiele für ein gutes
Geschenk an ihnen nahe stehende Personen. Daneben schreiben sie, für
wen das Geschenk gedacht ist. Anschließend schreiben sie in die Mitte
des Dreiecks die gemeinsamen Merkmale dieser „guten" Geschenke.

---

1 Starobinski, Jean: Gute Gaben, Schlimme Gaben. Die Ambivalenz sozialer
Gesten. Frankfurt/M. 1994

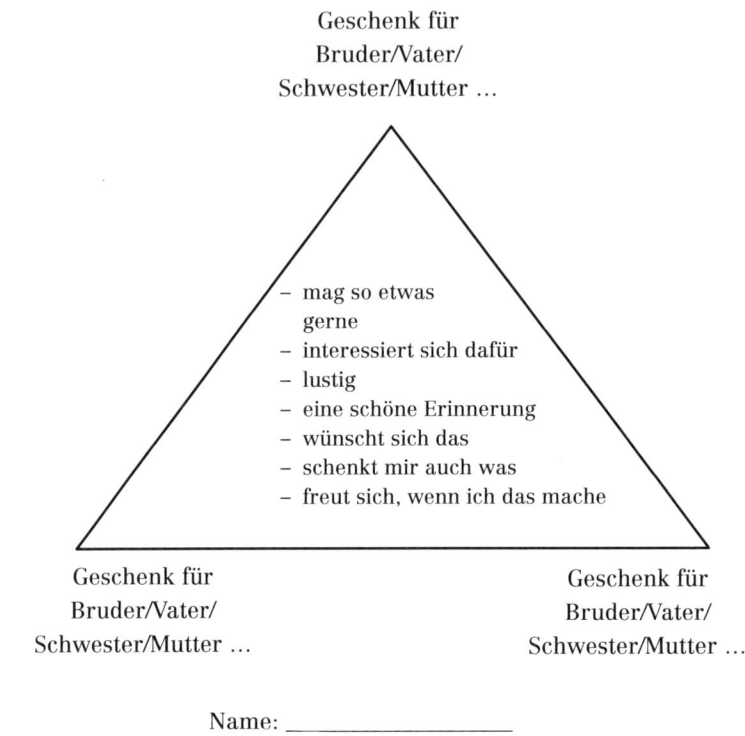

Geschenk für
Bruder/Vater/
Schwester/Mutter ...

– mag so etwas
  gerne
– interessiert sich dafür
– lustig
– eine schöne Erinnerung
– wünscht sich das
– schenkt mir auch was
– freut sich, wenn ich das mache

Geschenk für   Geschenk für
Bruder/Vater/   Bruder/Vater/
Schwester/Mutter ...   Schwester/Mutter ...

Name: _____

In der zweiten Phase heißt die Fragestellung dann: Was wäre ein schreck-
liches Geschenk für mich? Mein schlimmstes Geschenk von ... Die Person,
von der das Geschenk kommen soll, wird vom Lehrer vorgegeben oder
per Abstimmung festgelegt (Mutter, Vater, Geschwister, Freund, Freundin, Verwandte ...).
Wieder schreiben die Schüler die Geschenke in die Ecken und die gemeinsamen Merkmale der Schreckensgeschenke in die Mitte. Es werden vielleicht Äußerungen wie peinlich, uncool, scheußlich, eklig, blöd ... kommen, die im Auswertungsgespräch präzisiert werden. Die Schüler finden
wahrscheinlich auch Geschenke, die auf ihre persönlichen Bedürfnisse
als junge Menschen nicht eingehen, die sie als herabsetzend empfinden
oder als lieblos und unpassend.
In der nachfolgenden Stunde werden die Ergebnisse gesichert. Dazu werden neue Gruppen von bis zu vier Schülern gebildet, die zusammen auf
einer Wandzeitung Merkmale für gute Geschenke zusammenstellen.

Mögliche Ergebnisse:

Geschenke	
An *guten* Geschenken merke ich: Der andere ...	**Mein Geschenk ist *gut*, wenn ...**
– kennt meine Wünsche	– ich die Wünsche der Person kenne
– kennt meine Vorlieben	– ich ihr eine Freude mache
– interessiert sich für mich	– der andere merkt, dass ich mich
– beschämt mich nicht	für seine Sachen interessiere
– schenkt mir nicht mehr,	– ich nicht zu viel schenke
als ich zurückgeben kann	– Geben und Nehmen ausgeglichen
– weiß, was ich brauche	ist
– ...	– mein Geschenk nützlich ist
	– ...

Danach folgt die Präsentation der Gruppenarbeitsergebnisse. In der abschließenden gemeinsamen Auswertung sieht die Klasse das Ergebnis und damit die Wertehaltungen, die in der Klasse vorliegen.

C Feste des Brauchtums

Überall in der Welt haben jahreszeitliche Feste auch religiöse Ursprünge. Und auch wenn moderne, weltlich orientierte Menschen wichtige Feste am Lebensweg begehen, greifen sie vielfach auf die bewährten Rituale ihrer Religion zurück.

Im Übrigen hat unsere Wirtschaftswelt längst nach diesen Festen gegriffen und prägt ihre äußeren Formen. Das gilt für Weihnachten, Ostern und einige Namenstage von Heiligen, die sich gut zu Geschenkfesten ausbauen lassen, und das gilt auch für die Brauchtumsfeste Karneval, Kirchweih und Halloween.[1] Der folgende Blick auf Feste des Winter- und Sommerbrauchtums wird ergänzt durch Ideen für den Unterricht zum Thema Brauchtumsfeste.

---

1 10.000 Veranstaltungen (Volksfeste, Weihnachtsmärkte) werden in Deutschland überwiegend von Städten und Gemeinden veranstaltet. Pro Jahr haben die Feste 200 Millionen Besucher und erwirtschaften ca. 1,6 Milliarden Umsatz. (Zahlen von 1997)

1. Karneval

Karneval im Rheinland

Karneval findet hierzulande in den fünf Tagen vor dem Beginn der vorösterlichen Fastenzeit statt. Man sagt dem Fleisch(lichen) Lebewohl (carne vale). Der rheinische Karneval teilt sich seit Mitte des 19. Jahrhunderts auf in den Karneval im Saal und den Straßenkarneval.

Der Straßenkarneval bewahrt den spöttischen, derb-lustigen und rauschhaften Festcharakter. Die Menschen verkleiden sich, gehen in Gruppen auf die Straßen, veranstalten Umzüge und treiben all das, was in der übrigen Zeit des Jahres nicht mit den Anforderungen an zivilisiertes Verhalten übereinstimmt.

Der Karneval im Saal hat seine Ursprünge in der nachnapoleonischen Zeit, also etwa im ersten Drittel des 19. Jahrhunderts. Die Honoratioren waren darauf bedacht, dem närrischen Treiben des Volkes ordentliche Züge zu verleihen. Also gründete man eine Gesellschaft, mit einem Präsidenten, mit Prinz und Prinzessin, Garden, Musikkorps, Reitergruppen. Man imitierte die Uniformen der ehemaligen Besatzer und machte sich über sie lustig.

Die Kölner behaupten, ihr Karneval habe antike Ursprünge. In der Tat gab es in Rom zum Jahresende die *Saturnalien,* mit denen der Gott Saturn gefeiert wurde. Während dieser Zeit galt die Umkehrung der üblichen Ordnung: Freie bedienten und bewirteten Sklaven. Für die Göttin Isis wurde ein Schiffswagen durch die Straßen gezogen, ein „Carrus navalis", auch eine einleuchtende Erklärung für das Wort Karneval.

Aus dem antiken Athen kennen wir die *Dionysien,* die rauschhaften Feierlichkeiten und wilden Umzüge zu Ehren des Weingottes Dionysos. In der zweiten Märzhälfte begannen die großen Theaterwettbewerbe, für die u. a. auch die uns noch erhaltenen antiken Tragödien und Komödien verfasst wurden. Darin bekamen die Bürger Athens vorgeführt, welche politischen und symbolischen Handlungen in welcher Rolle denkbar und möglich sind. Das Fest wurde in den christlichen Kalender integriert.

In Köln jedenfalls gab es bereits im 19. Jahrhundert am Rosenmontag einen Kostümumzug und am Aschermittwoch war das närrische Treiben vorbei. Was früher ein kleineres Volksfest war, ist heute ein gewichtiger Wirtschaftsfaktor. Der Karneval im Saal ist immer noch der Grund für die wichtigen etablierten Gruppen der rheinischen Karnevals-Hochburgen, sich zu Vereinen zusammenzuschließen. In Köln hat sich in den letzten zehn Jahren ein alternativer, inoffizieller Karneval ausgebreitet. Die

bekanntesten Veranstaltungen sind die *Stunksitzung* (statt Prunksitzung)
und der Geisterzug, der in Anlehnung an die Basler Fasnacht durch das
nächtliche Köln zieht. Die jüngeren Leute, die sich nicht den Karnevalsvereinen zugehörig fühlen, aber doch Karneval feiern wollen, haben die
Tradition der Kritik, des Kabaretts und des Mummenschanzes wieder in
den Volkskarneval des Rheinlands gebracht und führen mit ihren Schwerpunkten die Idee des Karnevals weiter.

Alemannische Fasnacht

Der Karneval in Schwaben, der dem Winteraustreiben gewidmet ist, hat
seine Ursprünge in der germanischen Mythologie. Heute treffen sich die
Menschen zu Umzügen und sie machen mit allen möglichen Instrumenten einen Höllenlärm, tragen bizarre Masken von Hexen und Geistern
sowie Kostüme aus Flicken, die die bösen Wintergeister erschrecken und
vertreiben sollen. In der alemannischen „Fasnet" werden, mit großen
regionalen Unterschieden, ab dem 6. Januar Umzüge abgehalten. Dabei
wird allerlei Schabernack getrieben. In Schwaben geht die Fasnets-Tra-
dition auf den Dreißigjährigen Krieg zurück. Aus dieser Zeit stammen die
traditionellen Figuren, deren Kostüm und Maske die Feiernden tragen.
Das Fest dauert vom „schmotzigen Donnerstag" bis zum Fasnachts-
dienstag, an dem alle zu einem großen Umzug, dem „Narrensprung",
zusammenkommen.

Basler Fasnacht

Berühmt ist auch der „Basler Morgestraich". Hier ziehen am Montag nach
Aschermittwoch, Schlag vier Uhr in der Früh, verkleidete und maskierte
Trommler und Pfeifer mit gellenden, scheinbar unregelmäßigen Rhythmen und Tonfolgen durch die Gassen der Altstadt. In Basel ist dies der
Auftakt zu drei tollen Tagen. Am Nachmittag ziehen Fasnachtscliquen in
einem farbenprächtigen Umzug durch die Stadt. Da es in Basel seit 1845
verboten ist, mit offen lodernden Fackeln durch die Straßen zu gehen, tragen die Fasnächtler heute kunstvoll hergestellte Laternen, auf denen die
meistkritisierten Politiker und andere bekannte Personen zu erkennen
sind. Gruppenweise kleiden sich die Fasnächtler in unheimlich wirkende,
mit Schellen besetzte Kostüme und bizarre Masken. Neben bekannten
Märschen gibt es die sog. Guggenmusik, gekonnt falsch gespielte Stücke
aus allen Musiksparten. Die Spieler sind vermummt, was im Morgen-
grauen besonders gespenstisch wirkt. Die Guggenmusiker finden sich in

immer neuen Gruppen zusammen. Die Einsicht der Schweizer: Zu viele
Regeln und zu viel Ordnung schaden der Fasnacht.

Karneval in Venedig

Heute feiert man in Venedig zehn Tage lang bis zum Aschermittwoch mit
eleganten Kostümen und schönen Masken den Karneval. Es ist ein gesell-
schaftliches, höfisch anmutendes Ereignis für Reisende aus der ganzen
Welt. Im venezianischen Karneval greift man auf die Tradition der *Commedia dell'Arte* zurück. Deren Aufführungen gehören zu den Höhepunk-
ten der alljährlichen Feiern. Festgelegte Typen spielen auf dem Theater
ein Klamaukstück von den typischen Schwächen der Menschen wie Geiz,
Untreue, Verliebtsein, Ehrgeiz und Angeberei.

Zur Geschichte des venezianischen Karnevals: Als Napoleons Armee 1797
Venedig eroberte, ging mit der Republik auch der Karneval unter. Zwei-
hundert Jahre später wurde er von der Stadt Venedig wiederbelebt, um
weitere Anreize für Touristen zu bieten. Zuvor durfte jeder in Venedig,
wann immer er wollte, maskiert durch die Stadt gehen. Im Laufe der
Geschichte der Republik Venedig gab es immer wieder einschränkende
Gesetze über die Maskierung. So waren kirchliche Festtage von dieser
Erlaubnis ausgenommen. Männer durften sich nicht als Frauen verkleiden, um z. B. Klöster nicht überfallen zu können. Jedoch im Karneval
konnte jeder eine andere Rolle spielen und die Identität annehmen, die
ihm gerade recht war. Mit einer prachtvollen Maske ist zweierlei zu erreichen: Die Maskierten verbergen sich und stellen sich zugleich zur Schau.

Purim

Purim ist vergleichbar mit dem Karneval. Die Verbindung zu den anderen Karnevalstraditionen erhält es durch sein Datum am Ende der Winter-
zeit und zu Beginn der neuen Wachstumszeit. Heute verkleiden sich zu
Purim vor allem die Kinder, aber auch die Erwachsenen tragen auf Partys
Kostüme und gehen maskiert durch die Straßen. Zu Purim gibt es ein spezielles Gebäck, die *Hamantasche,* die an den besiegten Haman erinnert
(s. S. 135). Er ist für die Juden ein sprichwörtlicher Übeltäter wie Teufel
und Beelzebub. Dennoch erinnert an ihn ein wohl schmeckendes Gebäck.

Karneval in Rio

In Rio herrscht zur Karnevalszeit heißes Sommerwetter. Am Karnevals-
montag stellen sich die Sambaschulen auf und tanzen in einem langen

Zug in Gruppen durch die Stadt. Samba ist die sehr rhythmische Musik der schwarzen Sklaven portugiesischer Einwanderer. Es handelt sich um einen Wettbewerb. Die beste Sambaschule mit den meistprämierten Sängerinnen und Tänzerinnen gewinnt. Die Gruppenmitglieder tragen prächtige pfauenartige Kostüme in den Farben der jeweiligen Sambaschule. Die Sambatänzerinnen bekleiden sich nur mit etwas, das die Nacktheit und Attraktivität ihrer Körper betont. Für die Tänzerinnen und Musiker ist dieser Auftritt die Chance zu Aufstieg und Karriere.

2. Kirchweih und Schützenfest

Die sommerlichen Volksfeste haben allen Teilen der Bevölkerung seit dem Mittelalter Lustbarkeiten geboten, vor allem den Männern einen kräftigen Rausch. Wegen der Derbheiten, die zum Volksfest gehören, war es auch zu allen Zeiten bei Behörden und den feineren Leuten schlecht angesehen. Dennoch, zum Sommer gehört die Kirmes, die Kirchweih, die Kerwe, die Dult, der Jahrmarkt, das Schützenfest.

Kirchweih

Kirchweihfeste feiern den Tag der Einweihung der Kirche oder das Fest des Namenspatrons mit einem Volksfest. Die Traditionen gehören zum Lokalkolorit.

Schützenfest

Alle Deutschschüler in der ganzen Welt lernen: eine urdeutsche Einrichtung. Ursprünglich zum Schutz und zur Verteidigung der Kirchen gegründet, bewahren die seit dem ausgehenden Mittelalter gebildeten Bruderschaften ihre geselligen Schieß- und Trinkrituale. Wer es im Wettbewerb schafft, einen Holz- oder Metallvogel von einer Stange zu schießen, wird Schützenkönig. Auf den Schießwettbewerb folgt das Schützenfest.
Viele Vereine tragen den Namen des heiligen Sebastian, einem der Heiligen, die die Menschen vor der Pest schützen sollten, und gehen auf das 13. Jahrhundert zurück. Angelehnt an die Zunft- und Gildeordnung, fanden die Schützenbruderschaften ihre Mitglieder unter den Handwerkern der Städte. Als Mitglied einer Schützenbruderschaft durften auch sie nun Waffen tragen, ein Vorrecht, das Adeligen vorbehalten war. Die Bruderschaften hatten den Auftrag, Pestkranke zu pflegen, für deren christliches Begräbnis zu sorgen und Witwen und Waisen zu helfen. Die Schützen

schossen zunächst mit der Armbrust und erst viel später mit Feuerwaffen und Luftgewehren.

Gut dokumentiert ist die Entstehung weiterer Schützenbruderschaften aus der Zeit des Dreißigjährigen Krieges. Die Bischöfe sammelten die wehrhaften Männer um sich, um die Kirchen zu verteidigen. Während der Religionskriege waren die durchziehenden fremden Heere eine stete Gefahr für die Orte und ihre Bewohner. Zu den Aufgaben der Schützenzüge zählen auch die kirchlichen Prozessionen an hohen Feiertagen. Neben den kirchlichen Verteidigungs- und Schutzdiensten war der Hauptzweck der Schützen immer die Geselligkeit und der Wettstreit beim Trinken und Schießen. Für die Kinder unersetzlich war das Volksfest. Natürlich waren zu den Bürgerschützenvereinen nur Männer zugelassen. Das änderte sich erst nach dem Zweiten Weltkrieg. Inzwischen gibt es Vereine mit Kinder- und Jugendabteilungen, die auch Mädchen als Mitglieder haben.

Als Napoleon zu Anfang des 19. Jahrhunderts mit seinen Soldaten deutsche Gebiete eroberte, wurden die Schützenvereine verboten. Die Besatzer befürchteten, sie könnten das Zentrum des Widerstandes werden. Als die Franzosen abzogen, entstanden viele Schützenvereine neu, fast zeitgleich mit den Karnevalsvereinen, was von den Preußen nicht gerne gesehen wurde. Denn die fürchteten um Ruhe und Ordnung, insbesondere wegen der Alkoholgelage der Schützen. Die nächste Welle von Vereinsgründungen im Gebiet Preußens fand zwischen 1870 und 1879 statt, also in der Zeit des Kultur- und Kirchenkampfes während der Kanzlerschaft Bismarcks. Weitere Vereinsneugründungen sind um die Jahrhundertwende in den späten Zwanzigerjahren des 20. Jahrhunderts, während der nationalen, zum Teil auch nationalistischen Neubesinnung, zu verzeichnen. Nach dem Zweiten Weltkrieg gab es Neugründungen in neu erbauten Städten und Stadtteilen.

3. Halloween und Thanksgiving

Halloween

Inzwischen ist Halloween (31. Oktober) auch hierzulande inzwischen ein beliebtes Fest. Die Mischung aus Streichen, die man anderen spielen kann, und Gruseligkeiten scheint der Grund dafür zu sein. In England, USA und Kanada wird an diesem Tag mit einem ausgelassenen Geisterfest und Partys der Winterbeginn gefeiert. Der Name geht auf „All Hallows Day", also

Allerheiligen, zurück. Der Brauch selbst stammt aus Irland und dessen keltischen Traditionen. Die Kelten begingen am 31. Oktober das Neujahrsfest und meinten, an diesem Tag wäre die Trennung von Tod und Leben aufgehoben, sodass Tote und Lebende zusammenkommen könnten. Die bösen Geister wurden beschworen, den Menschen nichts zu tun. Man glaubte die Geister dadurch täuschen zu können, dass sich die Menschen als Geister, Hexen, Gespenster verkleideten und ihnen ihre vermeintlichen Lieblingsspeisen reichten. Irische Emigranten brachten das Fest und seine groben Bräuche in die USA. Die Kinder erpressen Süßigkeiten, indem sie den Erwachsenen scherzhaft drohen. Sie betteln um „Seelenkuchen" mit dem Versprechen, für verstorbene Seelen zu beten.

Es gibt auch den Brauch, mit Kürbislaternen (Jack-o-lantern) durch den Ort zu ziehen. Auch dies entstand aus der irischen Folklore. Eine Legende erzählt vom betrügerischen Trinker Jack, der den Teufel dazu brachte, auf einen Baum zu klettern. Als der Teufel oben war, schnitzte Jack ein Kreuz in den Stamm und der Teufel war in der Baumkrone gefangen. Jack verabredete dann, dass er ihn wieder herunterließe, wenn der Teufel ihn nie wieder verführen würde. Als Jack starb, wurde ihm der Zutritt zum Himmel verwehrt, weil er ein Halunke war. Aber auch die Hölle wollte ihn nicht aufnehmen, denn Jack hatte selbst den Teufel überlistet. Der Teufel gab ihm nur einen einzigen Funken des Höllenfeuers, mit dem er durch die völlige Dunkelheit wandern musste. Dieser Funke kam in eine ausgehöhlte Rübe, damit er länger glühte. Die Iren verwendeten deshalb zuerst Rüben für die Laternen. In den USA, wo wie bei uns zahlreiche Kürbisarten wachsen, die sich bestens zu Laternen mit Gesichtern schnitzen lassen, benutzte man diese Früchte für den Laternenbrauch.

Seit Beginn des 20. Jahrhunderts feiert man in den USA Halloween als Herbst- und Karnevalsfest. Strohfeuer und Herbstlaub werden entzündet, um das Ende des Sommers zu feiern. Zu Halloween gehören Äpfel, Nüsse und Maiskolben, die gegrillt, geröstet und gebacken werden.

Thanksgiving

Das Fest, das zugleich ein nationaler Feiertag und ein Erntedankfest ist, wird in Nordamerika am dritten Donnerstag im November gefeiert. Es hat sich mit der Besiedlung Amerikas durch die weißen Siedler eingebürgert und wurde 1863 von Präsident Abraham Lincoln zum nationalen Feiertag erklärt. Amerikanische Familien finden sich zu einem großen abendlichen Truthahnessen zusammen.

D Brauchtumsfeste: Ideen für den Unterricht

1. Schulkarneval

Narrensitzung/Stunksitzung der Theater-AG

Vorkommnisse aus dem vergangenen Jahr sowie Lehrerinnen und Lehrer werden „durch den Kakao gezogen". Ein solches Projekt braucht längere Vorbereitung und einige Proben, aber es kann die kreativen Kräfte der gesamten Schule auf die Bühne bringen und den Auftakt zu einem gemeinsamen Karnevalsfest bilden. Die Vorführung selbst sollte nicht viel länger als eine Stunde dauern. Benötigt werden eine Präsidentin/ein Präsident und ein Elferrat, die die Sitzung auf der Bühne leiten und in festgelegter Reihenfolge die Nummern ankündigen. Sie sind kostümiert (z. B. als Lehrerinnen und Lehrer) und spielen zwischen den Programmpunkten Sketche. Mögliche Nummern:

– bekannte Lieder, die zum Schulleben passend umgedichtet werden,
– eine gerapte oder gereimte Büttenrede, die Komisches und Kritisierenswertes aus dem Schulalltag erzählt,
– eine (kritische) Clownsnummer (als Vorbild eignet sich jede Lehrerin und jeder Lehrer),
– eine Musikgruppe, die Einzugs- und Auszugsmärsche spielt.

Geräuschekonzert zu den Zwischenzeugnissen

Klasse 5–10
Fach: Musik
Zeitbedarf: pro Klasse zwei Stunden Instrumente vorschlagen, auswählen bzw. herstellen und geeignete Geräusche ausprobieren, zwei Stunden Rhythmus einstudieren; zwei Stunden gemeinsame Generalprobe mit festgelegter Abfolge der Rhythmen und Instrumente

In den Klassen 5 und 6 wird im Musikunterricht ein Akzent auf die rhythmische Ausbildung gelegt. An diese, aber auch an ältere Klassen wendet sich diese musikalische Aktion. Im Musikunterricht hat jede Klasse ihr Instrument gefunden und einen Rhythmus einstudiert (Trommeln, selbst gemachte Rasseln, Schellenbänder, leere Blechbehälter, Besen mit harten Borsten ...). Nachdem die Schüler die Zwischenzeugnisse erhalten haben, wird von einer oder auch allen Klassen ein Geräuschekonzert veranstaltet. Die Schüler ziehen in formierten Gruppen klassenweise mit ohrenbetäubendem Lärm durch die Schule – ein echter Spaß für alle Schüler und hoffentlich auch für die Lehrer.

Venezianische Masken herstellen
Klasse 7–10
Fach: Kunst
Material: venezianische Maskengrundformen aus Papier (in Geschäften bzw. im Versandhandel für Kindergarten- und Schulbedarf erhältlich), Klebematerial, Fotoapparat und Film, Fotokarton
Zeitbedarf: eine Stunde Planungsgespräch, zwei Stunden Masken herstellen und Porträts fotografieren, eine Stunde Auswertungsgespräch mit Fotos
Die Schüler gestalten Masken für die Figuren aus der Commedia dell'Arte (Aufgabe: Wie ich am liebsten wäre/Wie ich auf gar keinen Fall sein möchte) Anschließend wird von jedem Schüler jeweils ein Porträtfoto mit und ohne Maske gemacht, um die Verwandlungen erkennen und besprechen zu können. Zur Dokumentation können die Fotos dann aufgeklebt und in der Schule ausgestellt werden.

Hamantaschen backen
Klasse 7–10
In jüdischen Familien und Gemeinden finden zu Purim Kostümparties statt, bei denen es Hamantaschen gibt. Die Tradition kommt aus dem ehemaligen Österreich-Ungarn, heute sind Hamantaschen nahezu weltweit verbreitet.
Fach: Kochen, Hauswirtschaft oder fächerübergreifend im Rahmen eines Klassenfestes
Zeitbedarf: je eine Stunde für die Zubereitung des Teiges, für die Füllung und fürs Ausrollen und Backen (variiert nach Arbeitsbedingungen und Gruppengröße); Teig und Füllung kann man drei Tage gekühlt aufheben
Zutaten: (für etwa 30 Hamantaschen) *Teig:* 225 g Mehl, 1 TL Backpulver, 75 g Puderzucker, 1 Prise Salz, 200 g kalte Butter oder Margarine, 1 Ei, 2–3 EL saure Sahne oder Wasser; *Mohnfüllung:* 100 g Mohnsamen (ganz oder gemahlen), 100 ml Milch, 6–7 EL Zucker oder Honig, 125 g Rosinen, 2–3 EL Butter oder Margarine, die abgeriebene Schale einer ungespritzten Zitrone
Zubereitung: Für den Teig Ei und saure Sahne verrühren, Mehl, Backpulver, Salz und Zucker hinzugeben, die Butter oder Margarine in kleinen Stücken darauf geben und alles zu einem glatten festen Teig verarbeiten. Den Teig einige Male übereinander schlagen, evtl. noch Butterstücke einarbeiten. Teig in Frischhaltefolie mindestens zwei Stunden und höchs-

tens drei Tage in den Kühlschrank legen. Anschließend den Teig etwa 3 mm dick ausrollen, Kreise von etwa 7 cm Durchmesser ausstechen, in die Mitte einen TL Füllung (s. u.) geben und einen weiteren Kreis darauf legen. Die Ränder etwas mit Wasser befeuchten, damit sie besser halten, evtl. zusätzlich mit geschlagenem Eigelb bestreichen. Die gefüllten Hamantaschen auf ein gefettetes oder mit Backpapier belegtes Blech legen und etwa 15 Minuten bei 190 °C backen. Die goldgelben Hamantaschen auf einem Gitter auskühlen lassen.

Für die Füllung die Mohnsamen in einem Topf mit Milch und Zucker etwa 15 Minuten lang simmern lassen, zwischendurch gut rühren, damit nichts anbrennt. Die Mohnsamen quellen auf. Butter und Rosinen bei niedriger Temperatur hinzufügen; die Butter soll nicht allzu schnell schmelzen. Die abgeriebene Zitronenschale hineinrühren und die Füllung etwas abkühlen lassen.

Variante: Statt einer Mohnfüllung kann man auch eine Pflaumen-, Dattelfüllung oder eine Füllung aus jeder Lieblingsmarmelade in den Teigtaschen verarbeiten.

2. Volksfeste

Eine Klasse berichtet über ihren Jahrmarktsbesuch

Klasse 5/6

Die Klasse verfasst für die örtliche Presse/Rundfunkanstalt einen Bericht über ihren Besuch des Jahrmarkts (s. Brinkmöller-Becker 1997).

Mögliche Themen:

– Gespräch mit einem Schaustellerkind oder einem Schausteller (Wie sieht der Tagesablauf aus? Wo und wie geht das Kind zur Schule? Wo ist die Familie zu Hause? Wie unterscheidet sich der Alltag der Schaustellerkinder von dem der Kinder, die den Jahrmarkt besuchen?)
– Kirmesgeräusche aufnehmen. (Fahrgeschäfte, Verkäufer, Gespräche)
– Welche Geschäfte bzw. Stände gibt es?
– Wie teuer ist welches Angebot?
– Preise vergleichen
– Wie viel Geld braucht ein Kind für einen Nachmittag auf dem Jahrmarkt?
– Was ist besonders schön am Jahrmarkt? Worauf freuen sich Kinder?
– Warum gehen Kinder gerne oder auch nicht so gerne auf den Jahrmarkt?

Projekt: Schützenvereine am Ort
Klasse 7–10
Die Schüler recherchieren die historischen Wurzeln und die aktuelle Situation örtlicher Schützenvereine. Die Interviewfragen können lauten:

Schützenverein	
Fragen	**Antworten**
Wie viele Einwohner hat die Gemeinde?	
Wie viele Schützenvereine gibt es?	
Wann wurde er gegründet?	
Wie heißt er?	
Was bedeutet der Namenspatron für den Verein?	
Welches sind die besonderen Aufgaben/ Vereinsziele?	
Wie viele Männer/Frauen sind Mitglied?	
Welche Aufgaben haben sie im Verein?	
Wie viele Jungen/Mädchen?	
Welche Aufgaben haben sie im Verein?	
Wie viele ausländische Mitglieder hat der Verein?	
Wie viele katholische/evangelische/andere?	
Welche Rolle spielt der Verein in der Gemeinde?	
Was macht man beim Schützenfest?	
Wie wird man Schützenkönig/-königin?	
Welche Aufgaben hat das Königspaar?	
Welche Rollen gibt es noch zu besetzen?	
Was bedeuten die Gegenstände, die beim Festzug getragen werden?	
Wie ist der Festzug geordnet?	
Welche Bedeutung haben Bier und Schnaps fürs Schützenfest?	

Falls die Vereine im Internet vertreten sind, kann hier recherchiert werden. Darüber hinaus können die Fragen im persönlichen Gespräch (z. B. mit dem derzeitigen Schützenkönig) geklärt werden. Die Ergebnisse der Befragung wertet die Klasse dann im Hinblick auf die Bedeutung des Vereinslebens für die jeweilige Gemeinde aus.

3. Halloween-Feier

Masken für die Geistergeschichte
Klasse 5–7
Material: Luftballons, Scheren, Kleber, Farben, Papiere, Wolle, Bast
Für ein Halloween-Geisterstück oder ein Halloween-Fest werden Masken oder Figuren gebaut. Jeweils drei Schüler erhalten einen aufgeblasenen Luftballon mit dem Arbeitsauftrag: Gestaltet in 30 Minuten ein Gesicht oder eine Figur, die bei unserer Geistergeschichte/unserer Gruselgeschichte mitspielt. Findet einen Namen für die Figur.

Blutpunsch mit Totenhand
Klasse 5–7
Material und Zutaten: Latexhandschuhe, Saft, Wasser, Gefrierfach
In viel Kirschsaft oder einen anderen roten Saft kommt eine Eishand (Handschuh). Dazu wird in einen sauberen Latexhandschuh Wasser gefüllt und zugebunden. Dann kommt er ins Gefrierfach des Schulkühlschranks. Ist das Wasser gefroren, holt man die gefrorene Hand sehr vorsichtig aus dem Handschuh und lässt sie in das rote Getränk gleiten.

Kürbislaternen und Gespenstergeschichten
Klasse 5/6
Material: kleine Kürbisse, Teelichte, Messer
Aus großen und kleinen Kürbissen werden Gesichter geschnitten und in den ausgehöhlten Kürbis wird ein Teelicht gestellt. Der Klassenraum wird dann nur noch von den Kürbislichten beleuchtet und es werden selbst erfundene Geister- oder Gespenstergeschichten erzählt.

4. Örtlicher Festkalender

Die folgende Projektanregung hat religiöse Feste und auch Brauchtumsfeste zum Gegenstand.

Schulprojekt: „Unser Jahr in ...“
Klasse 5–10
Fächer: Religion, Politik, Geschichte, Gesellschaftslehrer
Material: Papierbögen (evtl. farbige), Rollen Packpapier, Montagekleber, Haftkleber, Kreppband, dicke Filzstifte
Zeitbedarf: zwei Stunden Vorbereitung und Aufgabenstellung, evtl. ein

Vormittag für die Befragung von Einrichtungen außerhalb der Schule (oder als Hausaufgabe), zwei Stunden Präsentation und Auswertung

In diesem Projekt wird untersucht, wie die örtlichen Organisationen den Jahresweg der Schüler und der Gemeinde heute bestimmen. Die Schüler erarbeiten einen Veranstaltungskalender ihres Ortes. Sie erstellen zunächst eine Liste der Organisationen, deren Feste und Veranstaltungen der Kalender aufnehmen soll:

– Kirchen und religiöse Gemeinschaften, in denen die Schüler sind
– Vereine, in denen die Schüler sind
– Gemeinde oder Stadt
– ... Schulen

Je eine Gruppe recherchiert zu einer der aufgelisteten Gruppen und legt für jeden Monat ein Blatt an, auf dem die Ereignisse eingetragen werden. Für die Befragung der Veranstalter wird zunächst ein gemeinsamer Fragebogen erarbeitet, der alle wichtigen Aspekte des Festgeschehens abdeckt. Mögliche Fragen: Was wird gefeiert? Wie wird gefeiert? Mit Alkohol? Wer feiert? Erwachsene/Kinder? Seit wann gibt es die Veranstaltung? Kosten/ Einnahmen? Besonderheiten?

Die Ergebnisse werden in die Monatsblätter eingetragen. Anschließend malt jede Gruppe auf eine lange Papierbahn mit dicken Filzstiften oder Wasserfarben eine Straße und klebt ihre Blätter darauf. Aufgabenstellung: Malt den Jahresweg der Organisation/Einrichtung als eine große breite Straße, vielleicht mit ein paar Kurven, damit auch Wendepunkte deutlich werden. Alle Jahresstraßen können dann untereinander oder auch sternförmig angeordnet werden. Anschließend stellen die Gruppen ihren Festkalender vor. Im Auswertungsgespräch kann die Rolle der kommunalen Veranstaltungen diskutiert werden.

Literatur

Brenner, Gerd (Hrsg.): Die Fundgrube für den Deutsch-Unterricht. 3. Aufl. Berlin 1999

Brinkmöller-Becker, Heinrich (Hrsg.): Fächerübergreifender Unterricht in der Sekundarstufe II. Berlin 2000

Brinkmöller-Becker, Heinrich (Hrsg.): Die Fundgrube für Medienerziehung. Berlin 1997

Dönhoff, Hans-Ulrich: Eine neue Lernwelt: Das Netz als Medium für die Unterrichtspraxis. (CD-ROM mit vielen Fächer-Links) Gütersloh 1999

Kirchhoff, Hermann: Christliches Brauchtum. Feste und Bräuche im Jahreskreis. 3. Aufl. Stuttgart 1998

Kirste, Reinhard/Schultze, Herbert/Tworuschka, Udo: Die Feste der Religionen. Ein interreligiöser Kalender mit einer synoptischen Übersicht. 2. Aufl. Gütersloh 1997

Parker, Steve/Morgan, Sally /Steele, Philip: Alle Wunder unserer Erde. Der große Carlsen-Atlas. Hamburg 1999

REMID ed.: Religionen feiern. Feste und Feiertage religiöser Gemeinschaften in Deutschland. Marburg 1997

Schulz, Rolf: Umwelt und Entwicklung. Bildung auf dem Weg zur Nachhaltigkeit 2000. 2 CD-ROMs des Landesinstituts für Schule und Weiterbildung NRW, Paradieser Weg 64, 59494 Soest, E-Mail: HYPERLINK mailto: Rolf.Schulz@mail.lsw.nrw.de

Internetadressen

http://www.blindekuh.de – Suchmaschine für Kinder mit zahlreichen Informationen zum Themenbereich „Feste"

http://www.zum.de – Zentrale für Unterrichtsmedien im Internet, Zugang zu den Bildungsservern

http://www.hagalil.com – Server mit viel Wissenswertem zu Judentum und Israel; Links zu israelischen Zeitungen und einem mehrjährigem Kalender der jüdischen Feste

http://www.islamonline.net – Server mit vielen wichtigen Informationen zum Islam und zum Islam in Deutschland (in englischer Sprache)

http://www.raa.de – Website der „Regionalen Arbeitsstellen zur Förderung von Kindern und Jugendlichen aus Zuwandererfamilien"; viele Informationen und Unterrichtstipps zum interkulturellen Lernen

http://www.ostern-online.de – Website mit Informationen über die christlichen und kommerziellen Inhalte des Festes

http://www.christmas.com – Website u. a. mit Informationen dazu, wie das Weihnachtsfest rund um den Globus begangen wird (in englischer Sprache)

6 Mit Festen aufklären und helfen

von Brigitte Lintzen, Brunhild Zimmer und Gisela Schacht

A Nicaragua-Matinee – Ein Schulpartnerschaftsfest

von Brigitte Lintzen und Brunhild Zimmer

Es herrscht eine ausgelassene Stimmung; Kinder rufen durcheinander und tummeln sich um eine große bunte Figur aus Pappmaschee, die an einer Schnur baumelt. Ein Kind mit verbundenen Augen und einem Stock in der Hand steht in der Mitte und schlägt nach der Figur. Ein Erwachsener zieht die baumelnde Figur immer wieder an einer Schnur hoch um zu verhindern, dass das Kind die Figur trifft. Doch plötzlich ein Jubelschrei, ein Treffer: Die Figur verliert ein Bein und eine Ladung Süßigkeiten prasselt auf den Boden. Alle Kinder stürzen sich auf die Beute. Die umstehenden Erwachsenen applaudieren und freuen sich mit den Kindern.

Es ist Sonntagmorgen 12.30 Uhr. In der Laborschule Bielefeld wird die zehnte Nicaragua-Matinee gefeiert. Die Szene beschreibt das lateinamerikanische Kinderspiel Piñata[1], bei dem ein bunter Vogel aus Pappmaschee durch Stockschläge zum Bersten gebracht werden muss – ein Spiel, das auch die Kinder der Laborschule mit Leidenschaft spielen. Sie haben es für die Matinee ausgewählt, nachdem sie sich im Unterricht mit den Lebensbedingungen der nicaraguanischen Kinder beschäftigt hatten.

---

1 Spielanleitung für die Herstellung einer Piñata s. S. 150

1. Die Schulpartnerschaft

Seit 1985 unterstützt eine Partnerschaftsgruppe der Laborschule Bielefeld mit ihrer Arbeit Schulen in Nicaragua. Seit 1982 ist die Schule asso-
ziiertes und seit 1993 anerkanntes Mitglied im Verbund der UNESCO-Pro-
jektschulen und versteht ihre Arbeit als Beitrag zum interkulturellen
Lernen. Als Reform- und Integrationsschule spricht sie sich in ihrer Konzeption gegen Diskriminierung und für Integration aus.

Die Pflege der Schulpartnerschaften stellt dabei einen Mosaikstein der
Solidaritätsarbeit auf internationaler Ebene dar. Der Kontakt mit den
Schulen wird einerseits durch regelmäßige Briefwechsel und gegenseitige Besuche von Lehrerinnen aufrechterhalten, andererseits durch finanzielle Unterstützung. Da die Schulpartnerschaft nicht nur von der Nicaraguagruppe getragen wird, sondern zum Schulprogramm gehört, ist es
wichtig, dass auch Schülerinnen und Schüler sowie deren Eltern in die
Verantwortung mit eingebunden sind und die Idee mittragen. Dazu gehört,
dass die Themen „Eine Welt" und „Nicaragua" die Kinder regelmäßig im
Unterricht begleiten und hier auch die Eltern und weitere Kollegen einbezogen werden.

Ein Fest wie die Nicaragua-Matinee bietet die Möglichkeit, verschiedene
Interessen unter einen Hut zu bringen: Zum einen können die Kinder hier
die Ergebnisse ihrer Unterrichtsprojekte präsentieren und auch die Eltern
werden erreicht und informiert, zum anderen können die Partnerschulen durch den Erlös des Festes finanziell unterstützt werden.

Natürlich eignet sich eine Matinee auch als einmalige Unterstützungsak-
tion für Menschen, die auf die Hilfe und Solidarität reicher Nationen angewiesen sind, sei es für Menschen, die Opfer einer Naturkatastrophe geworden sind, sei es für Menschen, die unter Bürgerkriegsbedingungen leiden,
oder für die Indianer im Amazonasgebiet, deren Lebensgrundlage sich
dramatisch verschlechtert, um nur einige Beispiele zu nennen.

2. Agenda 21

Schlagworte wie „Solidariät", „globale Verantwortung für die *eine* Welt"
und „Völkerverständigung" sind große Themen des 21. Jahrhunderts. In
vielen Konferenzen weltweit wird nach Umsetzungsmöglichkeiten
gesucht, um die Zukunft menschenwürdig für *alle* Menschen zu gestalten. Auch in die Schullandschaft haben diese Themen Einzug gehalten

und werden zunehmend in den Mittelpunkt gerückt. Wie aber kann die Bedeutung solcher abstrakten Begriffe den Kindern nahe gebracht werden? Internationale Solidarität, Mitverantwortung und Mitgefühl für entfernte Schicksale sind notwendig, um die größer werdende Not publik zu machen und zu lindern.

Die ferne Dritte Welt kommt zwar für viele Kinder und Jugendliche alltäglich via Fernseher in zugeschnittenen Bildsequenzen bis ins Wohn- und Kinderzimmer; sie liegt dennoch für Kinder sowohl emotional als auch intellektuell jenseits des großen Wassers. Kinder, die von dieser Welt etwas erfahren und begreifen wollen, brauchen neben guten ausgewählten Medien eine Lernmethode, mit deren Hilfe sie sowohl Kenntnisse erwerben als auch Einfühlungsvermögen und Verständnis entwickeln können. Um Lernziele wie Toleranz, Kooperation und Solidarität untereinander und gegenüber Außengruppen zu verwirklichen, setzen sich die Kinder in einem handlungsorientierten Unterricht mit anderen Lebenswelten, mit anderen Kulturen und Sichtweisen auseinander.

3. Die Begegnung mit Nicaragua

Die Schüler und Schülerinnen der Laborschule begegnen dem Thema „Schulpartnerschaft zu Nicaragua" auf unterschiedliche Art und Weise:

– Ein erster Kontakt und Eindruck wird z. B. durch einen Diavortrag vermittelt, der noch lebendiger und anschaulicher wird, wenn die Lehrer selbst schon in Nicaragua waren.
– Besucher aus Nicaragua werden in die Schule eingeladen und beantworten Fragen von interessierten Schülern.
– Es finden Projekte zum Thema „Eine Welt" statt, die fächerübergreifend unterschiedliche Aspekte bearbeiten: Leben, arbeiten und spielen in Nicaragua. Es wird gekocht, getanzt, gesungen, gemalt, Instrumente werden hergestellt, Siedlungen gebastelt, der Weg des Kaffees wird verfolgt; Szenen aus der anderen Welt werden gespielt.
– Im Rahmen von Unterrichtsprojekten werden einzelne Aspekte aufgegriffen, z. B. geografische Bedingungen Nicaraguas in einem Erdkundeprojekt im Jahrgang 5; wirtschaftliche Zusammenhänge von Erster und Dritter Welt am Beispiel Nicaragua im Jahrgang 8.
– Gedichte oder Buchauszüge nicaraguanischer Autorinnen und Autoren wie Ernesto Cardenal oder Gioconda Belli werden in den Jahrgangsstufen 8 bis 10 gelesen.

Aus diesen Projekten entwickeln sich unterschiedliche Aktivitäten und „Produkte", die einen Beitrag zur Matinee leisten können. Die Kinder und Jugendlichen lernen außerdem durch ihre aktive Beteiligung an der Vorbereitung des Festes, wie viel Arbeit, Übung, Zeit und Engagement notwendig sind, um das Unternehmen erfolgreich stattfinden zu lassen. Als kleiner Teil des ganzen Programms spüren sie die Verantwortung, die jeder Einzelne trägt, damit das Fest gelingt und die Idee der Schulpartnerschaft lebendig gehalten wird.

4. Die Matinee

Planung

Die Planung der Matinee beginnt Monate vorher. Auf der ersten Sitzung der Nicaraguagruppe zu Beginn des Schuljahres werden erste Ideen gesammelt und der Termin festgelegt. Da die Matinee im Schulgebäude stattfindet und wir deshalb nicht auf gutes Wetter angewiesen sind, suchen wir bewusst solche Monate für die Veranstaltung aus, in denen es keine oder nur wenige weitere schulische Aktivitäten gibt. Das sind meistens die Monate November, Februar oder März. Laden wir aber einen besonderen Gast ein, der das Hauptprogramm gestaltet (wie den Kinderliedersänger Fredrik Vahle oder einen Buchautor), so äußern wir zwar Terminwünsche, richten uns sonst aber nach dessen Terminkalender.

Teilnehmerkreis und Einladungen

Schülerinnen, Schüler und deren Eltern, Großeltern, Freunde und Verwandte und natürlich das Kollegium sind der Teilnehmerkreis, an den sich unser Fest richtet. Die Eltern werden zum ersten Mal durch den alljährlich zu Beginn des Schuljahres herausgegebenen Jahresplan auf den Termin der Nicaragua-Matinee hingewiesen. Die Einladung zum Fest mit dem Programm wird einen Monat vorher an alle Eltern verteilt.

Darüber hinaus verschicken wir Einladungen an die uns bekannten Bürgerinnen und Bürger der Stadt Bielefeld, von denen wir glauben, dass sie ein besonderes Interesse an dieser Veranstaltung haben. So war auf einigen Matinees die frühere Bürgermeisterin anwesend, die im Rahmen der Städtepartnerschaft mit Nicaragua selbst die Stadt Esteli besucht hatte. Außerdem nutzen wir die Anwesenheit dieser Gäste, aber auch den Auftritt der *special guests,* um die Presse für unsere Veranstaltung zu interessieren.

Programm der Matinee

Teil I

Begrüßung
durch Susanne Thurn

Ein spanisches Lied
Kinder Stufe II

Ein Land - so weit
Marco aus der Flieder-Gruppe und seine Mutter Luisa erzählen aus
Nicaragua

Nicaraguanischer Tanz
Kinder der Nachmittagsgruppe der Fläche 1

Neues aus Nicaragua
Reinhard Jenke erzählt

Strassentheater
Kinder aus Stufe I und II mit Dietlind und Harald

PAUSE   PAUSE   PAUSE   PAUSE   PAUSE

Teil II

Misch - Masch - Song
Kinder der Stufe II

Gedichte
Jugendliche der Stufe IV

Ein Tanz zu lateinamerikanischen Rhythmen
Mädchen-AG der Stufe III

Programm und Akteure

Das Programm der Matinee wird vorwiegend auf die Schülerinnen und
Schüler der Primarstufe und des 5. und 6. Schuljahrs ausgerichtet. Das
bedingt natürlich auch, dass sie mit ihren Eltern der Adressatenkreis sind,
auf den sich die Redebeiträge, Informationen, musikalischen Darbietungen, szenischen Beiträge usw. beziehen müssen. Zwar gestalten auch einige Schülerinnen und Schüler aus höheren Jahrgängen einen Programmpunkt; viele für diese Art von Schulfest zu begeistern und auf einen
Sonntagmorgen in die Schule zu holen ist uns jedoch selten gelungen.

Unsere Matinee hat immer zwei inhaltliche Teile, die von einer 45-minü-
tigen Kaffeepause unterbrochen werden. Insgesamt dauert die Veranstaltung etwa zweieinhalb bis drei Stunden. Bei der Programmgestaltung
achten wir darauf, dass einige Programmpunkte inhaltlich eng mit Nicaragua und der Schulpartnerschaft zusammenhängen. Alle Inhalte über
viele Jahre nur auf das Thema Schulpartnerschaft zu beziehen, gelingt
nicht und ist unserer Ansicht nach auch nicht nötig. Wichtig ist, dass neue
Informationen zur Schulpartnerschaft im Mittelpunkt stehen, damit sie in
den Köpfen und Herzen der Teilnehmer lebendig bleibt. Fester Bestandteil jeder Matinee ist das Verlesen einiger Briefe oder Briefausschnitte aus
unseren Partnerschulen und eine Ausstellung mit den neusten Fotos, Brie-
fen und aktuellen Informationen zu Nicaragua und den Partnerschulen.
Weitere Programmpunkte können sein:
- musikalische Beiträge aller Art (von Kinderliedern über Trommel-
  rhythmen bis hin zu politischen Liedern)
- Theaterszenen zum Thema „Dritte Welt" (Kinderrechte; Kinderarbeit;
  Schulszenen; kleine gespielte Geschichten, die das Leben in einer anderen Kultur veranschaulichen)
- Spiele aus anderen Kulturen
- Tänze
- Gedichte, Geschichten, Märchen
- ausländische Speisen, die für das Café vorher zubereitet wurden

Finanzierung

Eine Matinee mit einem *special guest* kann und soll nicht von dem Erlös
des Festes bezahlt werden. Dafür sind die Gagen dieser Künstler zu hoch.
Für die Finanzierung der Gagen werden staatliche Gelder beantragt oder
es müssen Sponsoren gefunden werden. Unsere Veranstaltungen mit *special guests* wurden mit Mitteln der Carl Duisberg Gesellschaft des Landes
Nordrhein-Westfalen gefördert.
Kleinere Honorare bezahlen wir jedoch selbst (z. B. für Theaterleute, die
Straßentheaterszenen mit unseren Schülern eingeübt haben). Wir kalku-
lieren für jede Matinee Ausgaben von 100 bis 150 € ein. Diese kleineren
Ausgaben werden von den Einnahmen durch den Verkauf der Getränke
und des Essens in der Pause abgezogen. Meistens bleibt bei jeder Matinee
ein Reinerlös von etwa 500 €, der unseren Partnerschulen in Nicaragua
zugute kommt. Die Eltern werden immer über den Zweck der Spende
informiert; sie ist durch das Motto auf der Einladung angegeben und wird

auch auf der Matinee selbst nochmals ausführlicher erläutert. So erfahren Kinder und Eltern immer sehr genau, was mit dem gespendeten Geld passieren soll.

Will man mit einem Fest mehr Geld erwirtschaften, muss das Fest einen anderen Charakter haben. (So haben wir mit einem Sponsorenlauf zu Gunsten unserer Partnerschulen einen Reinerlös von 21.000 € erzielt, durch eine private Spendensammelaktion von Schülern und Eltern nach dem Hurrikan Mitch im Jahre 1998 13.500 €.)

Eine finanzielle Aufbesserung kann man dadurch erreichen, dass es in der Pause verschiedene Verkaufsstände gibt, die von Kindern gebastelte Erzeugnisse verkaufen, oder dass besondere Dienste angeboten werden (z. B. eine Schuhputzaktion). Beides sind Inhalte, die in den Rahmen einer Matinee passen.

Traditionell nehmen an jeder Matinee zwei Buchläden (ein Kinderbuchladen und der Buchladen des Welt-Hauses) mit Bücherständen zum Thema „Eine Welt" und anderen Kinder- und Jugendbüchern teil. Finanziell sind diese Stände jedoch unabhängig vom Fest organisiert.

Das Café

Das Wichtigste in der Pause ist jedoch das Café. Dafür bringen die Eltern Kuchen, Kekse, belegte Brote und Brötchen mit, wir sorgen für Kaffee, Tee, Mineralwasser und Saft. Die Kuchen und anderen Leckereien sind eine Spende der Eltern. Die Einnahmen des Cafés stellen den Haupterlös des Festes dar. Wir vertrauen darauf, dass die Eltern genügend mitbringen. Nur einmal in all den Jahren hat es nicht funktioniert und das Café hatte wenig zu bieten. Seitdem besorgen wir von der Nicaraguagruppe aus einige Brote und Wurst- und Käseaufschnitt, sodass wir bei Bedarf das Café zusätzlich bestücken können. Getränke- und der Essensstand sind voneinander getrennt, damit die Warteschlangen nicht so lang sind.

Aufgabenverteilung

Für den Verkauf von Speisen und Getränken können von der Nicaraguagruppe höchstens zwei oder drei Mitglieder eingesetzt werden. Darum brauchen wir für das Café zusätzliche Helferinnen und Helfer. Diese finden wir unter Kollegen, älteren Schülern und Eltern.

Die übrigen Mitglieder der Nicaraguagruppe kümmern sich während der Matinee um die auftretenden Kinder, die verkleidet, geschminkt und vor ihrem Auftritt beruhigt werden müssen. Außerdem bedienen sie die Tech-

nik (Musikanlage, Mikrofone), legen die Requisiten bereit, begrüßen die
Gäste und moderieren die Veranstaltung. Sie kümmern sich um die *special guests,* sind Ansprechpartner für Eltern und Kinder und haben einfach die Gesamtorganisation im Auge. Da die Nicaraguagruppe aus zehn
Lehrerinnen besteht, können all diese Aufgaben gut bewältigt werden.

Herrichten des Veranstaltungsortes

Dazu treffen sich alle Mitglieder der Nicaraguagruppe und einige zusätzliche Helfer etwa zwei Stunden vor dem Fest. Bühne und Zuschauerraum
werden aufgebaut. Das Café wird eingerichtet, Kaffee und Tee werden
vorgekocht und in Warmhaltekannen gefüllt, damit sie zu Beginn der
Kaffepause fertig sind. Lediglich die Technik und die Ausstellung werden
schon am Freitag vor dem Fest installiert, denn das erfordert mehr Zeit.
Am Sonntagmorgen wird die Technik nochmal überprüft, damit es hier
auf gar keinen Fall eine Panne gibt.
Die ersten Kinder und Gäste treffen eine halbe Stunde vor Festbeginn ein.
Dann sollte das Wesentliche geschafft sein, sodass auch die erwachsenen
Akteure relativ entspannt und nicht unter Zeitdruck die Matinee eröffnen
und genießen können.

5. Auswertung und Tipps

Unsere Schulpartnerschaft besteht seit fünfzehn Jahren. In dieser Zeit
haben wir zehn Nicaragua-Matinees veranstaltet. Die Matinee ist eine Veranstaltung, die zeit- und kräftemäßig von den Mitgliedern der Nicaraguagruppe und einzelner Schulgruppen jährlich vorbereitet und durchgeführt
werden kann. Außerdem ist sie eine Veranstaltung, bei der Informations-
und Festcharakter gut miteinander kombiniert werden können.
Inzwischen haben wir akzeptiert, dass diese Art von Fest die Schülerinnen und Schüler in der Pubertät nicht besonders interessiert. Jugendliche
aus den höheren Jahrgängen (9. und 10. Schuljahr) sind aber immer mal
wieder bereit, mit inhaltlichen Beiträgen teilzunehmen oder uns mit praktischer Hilfe im Café zu unterstützen. So tragen die Schülerinnen und
Schüler in ihrer Schulzeit mal mehr und mal weniger aktiv zum Thema
Schulpartnerschaft bei. Wir haben aber im Laufe der Jahre erfahren, dass
sie in größeren Abständen und in anderen inhaltlichen Zusammenhängen die Idee der Völkerverständigung und die Schulpartnerschaft durchaus interessiert und einsatzbereit unterstützen.

Sehr hilfreich bei allen Themen, die die Schulpartnerschaft betreffen, ist die Zusammenarbeit mit dem Welt-Haus in Bielefeld. Hier erfahren wir viel inhaltliche und organisatorische Unterstützung. Andererseits beleben auch wir mit unseren Aktivitäten die Arbeit dieser Organisation; der gegenseitige Austausch ist anregend und effizient.[1] Jede Matinee war ein gelungenes Fest. Und es ist nicht notwendig, *special guests* einzuladen, damit alle Beteiligten ihren Spaß haben. Vor allem die Schülerinnen und Schüler sind stolz auf ihre gelungenen Beiträge und freuen sich gleichzeitig, zu einer Verbesserung der Lebens- und Schulsituation der Kinder ihrer Partnerschulen in Nicaragua beizutragen. Durch ihr soziales Engagement findet ebenfalls ein Stück Identifizierung mit der eigenen Schule statt, zu deren Schulprofil es gehört, sich für eine bessere Welt einzusetzen.

6. Ein Spiel, zwei Tänze und eine Speise

Piñata-Spiel
Dieses Spiel ist in Süd- und Mittelamerika, aber auch in Spanien und Indien ein traditionelles Kinderspiel. Dabei wird die Piñata, ein bunt bemalter und mit Süßigkeiten, Nüssen o. Ä. gefüllter Pappmaschee-Vogel, an einem Seil so über einen Ast oder Haken gehängt, dass sie frei schwingt und sich auf- und abwärts bewegen lässt. Die Kinder dürfen mit verbundenen Augen der Reihe nach mit einem Stock nach der Piñata schlagen. Dabei zieht jemand die Piñata hoch und lässt sie wieder tiefer sinken, sodass es einige Zeit dauert, bis sie getroffen wird. Schlag um Schlag wird die Piñata mehr durchlöchert, bis schließlich der Inhalt zu Boden regnet und die Kinder die Leckereien aufheben dürfen. Wir haben das Spiel mit schneller nicaraguanischer Musik untermalt.
Wichtig: Das Auf und Ab der Piñata sollte so gesteuert werden, dass die Kinder bald erste Erfolgserlebnisse haben. Es dauert auch so noch lange genug, bis der Inhalt endlich herausfällt.

---

1 Finanziell unterstützt werden kann jede Art entwicklungspolitischer Informations- und Bildungsarbeit von Dritte-Welt-Gruppen durch einen Landeszuschuss, der entweder von der entsprechenden kommunalen Behörde (Büro des Bürgermeisters) oder einer Institution auf Landesebene vergeben wird. In Nordrhein-Westfalen ist dies die Carl-Duisberg-Gesellschaft, Wallstr. 30, 40213 Düsseldorf.

Piñatas bauen[1]

Zeitbedarf: etwa zwei Vormittage

Werkzeug: Tacker, Zirkel, Bleistift, Schere, Lineal

Material: Tapetenkleister und Zeitungspapier, 1 Luftballon, 8 Karton-stücke, aus denen die Körperteile ausgeschnitten werden, 2 Rundhölzer (5 cm Länge, 0,5 cm Durchmesser), Ringschraube mit Mutter und Unter-legscheibe, Alleskleber, Selbstklebeband, 1 Gipsbinde (6 bis 8 cm Breite, reicht für ein bis zwei Piñatas), Plakatfarbe, Krepppapier nach Wahl, dünne Kordel (etwa 2 m Länge)

1 Bauanleitung nach: Grundfeld, Frederic (Hrsg.): Spiele der Welt. Frankfurt/M. 1976, S. 235 f.

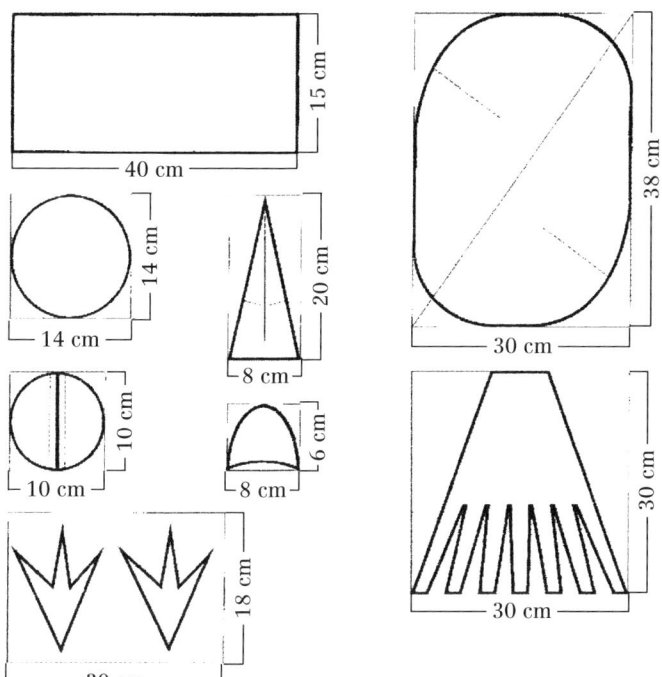

Vogelrumpf: Luftballon auf ca. 25 cm Druchmesser aufblasen und zubinden. Ballon gleichmäßig mit Papiermaschee umhüllen. Dazu Kleister anrühren, Papierschnitzel hineingeben, zerquetschen und kneten, bis die Masse eine zähe Konsistenz hat. Rumpf zwei bis drei Tage trocknen lassen. Dann die Luft aus dem Ballon lassen und den Ballon herausziehen.

Kopf: Aus dem 40 x 15 cm großen Kartonstück eine 15 cm hohe konische Röhre biegen. Die oberen Enden leicht übereinanderbringen und zusammenklammern.

Auf dem 14 x 14 cm großen Karton mit einem Zirkelradius von 7 cm einen Kreis schlagen und ausschneiden. Scheibe oben auf der Röhre mit Klebeband befestigen.

Schnabel aus Karton 20 x 8 cm entsprechend der Zeichnung ausschneiden. Längs der Mittelachse knicken. Gestrichelte Linie abknicken. Schnabeloberteil am Kopf anklammern und mit Klebeband fixieren. Unteren Schnabelteil aus Karton 8 x 6 cm entsprechend der Zeichnung ausschneiden und biegen. An den Kopf klammern und mit Klebeband fixieren. Einen Kartonstreifen als Zunge ausschneiden und im Schnabel befestigen.

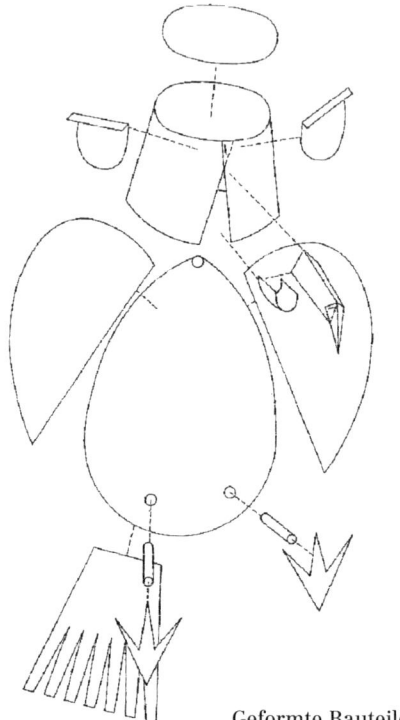

Geformte Bauteile

Für die *Wimpern* auf 10 x 10 cm großen Karton mit einem Zirkelradius von 5 cm einen Kreis schlagen. Kreis mit einer Linie halbieren. Links und rechts dieser Mittellinie im Abstand von 1 cm zwei Hilfsparallelen ziehen. Diese mit dem Scherenrücken anritzen. Die beiden Halbkreise ausschneiden. An den geritzten Linien umknicken. Wimpern am Vogelkopf befestigen.

Kopf auf Rumpf setzen und mit Klebestreiben fixieren.

Flügel: Auf 38 x 30 cm großem Karton eine Diagonale ziehen. Freihändig o-förmige Linie einzeichnen und Flügel ausschneiden. An der „Flügelschulter" (breiter Teil) 2 cm abknicken und an den Vogelkörper heften.

Schwanz: Auf 30 x 30 cm großen Karton den Schwanz freihändig aufzeichnen und ausschneiden.

Beine und Füße: Mit der Schere zwei Löcher für die Beine bohren (Rundhölzer müssen knapp hineinpassen). Auf 30 x 18 cm großen Karton Füße aufzeichnen und ausschneiden und an den Beinen befestigen.

Körperteile verbinden: Die Körperteile werden mit Gipsbinden verbunden. (Wer noch nie mit Pappmaschee und Gipsbinden gearbeitet hat, sollte dies vor Beginn der Arbeit ausprobieren.)

Bemalung: Die fertigen Figuren werden zunächst mit weißer Binderfarbe übermalt. Am nächsten Tag können sie dann bunt bemalt und mit Krepppapier verziert werden.

Füllen: In den Rücken der Piñata ein Loch schneiden und füllen (s. o.). Anschließend über das Loch ein Stück Karton kleben.

Aufhängung: Die Aufhängung ist am besten nach dem Füllen anzubringen, da sich erst jetzt das Gewicht richtig austarieren lässt. Die Halterung muss stabil sein, damit der Vogel nicht als Ganzes heruntergeschlagen wird.

Dazu ein Loch durch den Karton stechen und Ringschraube durchstecken. Von unten Unterlegscheibe und Schraubenmutter anbringen. Kordel am Ring der Schraube festbinden.

Zwei Volkstänze

Zu Volksliedern aus Mittel- und Südamerika (z. B. Tico, Tico …, La Cucaracha, Manana, Rebelate Negro José, Revolution Caliente) passen die folgenden beiden Volkstänze.

Persino (Füßchen)

Ein Tanzpaar (A + B) steht sich gegenüber, die Hände hat jeder auf die Hüften gestützt. In dieser Grundstellung stehen mehrere Paare nebeneinander und bilden einen großen Kreis.

1 Jeder setzt abwechselnd den rechten und dann den linken Fuß vor (nur die Fußspitze aufsetzen) und dann wieder in die Grundstellung zurück.

2 Wenn der Rhythmus wechselt, haken sich die Tanzpartner (A + B) rechts ein und drehen sich gehend einmal rechts herum. Nach einer Drehung in der Grundstellung haken sich die Tanzpartner links ein und drehen sich einmal links herum. Dann noch einmal rechts und wieder links herum.

3 Die Partner (A + B) stehen sich wieder gegenüber und klatschen erst ihre rechten, dann ihre linken Hände über Kreuz zusammen. Mit der rechten Hand setzt jeder gleichzeitig den linken Fuß wie unter 1 vor und zurück, dann mit der linken Hand den rechten Fuß vor und zurück.

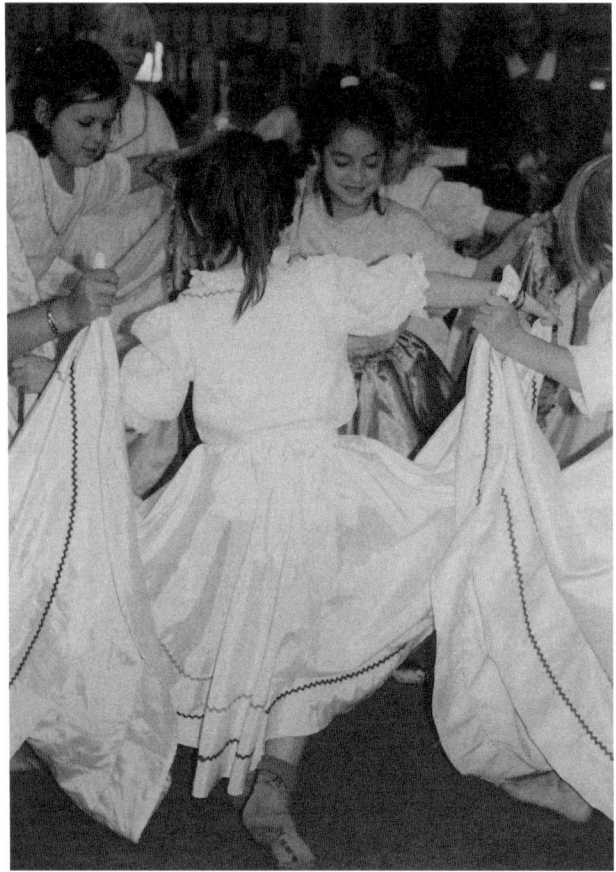

Die gesamte Abfolge dieser Teile 1, 2, 3 geht wie folgt:

1 Füße vor und zurück

2 drehen

3 Füße vor und in die Hände klatschen

2 drehen

1 Füße vor und zurück

2 drehen

3 Füße vor und in die Hände klatschen

2 drehen

1 Füße vor und zurück

Zum Abschluss drehen sich die Partner und verneigen sich.

Ronda (Reigen)
Tänzerinnen und Tänzer (T) fassen sich an den Händen, bilden einen großen Kreis und tanzen erst rechts (a) und dann links (b) im Kreis herum. Ein Paar (P) tanzt in der Mitte.
– Nach einiger Zeit bleiben Tänzerinnen und Tänzer (T) aus dem Kreis stehen und klatschen zum Rhythmus der Musik in die Hände. P1 verlässt daraufhin die Kreismitte und P2 sucht sich durch Zublinzeln aus dem Tanzkreis einen neuen Partner (P3).
– Sobald diese Wahl abgeschlossen ist, tanzt das neue Paar in der Mitte und der Kreis um das Paar herum.
– Wenn der Tanzkreis wieder stehen bleibt und in die Hände klatscht, verlässt P2 die Kreismitte und P3 sucht sich einen neuen Partner. So geht es weiter, bis die Musik endet.

Empanadas

Empanadas sind eine typisch lateinamerikanisches Speise. Die aufgeführten Zutaten ergeben etwa sechs große oder zwölf kleine Empanadas.
Zutaten: 1 Tasse Mehl, 1 EL Butter oder Margarine, 3 EL heißes Wasser, etwas Salz und 1 Eigelb zum Bestreichen.
Füllung: 100 g Gehacktes, 1 gekochtes Ei, 50 g Rosinen, Knoblauch, Oregano, Kümmel, 1 gehackte Zwiebel, etwas geriebene Muskatnuss
Zubereitung: Mehl, Butter, Wasser und Salz zu einem Teig kneten, mit Nudelholz dünn ausrollen. Mit einem Glas oder einer Tasse Scheiben ausstechen. Für die Füllung Gehacktes in Öl anbraten, die Gewürze mit Ei, Rosinen und Zwiebeln gut durchbraten. Teigscheiben mit Fleischfüllung belegen, zusammenklappen und am Rand festdrücken. Mit Eigelb bepinseln und etwa 20 Minuten bei 180–200 °C backen.

B Alles im grünen Bereich? – Ein „Gartenfest"

von Gisela Schacht

1. Vorüberlegungen

Keine Angst! Zur Durchführung eines Festes zum Thema „Garten" braucht man weder riesige Freiräume noch einen eigenen Park – aber vielleicht darf man einen öffentlichen oder privaten nutzen? Die Veranstaltung kann ansonsten „im Saale stattfinden", also im Schulgelände, im Hof, auf dem Sportplatz, vielleicht mit einigen Zelten, die bei Regen Schutz bieten. Darüber hinaus können in Ausstellungsräumen (ausgestaltete Klassenräume …) weitere festliche Aktivitäten stattfinden.

In einer längeren Vorbereitungsphase wird ein breites fächerübergreifendes Themenspektrum für Festbeiträge erarbeitet, das eine Auswahl und unterschiedlichste Zugangsweisen ermöglicht. Das erarbeitete Wissen und die Ergebnisse werden dann beim Fest eingebracht.

Das gesamte Projekt sollte aber nicht nur „über den Kopf" angegangen werden, sondern „mit allen Sinnen". So können „Erfahrungsfelder der Sinne" installiert werden – mit Experimenten für Augen, Nase, Ohren, Hände und Füße. Solche Ansätze machen sicher Spaß und schaffen einen Gegenpol zur „Schulweisheit".[1]

Das Motto „Alles im grünen Bereich?" zielt auf zwei Aspekte des Themas: Es deutet kritisch auf unseren Umgang mit den Umweltproblemen hin und umfasst inhaltlich vielfältige Bereiche zum Thema „Grün" für fast alle Fächer.[2] Schülerinnen und Schüler sind für Umweltprojekte relativ schnell zu gewinnen, wenn sie eine Möglichkeit sehen, selbst etwas zu bewirken. An vielen Schulen gibt es „Arbeitskreise Umwelt" mit unterschiedlichsten Zielsetzungen – vom Engagement für den Regenwald bis zur Energieeinsparung an der Schule durch ein eigenes Umweltmanagement.[3] Die

---

1 vgl. auch: Kükelhaus, Hugo: Fassen Fühlen Bilden. Organerfahrungen im Umgang mit Phänomenen. Köln 1995; Kükelhaus, Hugo/zur Lippe, Rudolf: Entfaltung der Sinne. Ein „Erfahrungsfeld" zur Bewegung und Besinnung. Frankfurt/M. 1994 (1. Aufl. 1982)
2 Biologie, Geschichte, Sozialkunde, Geographie, Religion, Ethik, Deutsch, Kunst, Musik, Sport usw.
3 vgl. Hennig, Diethard: Vom „einfachen Energiesparen" zum Aufbau eines Umwelt-Managementsystems. In: Das Gymnasium in Bayern, Ausgabe 2000-7, S. 21–24

Schüler selbst werten ihr Engagement für die Umwelt meist nicht als politisches Handeln, üben sich aber durch ihre gemeinsamen Tätigkeiten in Teamwork und sind so auf dem besten Wege, mündige Bürger zu werden. Das entspräche den Forderungen der UN-Umweltkonferenz von Rio 1992, die mit dem Aktionsprogramm „Agenda 21" Handlungsträger in den Gemeinden fördern will. Die Vorbereitung und Durchführung eines „Gartenfestes" kann Schüler für Umweltprobleme sensibilisieren. Sie können dabei lernen, miteinander und verantwortlich Lösungen zu finden und Geduld für eine länger andauernde gemeinsame Arbeit aufzubringen.

Die nachfolgend vorgestellten Inhalts-Mosaiksteine sind variabel im Niveau und eignen sich für verschiedene Klassenstufen und unterschiedliche Umsetzungen. Angestrebte Inhalte sind – neben gegenwärtigen Umweltproblemen – die Gestaltung und der Umgang mit der natürlichen Umgebung früher, heute und in anderen Kulturen.

Soweit möglich, sollten Spezialisten konsultiert werden – neben Fachlehrern auch außerschulische Referenten (z. B. zu den Themen Wasser, Wasserwirtschaft, Stadtplanung) oder Vertreter der Naturschutzverbände (B.U.N.D., NABU ...), evtl. auch einschlägig tätige Eltern.

Bei der Umsetzung sind Improvisationsgeschick und Fantasie gefragt. Kostüme, Dekorationen sollten schnell und billig herzustellen oder auszuleihen sein. (Bemalte) Folien, verhängte Fenster, Wandtafeln und Kartenständer mit rückseitig aufgehängten Landkarten als Dekofläche leisten schnelle Hilfe.

Verschiedene Gartenprogramme lassen sich „inszenieren". Die Schüler erarbeiten dabei, was für diese typisch ist und welche Ideen jeweils dahinter stehen. Andere Themen eignen sich besser für eine Fotoausstellung, Diskussion, einen Vortrag oder als Beitrag für die Festschrift.

Wichtig ist, dass über den Lernprozess und das Vergnügen beim Fest hinaus greif- und sichtbare Ergebnisse als Erinnerung im Schulbereich entstehen und erhalten bleiben (ein „Barfußpfad" mit unterschiedlichem Untergrund aus Sand, Kiesel, Gras, Asphalt, Wasser ...).

Die verschiedenen Festaktivitäten werden ergänzt durch einen Festvortrag, eine Podiumsdiskussion zu strittigen Thesen (mit Fachleuten, Gästen, Schülern ...), die Vorstellung und Prämierung von Schüleraktivitäten im Zusammenhang mit Umweltschutz sowie durch Blumenschmuck in Klassenzimmern und auf dem Schulgelände oder Aktivitäten im Schulgarten. Über die verschiedenen Programmpunkte und den Zeitplan des Festes informiert ein ansprechend gestaltetes Festprogramm.

2. Gärten früher, heute und anderswo – Themenvorschläge

„Französische Gärten" des Barocks

Die französischen Gärten des Barocks dienten der Repräsentation der absolutistischen Groß- und Kleinfürsten (Beherrschung von Natur und Raum).

Umsetzung: Ein Klassenzimmer könnte in einen „Barockgarten" verwandelt werden: Mit dem Overheadprojektor oder auf einem Plakat wird ein typisches Schloss gezeigt, die Klassenzimmerfenster sind mit bemalten Folien verhängt. Es werden gerade „Wege" und geometrische „Beete" mit Klebeband auf dem Boden markiert, Broderien aus Papier geschnitten, Kübelpflanzen mit ein paar typischen Pappsilhouetten angedeutet und aus dem Kassettenrekorder hört man das Plätschern einer Fontäne. Gestaffelte Papphecken können eine Bühne abtrennen.

Mögliche Aktivitäten:

– Modenschau mit Barock- und Rokoko-Roben

– freches Kabarett der Gartenskulpturen (z. B. Betrachtungen über die damaligen Gartenbesucher oder die heutigen, Äußerungen über die eigene Zeit)

– informative Unterhaltungen allegorischer Figuren oder steinerner Götter (wie etwa Herkules, mit dem sich z. B. August der Starke im Dresdener Zwinger selbst darstellt)

– Unterhaltungen von Figuren zur unterhaltsamen Belehrung der Gartenbesucher (z. B. Äsops Fabeltiere)

– Unterhaltungen von Pseudo-Schäferinnen und „echten" Gärtnern (z. B. zur Darstellung von Alltag und sozialer Schichtung)

Der magische Garten

Hier kann verdeutlicht werden, dass der Mensch nicht den totalen Zugriff auf die Natur hat, dies in früherer Zeit als Bedrohung durch geheime Mächte empfand und in Märchen und Sage weitergab. Hierzu gehört die Angst vor der bedrohlichen Umwelt wie etwa den Wald-, Fruchtbarkeitsgöttern in der Antike, aber auch in anderen Sagenkreisen (Roggenmuhme, vor Zauberwesen wie Waldschrat, Feen und Hexen, „wilden Männern und Frauen"). Aber auch Pflanzen mit Heil- oder Zauberkräften gehören zu diesem Themenkomplex.

Umsetzung: Das Thema kann in einzelnen Beispielen und an verschiedenen Orten eingebracht werden.

Mögliche Themen:
– Mystische Bäume wie Esche (in der germanischen Sage), Erle, Lorbeer
  in realistischen Abbildungen zeigen, berühmte Beispiele aus Litera-
  tur/Musik (Erlkönig) vorstellen, Sagen suchen, evtl. neu erzählen lassen (Daphne, Narziss …), Darstellungen in der Bildenden Kunst auf-
  finden und ausstellen
– Kräuterhexen und Blumenzauber: Beispiele von Pflanzen in Heilkunst,
  Aberglaube und in Märchen aufzeigen (Zwerg Nase, Rapunzel, Dornröschen); Dokumentation der Geschichte der Hexenverfolgung an Beispielen; Auftritt der Kräuterhexen
– Internationale Verwandtschaft bei Fruchtbarkeits-, Natur- und Gar-
  tengöttern herausfinden (Pan, Priapos, Dionysos, Faune, Satyrn, Ceres,
  Demeter, Flora, Nymphen, Mänaden, Feen, Nixen, Wassermänner …),
  Lexikonarbeit (Woher? Wofür zuständig? Aussehen? Herkunft? Wei-
  terwirken?), Darstellungen in Sagen und Kunst
– Magische Zeichen: In der Vorbereitungsphase Beschäftigung mit Hin-
  tergründen des Themas Labyrinth/Irrgarten: in der Antike Stätte des
  Grauens (Kreta), im christlichen Mittelalter Symbol für den schwierigen Weg zur Erlösung, in Renaissance und Barock Verwirrspiel für die
  höfische Gesellschaft. Für das Fest kann dann ein Modell mit variier-
  barer Spielanleitung entworfen werden.
– Fantastische Gärten und Bäume: z. B. „Tarot-Garten" der Niki de Saint
  Phalle, Hundertwassers Baumzimmer, Beuys' Baumbesetzungen,
  Christos Baumverhüllungen. Es werden Figuren betrachtet, ihre Bedeutung erschlossen, eigene Figuren geschaffen, Fantasiegärten
  erfunden und gestaltet – verbal, bildlich, begehbar.

Chinesische und japanische Gärten

Chinesische und japanische Gärten haben viele Gemeinsamkeiten – pri-
mär die Umsetzung des taoistischen Gedankenguts. Sie „bauen" die Natur
vielgestaltig und symbolisch im Kleinen nach, nicht geradlinig wie in
abendländischen Gärten, nicht verfremdend, also ohne Fontänen, nur mit
Wasserläufen und Wasserfällen und somit auch nur mit natürlichen
Geräuschen. Der Mensch sucht und findet sich hier selbst, genießt die
Schönheit, auch die Geselligkeit, widmet sich den Künsten.
Umsetzung: Für eine Festinszenierung eignet sich vielleicht am besten der
Innenraum eines chinesischen „Teehauses" in einem Klassenzimmer.
Dazu kann ein „Fensterdurchblick" in Blatt- oder Blütenform geschaffen

werden, durch den man in einen „Garten" schaut, der z. B. durch eine Overheadprojektion erzeugt wird (mit typischen Motiven wie Fels und Wasser, inhaltlich entsprechend für Yang und Yin ...). Im Raum könnten auf der einen Seite symbolische Tierfiguren als Pappsilhouette (Kranich für langes Leben) oder halbrunde Brückenbogen als Mondsymbol stehen, auf der anderen Seite Tische und Stühle für die Teezeremonie.[1] Außerdem werden viele kleine Teeschälchen benötigt (aus dem Fundus der Elternhaushalte). Die Zeremonie kann während des Festes mehrmals stattfinden, dazwischen werden andere Aktivitäten vorgeführt, die die fernöstliche Denkweise und Kultur näher bringen sollen. Daher sollte auch für Vorführungen Platz bleiben, wie z. B. chinesische Gymnastik, Schattenboxen, Kurzvorträge zu Feng-Shui u. a., Klangdarbietungen, Rezitationen, Märchenerzählung, „Unterhaltung" zwischen Gartenskulpturen über Zeiten und Sitten, Aufführung der Theatergruppe, Schattenspiele oder Figurentheater mit Stabfiguren bzw. einfacher mit Silhouetten, die von Schülern an kleinen Stäbchen auf dem Overheadprojektor bewegt werden (z. B. „Die chinesische Nachtigall" von Hans Christian Andersen oder das hier nacherzählte chinesische Märchen „Der Topf").

Ein alter chinesischer Kaiser sucht einen Nachfolger, misstraut aber seinen korrupten Ratgebern. Er will die Entscheidung seinen geliebten Blumen überlassen und verteilt an die Kinder des Landes Samen. Bei der Entscheidung im folgenden Jahr bringen alle herrlich blühende Blumentöpfe, nur ein Junge nicht, dessen „grüne Daumen" eigentlich sprichwörtlich sind und der sich auch sehr gemüht hatte. Sein Vater bestärkt ihn, trotz der Hänseleien der anderen zum Fest zu gehen und sein Missgeschick einzugestehen. Der Kaiser erwählt gerade ihn als den einzigen Ehrlichen – alle Samen waren abgekocht gewesen.

(Quelle unbekannt)

Weitere Ideen:
– Ausstellung von Bildern und Texten (Pflanzen, die aus China in unsere Gärten kamen; kalligrafisch gestaltete chinesische Gartengedichte ...)
– Haikus verfassen und ausstellen bzw. vortragen (japanische Kurzgedichte aus drei Zeilen zu fünf, sieben und fünf Silben mit Pointe)[2]

1 vgl. Okakura, Kazuo/Sen, Soshitsu: Ritual der Stille. Freiburg 1997
2 vgl. Krusche, Dietrich (Hrsg.): Auf einen Atemzug. Klassische Haiku. München 1996

Natur- und Gartendarstellungen in der Bildenden Kunst und Literatur

Die Vorstellungen und die Beziehungen der Menschen früherer Zeiten zur Natur werden anhand von Abbildungen und literarischen Quellen herausgearbeitet. So kann in mittelalterlichen Quellen und Bildern ein Garten Sinnbild des Paradieses sein (Garten Eden), die gezeigten Pflanzen haben Symbolcharakter. Andere Gärten werden nach literarischen Vorbildern gestaltet (Minnegärten). Das Verhältnis zur Natur ändert sich später und in der darstellenden Kunst wie in der Literatur wird vom Lob der Schöpfung und schematischer Naturwiedergabe übergegangen zu einer realistischeren, gefühlsbetonteren Darstellung.

Mögliche Themen:

– Gartendarstellungen aus dem religiösen Bereich: Paradies und die entsprechende Symbolik (Schlange, Paradiesflüsse), die Vorstellungen aus dem Koran

– Epochentypische Gartendarstellungen wie Paradies- und Minnegärten (nach literarischen Vorbildern), Barockgarten, englischer Garten …

– Gärten großer Künstler (Goethe, Monet, Nolde, Moore) oder Sammlungen, wo sich die Gartengestaltung der Präsentation von Kunstwerken unterordnet (z. B. Skulpturenpark, Köln). Ein besonderes Beispiel eines Künstlergartens ist der „Tarot-Garten" von Niki de Saint Phalle in Garavicchio/Toskana. Riesige fantastische, z. T. begehbare Figuren nach Tarotkarten gestalten den Garten.

– Moderne künstlerische Aktivitäten wie Land-Art oder die „temporären Gärten", z. B. in Dessau (Inselgärten auf Braunkohlehalden) und in Berlin („Gummihandschuh-Beet", Berliner Bärenparade), wo junge Gartenarchitekten und Künstler öffentliches Grün gestalten, oder wie die „Gartenzwergformation" von Otmar Hörl vor dem Bayerischen Nationaltheater in München.

Umsetzung: Ausstellung von Kunstdrucken, Fotos, Zeichnungen, ergänzt durch literarische Texte oder eigene Gestaltung einer kleinen Fläche

„Grün kaputt"

Dieser Themenkomplex ist weniger festlich, aber sehr wichtig. Die Ergebnisse der Vorarbeiten können durch eine Ausstellung oder Referat und Diskussion eingebracht werden.

Mögliche Themen:

– Veränderungen der (Stadt-)Landschaft durch Eingriffe des Menschen

- Blumenpracht aus dem Supermarkt: Wie werden Nelken gezüchtet?[1] (Berichte über die industrielle Blumenzüchtung und Vermarktung)
- Weltweit bedrohte Tier- und Pflanzenarten (Beispiele aus dem Schulumfeld, Ursachen)
- Satiren zum Thema[2]

Interessante Gärten und Nationalparks in der Region

Die Schüler informieren sich über die Konzepte (Landschaftspflege, Biotope erhalten ...) und die Geschichte der ausgewählten Gärten und Nationalparks und unternehmen Exkursionen dorthin.

Umsetzung: Beim Fest kann mit Berichten, Bildern, Karten und Videos über diese Beispiele informiert werden.

Berufe rund ums Grün

Die intensive Beschäftigung mit dem Thema wird evtl. bei Schülern Interesse an einem einschlägigen Beruf wecken und die Vorstellung von der jeweiligen Tätigkeit konkretisieren (Florist, Gärtner, Gartenbauingenieur, Garten- oder Landschaftsarchitekt, Regionalplaner, Umwelttechniker, Förster, Umweltpädagoge ...).

Umsetzung: Infostand (mit Informationstafeln, Fotos ...), wo sich Eltern und Schüler über Werdegang und Berufsaussichten informieren können. Einbeziehung von Eltern, die in Gartenberufen tätig sind. Als Experten können sie während der Erarbeitungsphase oder auch am Stand auf Fragen von interessierten Schülern und Eltern eingehen.[3]

3. Formen der Präsentation

Die Ergebnisse der Erarbeitungsphase können beim Fest in unterschiedlichster Form präsentiert werden:
- Begehbare Räume (Klassenzimmer, Zelte) zu den thematischen Schwerpunkten)

1 s. Hausen, Karin: „...durch die Blume gesprochen". Naturaneignung und Symbolvermarktung. In: Ruppert, Wolfgang: Fahrrad, Auto, Fernsehschrank. Zur Kulturgeschichte der Alltagsdinge. Frankfurt/M.1993, S. 52–78
2 z. B. „Verschönt den Wald", in: Braun, Volker: Verheerende Folgen mangelnden Anscheins innerbetrieblicher Demokratie. Leipzig 1989, S. 14 f.
3 Informationen und Unterlagen zu den verschiedenen Gartenberufen gibt es bei den Arbeitsämtern (Blätter zur Berufskunde u. a.), in Fachhochschulen und Hochschulen.

- Info- und Fotoausstellungen von Schülerarbeiten über Umweltthemen bzw. zu anderen thematischen Schwerpunkten (z. B. Kartierungsergebnisse des Grünbestands in Schul- und Wohnungsnähe)
- Ausstellung von Büchern und Bildern (z. B. alte Stiche – alte Pflanzen)
- Ausstellung von echten Blumenarrangements und/oder von Abbildungen (Ikebana gibt es auch in Formen, die Kinder gerne nachgestalten)
- Gartendekoration wie Wunderblumen, Lampions, festliche Beleuchtung (Löschmöglichkeit bedenken!), futuristische Gartenmöbel, Garten- und Baumhäuser
- Vortrag oder Beitrag zu öffentlicher Diskussion
- Reader, evtl. mit Schülerarbeiten (Gedichte, Aufsätze, Essays, Bilder ...)
- Videodarstellungen von einschlägigen Aktivitäten des Schuljahres
- Vorführung selbst gedrehter oder entliehener Videos über Gartenanlagen, Umweltproblematik ...
- Information über Festergebnisse (z. B. der Wettbewerbe, Preisrätsel, Umfragen)

Darüber hinaus können *Verkaufsaktionen* das Thema „Grün" aufgreifen:
- Pflanzenflohmarkt
- Tombola (Samen, Pflanzen oder Bücher zum Thema)
- Verkauf von selbst Entworfenem und selbst Entwickeltem: Getöpfertes, selbst gezogene Pflanzen (z. B. Brutblattpflanzen, Kresse), Blumenarrangements, Bilder, Fotos, Reader, Kalender, Videos
- Angebot von Speisen „nach Gärtnerinart"
- „Tea-Party", Vorführung einer Teezeremonie

Sportliche und künstlerische Darbietungen runden das Spektrum der Programmangebote ab:
- Turnerriege der Kräuterhexen, der Gartenzwerge, Tänze der Glühwürmchen oder Käferballett
- Rhythmikgruppe
- Aufführungen der Theatergruppe (z. B. Kabarett der „Gartenfiguren" mit selbst gestalteten Szenen in entsprechenden „Gartenräumen")
- Rezitationen: Literarisches über Gärten, Bäume, Blumen
- Musikalische Darbietungen von Chor und Schulorchester
- Akustische Installationen: Brummsteine, Klangkörper

- Tier- und Vogelstimmen vorführen und erraten
- „Gartenparty" (Genehmigungen der Anlieger, wenn sie im Freien stattfindet)

Nötiger Abschluss: Müll sammeln und sinnvoll sortieren.

4. Spielerische Festaktivitäten

Wettbewerbsspiele sollten nach Altersgruppen gestaffelt werden, da sonst die Kleineren – auch unter den Gästen – benachteiligt sind. Für die Wissenswettbewerbe können entsprechende Lexika (unter Aufsicht!) bereitgestellt werden. Bei mehreren parallel stattfindenden Wettbewerbsspielen braucht man *Infoinseln,* gut gekennzeichnete Stellen auf dem Festgelände, an denen – unter Aufsicht von Schülern – benötigte Dinge lagern (Lexika, Nachschlagewerke, Kleidung, z. B. für Kräuterhexen, Objekte für Baumbestimmungen, Löscheimer ...) und die auch Treffpunkt für Wettbewerbe sind.

Geschicklichkeitsspiele
Schnellverkleidung. Es wird ein Klamottenfundus bereitgestellt, mit dem sich die Mitspieler um die Wette in Kräuterhexen, Blumen, Gartenzwerge, Vogelscheuchen verkleiden.
Olympiade der Gartenwesen. Gartenzwerge mit mehr oder weniger beladenen Schubkarren rennen um die Wette, besenreitende Kräuterhexen hüpfen ins Ziel, „Pfauen" schlagen Räder ...

Begriffe erklären – richtig oder fantasievoll
Konkurrierende Teams aus etwa vier Schülern bekommen Begriffe genannt, zu denen sie eine Schnellerklärung liefern müssen. Wenn ein Teilnehmer einer Gruppe meint, die richtige Bedeutung zu wissen, meldet er sich für seine Gruppe. Das Team bekommt Punkte bei mehr oder weniger richtiger Ausdeutung (kann gestaffelt werden), bei falscher werden ihm Punkte abgezogen. Von Vorteil ist es, wenn die Schüler das Spiel schon einmal geübt haben (z. B. in einer Vertretungsstunde).
Mögliche Begriffe: Park, parken, „Garten", Laubenpieper, Gärtnerellipse, Gartenspötter, Gartenkolonie, Gartenstadt, Gartenkalender, Kindergarten, Kinderbeete (Spielplatz), Gartenschau, IGA, nach Gärtnerinart, das ist nicht in seinem Garten gewachsen, quer durch den Garten, auf keinen grünen Zweig kommen, jemanden über den grünen Klee loben, jeman-

dem nicht grün sein, grünes Gold (Cola-Pflanze), grüne Revolution (Anbau von Hochertragssorten mit misslichen Folgen), grüne Wände, grüne Heringe, grüne Klöße, die Grünen, grüne Hölle, Greencard, grüne Welle, grüne Witwe, kleine grüne Männchen, Grünzeug, Grünstich, Greenpeace, Grünkreuz, Grüngürtel, Grüner Hügel (Bayreuth), Grünrock oder Grünkittel, Grünkern, Gründonnerstag, Grünschnabel, Grünplan, Greenhorn, Gründung (2!), Grünspan, Grünten (!), im grünen Bereich, grüne Lunge, grüner Tee, Grünzug, Grünstreifen, Grünton, Blaue Blume, Wurzelwerk, Stammbaum, Blattgold, Blattgrün, Blattform (!), Baumkrone, Eisblume, Windrose, Weiße Rose, Sandrose, Rose von Jericho, Fleurs du Mal, Blume (Hase/Bier)

Raten und Wissen

– Blüten, Früchte, Blätter mit verbundenen Augen ertasten und erraten
– Blattarten, Blumen zeichnen und raten lassen (Prinzip „Montagsmaler")
– Pflanzenbilder erkennen (z. B. mit dem Overheadprojektor gezeigt, evtl. auch alte Stiche, exotische Pflanzen)
– Anzahl der heimischen Singvögel, Gehölze, Schmetterlinge schätzen lassen
– Pflanzen und Früchte aus den Herkunftsländern ausländischer Mitschüler erkennen und erklären
– Herkunft wichtiger Kulturpflanzen (Mais, Reis …) oder exotischer Früchte (Kiwi, Sternanis, Coca …) benennen lassen, evtl. in eine Weltkarte einzeichnen
– aktuelle ortsübliche Preise für einheimische Obst- oder Gemüsesorten und deren normale Erntezeit nennen
– heimische Baumarten erraten: Objekte zum Anfassen (aber verschleißgeschützt präsentiert) aus einem Durcheinander richtig ordnen (Ganzbild, Rinde, Blätter, Früchte, Namensschild)
– einheimischen Vogelarten Flugbild, Abbildung, Gesang und Name zuordnen
– „Dufte!" – Gerüche von Essenzen, die auf stilisierte Pappblumen aufgebracht wurden, den richtigen Pflanzen zuordnen (nennen oder zusätzlich das Pflanzenbild erkennen)
– Pflanzen mit Hilfe von Bestimmungsbüchern identifizieren
– verschiedene Grüntöne auf Farbtafeln benennen (Mint, Resedagrün, Tschitscheringrün, Maigrün, Lindgrün …)

Pflanzenfamilien

Das Spiel kann sich über das ganze Gelände erstrecken, aber auch in kleinem Rahmen stattfinden. Die Mitspieler bekommen ein großes Plakat auf den Rücken geheftet, auf dem ein Pflanzenname steht. Dann müssen sie

1. möglichst schnell durch Fragen herausfinden, welchen Namen die Pflanzen tragen und zu welcher Pflanzenfamilie sie gehören (Korbblütler ...),
2. viele weitere Mitspieler aus ihrer „Familie" finden,
3. ein Bild der jeweiligen Pflanze herbeibringen (alle Abbildungen sind zentral gelagert, aber durcheinander gewürfelt)
4. und sich schnell mit möglichst vielen anderen „Familienmitgliedern" an einem Treffpunkt einfinden.

Gewonnen hat die Familie mit den meisten richtig gesammelten Bildern und Familienmitgliedern, wobei vorher auf eine gewisse Gleichheit der Möglichkeiten geachtet werden muss. Je größer die Zahl der Mitspieler, desto lauter und vergnüglicher ist das Spiel.

Literatur

Gartengeschichte

Bazin, Germain: Du Mont's Geschichte der Gartenbaukunst. Köln 1999

Enge, Torsten Olaf/Schröer, Carl Friedrich: Gartenkunst in Europa 1450–1800. Vom Villengarten der italienischen Renaissance bis zum englischen Landschaftsgarten. Köln 1990

Gothein, Marie-Luise: Geschichte der Gartenkunst. 2 Bde., Jena 1926, 4. Aufl. München 1997

Schacht, Gisela: Gärten als Lebenswelt des Menschen. In: Harald Parigger (Hrsg.): Die Fundgrube für den Geschichts-Unterricht. 2. Aufl. Berlin 1999, S. 302–311 (mit ausführlicher Bibliografie)

Uerscheln, Gabriele/Kalusok, Michaela: Kleines Wörterbuch der europäischen Gartenkunst. Stuttgart 2001

Gärten anderer Kulturen

Gothein, Marie-Luise: Geschichte der Gartenkunst. s. Gartengeschichte (in Band 2 großes Kapitel über chinesische und japanische Gärten – S. 317–362)

Von Hantelmann, Christa (Hrsg.): Gärten des Orients. Köln 1999

Keswick, Maggie: Chinesische Gärten: Geschichte, Kunst und Architektur. Stuttgart 1989

Magische Gärten
Hetman, Frederik: Baum und Zauber. München 1988
Mercatante, Anthony S.: Der magische Garten. Pflanzen in Mythologie und Brauchtum, Sage, Märchen und geheimer Bedeutung. Zürich 1980

Garten und Landschaft heute
Cerver, Francisco Asensio: Zeitgenössische Architektur. Köln 2000; darin S. 164–213: Stadtparks, Parkanlagen am Stadtrand
Clark, Roland: Gärten. Der Reiseführer zu privaten und öffentlichen Parks und Gärten in Deutschland. München 2001
Kalff, Michael: Handbuch zur Natur- und Umweltpädagogik. 3. Aufl. Tuningen 1994
Maier-Solgk, Frank/Greuter, Andreas: Landschaftsgärten in Deutschland. Stuttgart 1997
Mitscherlich, Alexander: Die Unwirtlichkeit unserer Städte. Frankfurt/M.1969
Radkau, Joachim: Natur und Macht. Eine Weltgeschichte der Umwelt. München 2000
Handbuch zur Natur- und Umweltpädagogik. Stuttgart 1994
Wieland, Dieter/Bode, Peter M./Disko, Rüdiger (Hrsg.): Grün kaputt. Landschaft und Gärten der Deutschen. 5. Aufl. München 1984

Gärten in der Bildenden Kunst und Literatur
Bender, Hans (Hrsg.): Das Gartenbuch. Gedichte und Prosa. Frankfurt/M. 1996
De Saint Phalle, Niki: Der Tarot-Garten. Bern 1999
Laws, Bill: Künstler und ihre Gärten. München 1999
Lucie-Smith, Edward: Blumen-Gärten und Pflanzen in Kunst und Literatur. Köln 2001
Volkmann, Helga: Unterwegs nach Eden. Von Gärtnern und Gärten in der Literatur. Göttingen 2000

Erzählende Darstellungen
Bin Gorion, Rahel u. Emanuel: Vom Garten Eden. 77 Geschichten von Pflanzen und Tieren. Frankfurt/M. 1989
Druon, Maurice: Tistou mit den grünen Daumen. 5. Aufl. München 1979
Giono, Jean: Der Mann, der Bäume pflanzte. Zürich 1998 (auch als Video-Trickfilm)

Kaschnitz, Marie Luise: Der alte Garten. Ein modernes Märchen. Düsseldorf 1975
Pausewang, Gudrun: Es ist doch alles grün. Umweltgeschichten nicht nur für Kinder. Ravensburg 1991
Sakse, Anna: Blumenmärchen. Berlin 1981
Wilde, Oscar: Der eigensüchtige Riese. In: ders.: Der glückliche Prinz und andere Märchen. Frankfurt/M. 1990

Sonstiges
Heilmeyer, Marina: Die Sprache der Blumen. München 2000
Steinbach, Gunter/Kolb, Arno: Mein Garten. Reinbek 1995
Verborgen, Luzian: Die Blumensprache. Ein kleines Lexikon. Frankfurt/M. 1990

Internetadresse
Projekt „Offene Gärten im Internet" (Informationen über zugängliche Privatgärten in der jeweiligen Region):   http://www.gaissmayer.de

7 Feste als Elemente des Fachunterrichts

von Gisela Schacht, Uwe Hoppstädter und August Wilhelm Heidemann,
Wolfgang Schoedel, Ralf Beiderwieden und Jürgen Marx

A „Erlesenes" – Ein Lesefest

von Gisela Schacht

1. Vorbemerkungen

Zwar werden Jahr für Jahr mehr Bücher gekauft, erscheinen Jahr für Jahr mehr neue Titel auf dem Buchmarkt, doch zugleich findet bei den Lesern eine Polarisierung statt: Die Zahl der Vielleser erhöht sich wie die der Nichtleser.[1] Da gerade wir Lehrer wissen, was mangelnde Lesekompetenz für Folgeschäden zeitigt, wäre eine schulische „Leseoffensive" angesagt, wie sie ja auch schon von ganz anderen Institutionen wie der Deutschen Bahn oder von Kommunen versucht wird – mit Literaturhäusern in verschiedenen Großstädten, Plakaten an Litfaßsäulen und in öffentlichen Verkehrsmitteln, Autorenlesungen unter eigens dafür eingerichteten Telefonen und im Internet.[2]

Lesefeste sollten daher einen festen Platz im Schulleben bekommen, denn Leseförderung findet statt durch die Wertschätzung, die dem Lesen, dem Buch und dem literarischen Leben entgegengebracht wird. Ein solches Lesefest sollte zwar aus dem Schulalltag herausgehoben sein, muss aber nicht alljährlich in großem Rahmen stattfinden. Es reicht schon, wenn es jeder Schüler zweimal in seiner Schulzeit erlebt – mit unterschiedlichen inhaltlichen Schwerpunkten und in verschiedenen Stufen.

Neben fachlich wünschenswerten Inhalten kann das Augenmerk auch auf das Miteinander der Schüler gelenkt werden (z. B. das Verständnis für

---

1 vgl. Schul/Bank: Informationsdienst für Schule und Lehrer. Broschüre des Bundesverbands deutscher Banken, 40307 Berlin 5/2000
2 vgl. Abendzeitung München v. 12./13.8.2000, S. 5

ausländische Mitschüler). Im Rahmen der Festvorbereitung lassen sich auch Fremdsprachenunterricht, Klassenreisen und Schüleraustausch literarisch untermauern. Einbezogen werden sollten die neuen Medien. Damit motiviert man auch wenig lesende Computerfreaks, die ihre Kompetenzen im technischen Bereich einbringen können.

Bei der Wahl des *Termins* ist zu bedenken, dass die Vorbereitungen, die in den Unterricht fallen, auch zu leisten sind. Vielleicht kann der jährlich wiederkehrende Vorlesewettbewerb der sechsten Klassen als Ereignis für die ganze Schule ausgestaltet, ein anstehendes Jubiläum ausgeschmückt, ein aktueller Anlass (z. B. Literaturpreisvergabe) gefeiert werden. Ebenso muss über die Veranstaltungsdauer nachgedacht sein: Soll es eine Halb- oder Ganztagsveranstaltung an einem Schultag oder am Wochenende sein?

Welcher *Teilnehmerkreis* soll angesprochen werden (Klassen-, Jahrgangsstufen- oder Schulfest mit/ohne Eltern, Freunden; Fest mit einer Partnerschule, für die Öffentlichkeit ...)?

Interessanter als die Darbietung von „Vermischtem" aus dem ganzen Schuljahr dürfte ein *thematischer Schwerpunkt* sein, der den Beteiligten möglicherweise mehr abfordert, aber auch den Festcharakter erhöht. Die Wahl des Themas hängt neben der Orientierung an den Lehrplänen und den Interessen der Schüler davon ab, ob eine zentrale Veranstaltung für die ganze Schule (Dichterlesung, Festvortrag) geplant ist oder ausschließlich Aktivitäten einzelner Klassen stattfinden. Auch wenn man sich auf ein gemeinsames Rahmenthema einigt, muss außer für wenige Beiträge zum Fest während des Schuljahres gar nichts Außergewöhnliches erarbeitet werden. Es genügt, wenn man bei den normalen Unterrichtsinhalten die Einsetzbarkeit prüft und einige Arbeitsergebnisse „auf Lager nimmt" für Ausstellungen, Wandzeitungen, als Beiträge für ein „Klassen-Buch" oder für Diskussionen.

Aufgewertet wird ein solches Fest durch *bleibende Ergebnisse, z. B.* einen Erlös aus Festaktivitäten für einen guten Zweck – sei er schulintern (Ausstattung der Schulbibliothek, Anschaffung eines größeren Nachschlagewerks, Einrichtung von Computerarbeitsplätzen in der Bibliothek ...) oder schulextern (Rettung zerfallender Bücher durch Buchpatenschaften, Spende für Schulbücher in Entwicklungsländern ...).

Es können Preisträger ermittelt und geehrt werden (Sieger des Vorlesewettbewerbs, Lesekönige der Unterstufenklassen, Literaturpreisrätselsieger, Bibliothekshelfer, Verfasser prämierter Texte ...). Unerlässlich ist dabei, dass Schulleitung, Elternbeirat und möglichst viel Prominente die Aktivitäten der Schüler würdigen. Weitere „greifbare" Ergebnisse des Festes können sein: ein Literaturkalender, ein Reader über die Veranstaltung (z. B. mit Abdrucken aus gezeigten Ausstellungen oder prämierten Texten ...), die Darstellung des Festes in der örtlichen Presse und im Jahresbericht der Schule.[1]

Das Fest kann unter ein *Motto* gestellt werden (z. B. „Ein Buch ist wie ein Garten, den man in der Tasche trägt" – arabisches Sprichwort) und ein spezielles *Logo* erhalten für die Plakate, den Eintritts-Anstecker und die Einladungen. Ein schön gestaltetes *Programm* sollte die Angebote kommentieren und über den Festablauf informieren (Zeit, Orte ...). Sinnvoll ist auch die Einrichtung eines *Festbüros,* in dem Abläufe, Rückmeldungen, Auswertungen und Ergebnisse während des Festes koordiniert werden.

2. Mögliche Festthemen

Im Folgenden werden mögliche thematische Schwerpunkte für ein Lesefest vorgestellt, die natürlich verbunden werden können.

Thema 1: Schriftsteller und solche, die es werden könnten

Dichterlesung

Zu einer Lesung eingeladen werden: der „große Sohn der Stadt", die ehemalige Schülerin, der Literaturpreisträger der Stadt oder des Bundeslandes, der ermittelte Lieblingsautor, ein Jugendbuchautor, für die Jüngeren eine Märchenerzählerin ...[2] Die Veranstaltung sollte für die gesamte Schule von Bedeutung sein, evtl. mit Teilnahmemöglichkeit für Eltern, Freundeskreis der Schule oder die Öffentlichkeit, da dies die Wertschätzung erhöht. Der Raum kann von Schülern entsprechend ausgestaltet sein. Auch eine Fragestunde nach der Lesung sollte von Schülern vorbereitet werden (z. B. Fragen nach Biografie, zu den Werken, Berufung als Schriftsteller, Selbstverständnis, evtl. „Zweitberufen").

---

1 Die Schüler des Gymnasiums Weilheim vergeben einen Literaturpreis, die Deutschlehrer erstellen einen Reader „Weilheimer Hefte zur Literatur", der in einer Auflage von etwa 2.000 Exemplaren erscheint.
2 Kontakte vermittelt die „Stiftung Lesen" (Fischtorplatz 23, 55116 Mainz, Tel. 06131/288900, Fax 06131/230333).

Politisch verfolgte Schriftsteller

Namen und Biografien verfolgter Dichter in Vergangenheit und Gegenwart werden in der Vorbereitungsphase zusammengestellt. Darüber hinaus kann eine Beschäftigung mit den Heimatländern und mit dem Leben in der Emigration stattfinden. Vielleicht wird auch ein verfolgter Schriftsteller zu einer Lesung eingeladen. Für das Fest bieten sich z. B. folgende Aktivitäten an:

– Ausstellung oder Wandzeitung mit Biografien, evtl. mit historischer Einordnung
– Szenische Darstellungen zum Thema (z. B. aus Brechts „Furcht und Elend des 3. Reiches" die Szene „Die Jüdin")
– Aufführung eines Szenarios „Verstummen": Auf abgedunkelter Bühne oder Podium stehen mehrere Schreibtische mit Schreibtischlampen und einem Namensschild für je einen Schriftsteller. Personen, die nicht genau zu erkennen sind, sitzen an den Tischen. Nacheinander verliest jeder einen für ihn typischen Text (nur der Text ist beleuchtet), bleibt noch eine Weile stumm sitzen, danach wird die Schreibtischlampe ausgeschaltet und die Person geht kommentarlos ab.

Schüler und Festteilnehmer als Textverfasser

– Vor dem Fest kann ein Wettbewerb (zu einem aktuellen Thema oder für eine bestimmte Textart) ausgeschrieben werden. Prämierte Arbeiten werden dann auf dem Fest vorgestellt, evtl. in einer Broschüre „FEST-GESCHRIEBEN".
– Eine Klasse gestaltet gemeinsam ein Buch, das evtl. kopiert und zum Fest vertrieben wird. Mögliche Inhalte: Weihnachtslieder, -bräuche, -rezepte, Illustrationen, Lieblingsgedichte jedes Schülers (handgeschrieben), Kalender …
– Eine Klasse schreibt ein Buch zu einem aktuellen Thema, evtl. zusammen mit einem Profi (Sponsoren benötigt!). In Schwabach gelang das einer 4. Grundschulklasse: Sie hat ihre Ideen zum Thema „Gruppendruck und Gewalt" mit der Jugendbuchautorin Ursula Muhr in einen 140-seitigen Roman umgesetzt, dessen Situationen und Texte von den Kindern geschrieben (vorher in Gruppenarbeit, Unterrichtsgespräch, vielen Rollenspielen und Hausaufgaben erarbeitet) und von der Schriftstellerin in eine verbindende Handlung eingefügt wurden.[1]

1 Nürnberger Zeitung v. 18.9.2000, S. 19

Nicht nur für die Aufsatzerziehung eine wichtige Erfahrung! Solch ein Ergebnis kann auf dem Fest vorgestellt, evt. verkauft werden.

Dichterporträts

Porträts von Schriftstellern (Scherenschnitte, kopierte Bilder) werden während des Jahres gesammelt und beim Fest durch einen Wiedererkennungs-Wettbewerb honoriert.

Variante: Die Bilder müssen auf Tempo in eine Zeitleiste eingeordnet werden.

Thema 2: Rund ums Buch

Bibliotheken

- Als Bibliothekseinführung kann in der 5. Klasse José Antonio Milláns „Kleine Geschichte, die ein großes Buch werden wollte"[1] ratenweise vorgelesen werden, die Schüler fertigen dazu Illustrationen an (die originalen nicht zeigen!) und besuchen anschließend eine größere Bibliothek. Der Wiedererkennungseffekt ist enorm, die Systematik bereits erfasst. Die Bilder zur „Kleinen Geschichte" werden ausgestellt.
- Beim Fest können Spiele eingesetzt werden, für die es sich lohnt, wenn man sich in der Bibliothek gut auskennt, (z. B. eine altersstufenspezifische Rallye, bei der bestimmte Werke aufgesucht und ihre Signatur aufgeschrieben werden muss, Begriffe nachzuschlagen sind …).
- Es kann eine Reflexion/Diskussion über öffentliche Bibliotheken stattfinden (Ästhetik, Bestände, Kostenfreiheit …).
- Das Engagement von Schülern, die die Schulbibliothek aktiv mittragen (z. B. als Schülerbibliothekslotsen bei der Pausenausleihe) kann beim Fest als wichtiger Beitrag zum schulischen Gemeinschaftsleben herausgestellt und gewürdigt werden (Buchprämien).

Das schöne Buch

Das Gefühl für die Kostbarkeit eines guten Buches lässt sich auch über die Beschäftigung mit der Gestaltung vermitteln. Bei Buchvorstellungen im Deutschunterricht wird über das Preis-Leistungs-Verhältnis zwischen einfachem Taschenbuch und aufwändig gestaltetem Hardcover-Buch gesprochen. Auch der Sinn für die Typographie kann geschult werden (mit

---

1 Millán, José Antonio: Die kleine Geschichte, die ein großes Buch werden wollte. München 1999

oder ohne Computereinsatz). Eine Klasse, die eine Beteiligung an der Buchwerkstatt beim Fest anstrebt, sollte im Laufe des Schuljahres Kenntnisse, Texte und Materialien zum Thema sammeln. Als Festaktivitäten bieten sich an:

- Buchbinderwerkstatt: Unter Beteiligung eines Experten (Kunsterzieher, einschlägig tätige Eltern, Hobby-Buchbinder ...) können die Schüler ihre Bücher binden (Fadenheftung, Spiralheftung, Klebebindung ...). Hier kann auch ein Reader erstellt und verkauft werden (mit auf dem Fest entstehenden Texten oder vorher zusammengetragenen Materialien).
- Vorführung eines Videos über Papierherstellung einst und jetzt
- Ausstellung von Illustrationen zu Klassenlektüren
- Ausstellung besonders schöner oder alter Einbände, z. B. aus den Beständen der Schulbibliothek (abschließbare Vitrine!)

Thema 3: Kritik

Nach Grundsatzinformationen zum Thema Literaturkritik im Unterricht dürfen die Schüler selbst öffentlich tätig werden:
- Preis: Eine Schülerjury vergibt einen eigenen Preis – entweder für besonders gute Texte aus dem Deutschunterricht (Aufsätze ...) oder an einen Schriftsteller
- Erstellen einer Bestsellerliste der Schule und/oder der Festteilnehmer
- Leseempfehlungen (klassen- oder jahrgangsweise nach Vorarbeiten während des Jahres wie Buchvorstellungen, Fragebögen)
- „Literarisches Quartett": Schüler verschiedener Klassen informieren und diskutieren öffentlich über ihre Klassenlektüren, evtl. Vorführung von Ausschnitten aus der gleichnamigen TV-Sendung
- Vorstellen der Lieblingslektüre als Spielszene, Hörbild, vorgelesener Textausschnitt, Infozettel, Wandzeitung, Aufdruck auf T-Shirts ...

Thema 4: Leser

Zu diesem Themenspektrum gehören Stichworte wie Lesebeschränkungen, Alphabetisierung, Zensur. Festaktivitäten können sein:
- Ausstellung: Leser in der Bildenden Kunst oder Leser-Karikaturen (z. B. als Wandzeitung)
- Ausstellung und Vorstellung origineller Entwürfe, z. B. von Leseratten, Bücherwürmern, Leseräumen, Lesemaschinen, Lesezeichen, Lesemöbeln (die erleuchtbare Bettdecke für verbotenes Nachtlesen)

- Ausstellungen: „Buch-Kunst", Statistiken oder Weltkarte des Analpha-
  betentums, verbotene Literaten und ihre Werke (Gründe, Inhalte,
  Methoden, Beispiele) …
- Diskussion/Fragebogen zum Thema Zensur und Lesebeschränkungen
- Befragung der Festteilnehmer über ihre Lesegewohnheiten mit zuvor
  entwickeltem Fragebogen, Auswertung während des Festes oder danach

Thema 5: Werke

Gegenstand werden hier literarische Werke sein, die aus dem Lehrplan
der Klassenstufen hervorgehen: Jugendbücher, Werke der deutschen Lite-
raturgeschichte und der Weltliteratur. Darüber hinaus wären thematische Schwerpunkte wünschenswert. Inhaltlich lassen sich dann auch
aktuelle oder pädagogisch wichtige Themenkreise besser einbringen.
Mögliche Themen:

- Heimatort, Heimatland (z. B. Berlin in der Literatur)
- Deutschland – einig Vaterland? Texte, Jugendbücher, Lesungen, Erfahrungen betroffener Schüler, historische Darstellungen, Fotos, Karikaturen, Projekt: Schüler nach der Wende …[1]
- Leben anderswo: Ausländische Mitschüler berichten vom Leben in
  ihren Herkunftsländern und stellen berühmte Sagen oder Dichter ihrer
  Heimat vor (z. B. Tschingis Aitmatow, Carlo Collodi, Rafik Schami).
- Aktuelle und regionale Probleme ausländischer Mitschüler/Mitbürger,
  z. B. Identitätsprobleme junger Türken, wie in diesem Plakatgedicht
  aus der Region Nürnberg-Erlangen thematisiert:

das kind und die heimat

die türkei, papa,
sagst du, ist unsere heimat.

Aber dort
sprechen sie doch nicht deutsch
wie bei uns
hier.

Habib Bektas

---

1 vgl. Maronde-Heyl, Margit: Schüler nach der Wende: Textarbeit via E-Mail.
In: Donath/Volkmer, a.a.O. S. 229–241

- Jüdische Schriftsteller in der deutschen Literatur[1], Juden in Deutschland.
- Das Leben Jugendlicher in früherer Zeit. Historische Jugendbücher vermitteln Lebenssituationen Gleichaltriger sowie Interesse und Kenntnisse für das Fach Geschichte.[2]
- Wandersagen und Märchenmotive vergleichen (Kruzimugeli aus Österreich und das deutsche Rumpelstilzchen,[3] Nasreddin Hodscha und Till Eulenspiegel ...). Spielszenen, Lesungen, Diskussion ...
- Dichtung in anderen Künsten. Vertonungen, Entsprechungen in den Bildenden Künsten ... Darbietungen, Ausstellung von Gemälden nach bekannten Dichtungen, Schriftstellerporträts ...
- Das Jahr XYZ in der Literatur und in der Region. Fächerübergreifende Projekte des Deutsch- und Geschichtsunterrichts.
- Vergleich von Themen wie Schule, Jugend, Utopie, Arbeit, Kunst in zeitgenössischer deutscher und ausländischer Literatur. Fächerübergreifende Projekte des Deutsch- und Fremdsprachenunterrichts.[4]

3. Mögliche Programmangebote

In der Regel wird ein Lesefest eine Mischung aus vorbereiteten Darbietungen der Schüler und interaktiven Veranstaltungen sein. Hier eine Auswahl möglicher Programmpunkte:

Gemeinschaftsveranstaltungen

- Dichterlesung
- Aufführung der Schultheatergruppe
- Besuch eines (Kinder-)Theaters
- Ehrung von Schülern, die herausragende Leistungen auf literarischem Gebiet zeigten (Redakteure der Schülerzeitung, Sieger z. B. des Lesewettbewerbs der 6. Klassen oder eines literarischen Wettbewerbs (Fabeln, Lügengeschichten, Erörterungen, Lyrik ...), Verfasser interessanter Aufsätze ...

1 Anregungen hierzu in: Schacht, a.a.O. S. 268–330
2 Anregungen hierzu in: Akademie für Lehrerfortbildung Dillingen (Hrsg.): Lesebuch Geschichte, a.a.O.
3 s. Früh, a.a.O., besonders das Nachwort: Die kulturellen Gemeinsamkeiten des politisch getrennten Europa fallen auf!
4 Anregungen hierzu in: Donath/Volkmer, a.a.O.

- Ehrung der Schüler (und Lehrer!), die sich für das Fest, die Bibliothek, die Theatergruppe usw. engagiert haben
- Siegerehrung für die Gewinner der Wettbewerbe, die während des Festes stattfinden

Ausstellungen, Vorführungen, Werkstätten

- Ausstellungen zu thematischen Schwerpunkten, Karikaturen (nach Vorlagen oder eigene) zum Thema Lesen und Bücher
- Literaturverfilmungen (z. B. verschiedene des gleichen Werks im Vergleich, evtl. Ausschnitte)
- Rezitationen durch Schüler (der Rhetorikkurse, des Kurses Dramatisches Gestalten oder der Theatergruppen ...)
- „Transatlantisches Klassenzimmer" im Computerraum mit Zuschauern. Eine Klasse sucht sich via Internet eine Klasse, z. B. in ihrer ausländischen Partnerschule oder einer deutschen Schule im Ausland. Beide Klassen lesen die gleiche Schullektüre oder Themengleiches. Ein Austausch darüber per E-Mail findet live während des Festes statt. So kommen außer den Deutsch-Assen auch die Computerfans zu Ansehen.[1]
- Ernsthaftes oder Amüsantes: z. B. Rezitation ausgesuchter Ringelnatz-Turngedichte mit parodistischer Vorführung durch eine Turnerriege
- Werkstätten (Schreibwerkstatt, Buchherstellung, Malwettbewerbe)
- Darstellungen von Ergebnissen der Klassenlektüren

Stände

- Verkauf von Literatur-Accessoires (evtl. selbst gefertigt): Lesezeichen, Ex libris, Bücherwürmer, Marmorpapier ...
- Buch-Flohmarkt oder Büchertausch (Die vorherige Einlieferung und Kontrolle ist unumgänglich, damit im Schulrahmen Ungewünschtes keinen Ärger bringt.)
- Kulinarisches (Russisches Brot, Buchstabensuppe ...), Speisen nach literarischen Vorlagen[2]

---

1 vgl. Donath/Volkmer, a.a.O.
2 Wördehoff, Bernhard: Sage mir, Muse, vom Schmause ... Vom Essen und Trinken in der Weltliteratur. Darmstadt 2000
Reihe „Essen und Trinken mit ..., z. B. Theodor Fontane: „Ich bin nicht für halbe Portionen.", hrsg. v. Luise Berg-Ehlers u. Gotthard Erler, Berlin 1998
Baur, Gesine/Klink, Vincent: Essen und Trinken mit Poesie. München 2000

4. Ideen für Spiele und Wettbewerbe

Bei Ratespielen sollte der Schwierigkeitsgrad auf die entsprechende Altersgruppe abgestimmt werden, evtl. können erwachsene „Tutoren" mithelfen, damit die Themenpalette und die Erfolgsquoten größer werden.

Wer ist es?

– Schüler verkleiden sich als literarische Figuren und spazieren über das Festgelände (Harry Potter, Werther …). Zuschauer oder Suchteams, die die umherwandelnden Figuren innerhalb einer vereinbarten Zeit erkennen und zum vereinbarten Treffpunkt bringen, erhalten Preise. Die Suche kann neben anderen Aktivitäten stattfinden.
– Während des Schuljahres gesammelte Porträts von Schriftstellern (Bilder, Scherenschnitte …) erkennen oder – erschwert – auf einer Zeitleiste einordnen.
– „Steckbriefe" von Literaten hängen auf dem Gelände aus oder werden verlesen.[1] Hier ein „Steckbrief"-Beispiel:

Wer war es?

Eine Berlinerin, vor etwa 120 Jahren geboren, hat viele Kindergeschichten und Märchen geschrieben. Ihre berühmteste Buchreihe handelt vom Leben des jüngsten Kindes einer Arztfamilie. In neun Bänden wird das ganze Leben von Annemarie erzählt und alle großen und kleinen Leser gewinnen sie lieb, weil sie vergnügt und patent ist, aber auch ihre Pleiten zugibt.

Noch heute werden die Bücher gedruckt, die in einer Gesamtauflage von mehreren Millionen verkauft wurden und fast so bekannt sind wie „Heidi" – einige Bände wurden sogar verfilmt. Besonders merkwürdig ist es daher, dass man 1934 plötzlich der 57-jährigen Schriftstellerin verbot, weitere Bücher zu schreiben. Noch merkwürdiger ist es, dass weder ihr Todestag noch der Ort bekannt ist. Man nimmt an, dass sie 1943 irgendwo in Polen gestorben ist, wohin man sie zu reisen gezwungen hatte.

(Lösung: Else Ury, Autorin der Nesthäkchen-Bücher)

---

1 vgl. Feder, Jan: Kennst du diese Dichter? Quizbuch & Quartettspiel. München 1981

Schriftsteller und literarische Figuren müssen sich finden
Den Mitspielern wird der Name eines Schriftstellers/einer Schriftstellerin oder einer literarischen Figur auf den Rücken geheftet. Dann müssen sie ihre Identität enträtseln, indem sie Teilnehmer und Festgäste befragen und möglichst viele Personen ihrer Gruppe finden. Die Zuschauer dürfen nur indirekt und ohne die Namen zu verraten antworten. Besonderen Spaß gibt es, wenn die Suche während des gesamten Festes unter vielen Teilnehmern läuft, ungeachtet der anderen Veranstaltungen, die aber nicht gestört werden dürfen. Zentrale Meldestelle einrichten!
Mögliche Themen:
– die Weimarer Klassiker, die Mann-Familie, die Gruppe 47 ...
– Märchen- und Sagenfiguren oder Figuren aus Jugendbüchern (Harry Potter, Dschungelbuch, Unendliche Geschichte ...)

Mehrere Teams bevölkern den literarischen Zoo
Teams suchen möglichst viele Beispiele für Tiere in der Literatur:
– typische Fabeltiere: Fuchs, Löwe ...
– literarische Tierfiguren: sieben Schwäne, Butt (Märchen und Grass), Rättin, chinesische Nachtigall, Kater Murr, Weißer Hai, Moby Dick, Zwei Ameisen (Ringelnatz), Weißer Elefant (Rilke), Reineke Fuchs ...
– Übertragenes: Trojanisches Pferd, Werwolf, Seewolf, Steppenwolf, Leseratte, Bücherwurm
Variante: Die von den zwei Teams abwechselnd genannten Tiernamen (auch aus Liedern) werden für jedes Team in vorgezeichnete Felder (auf einer Tafel) eingetragen. Dabei muss man aufpassen, dass keine gefährliche Nachbarschaft entsteht. Also: Den Kater nicht neben die Nachtigall. Sieger ist die Gruppe, deren Zoo zuerst voll besetzt ist.

Literarische Botanik
Teams suchen möglichst viele Beispiele für botanische Bezeichnungen in der Literatur: Blaue Blume, Röslein rot, Viola tricolor, Dornröschen, Fleurs du Mal, Blütenstaubzimmer ...

Literarisches Alphabet
– Die Spieler müssen schnell viele Schriftstellernamen, Werknamen oder Hauptpersonen zu einem genannten Buchstaben finden.
– Von mehreren Teams sollen auf Tempo Literatur-Fachwörter oder Begriffe aus dem literarischen Leben genannt werden.

Landkartenspiele

– Eine unbeschriftete Weltkarte wird vorgegeben. Einzutragen sind Handlungsorte in der Weltliteratur (E. A. Poe: Maelstrom; J. Verne: zwei Vulkane aus „In 40 Tagen um die Welt" …)
– Einordnung von Schriftstellern nach ihrer Herkunft und ihren Aufenthaltsorten
– Fantasievolle Ausgestaltung einer Karte mit: Zauberberg, Meer der Geschichten, Auflagenhöhe, Schatzinsel, Kitschsumpf, Spiegelland, Gedankenfluss, Redestrom …

Wenn die Landkarten in der Vorbereitungsphase des Festes erstellt werden, können sie als Festdekoration dienen.

Literaturrätsel

Es gibt vorgefertigte Literaturrätsel, schöner ist es aber, die Klassenlektüren in ein selbst gemachtes (evtl. durch Schüler) einzubringen und den Verfassern das Erfolgserlebnis zu gönnen.

Literatur

Akademie für Lehrerfortbildung Dillingen (Hrsg.): Lesebuch Geschichte. Akademiebericht 287. Berlin 1996; dazu: Lehrerhandbuch – didaktisch-methodische Analysen, Unterrichtsmodelle und kommentierte Bücherliste

Donath, Reinhard/Volkmer, Ingrid: Das transatlantische Klassenzimmer: Tipps und Ideen für Online-Projekte in der Schule. Hamburg 2000

Früh, Sigrid (Hrsg.): Märchenreise durch Europa. Frankfurt/M. 1994

Günther, Horst: Das Bücher-Lesebuch. Vom Lesen, Leihen, Sammeln: Von Büchern, die man schon hat, und solchen, die man endlich haben will. Berlin 1992

Hesse, Hermann: Eine Bibliothek der Weltliteratur. Stuttgart 1981

Schacht, Gisela: Jüdisches Leben im Spiegel literarischer Texte. In: Akademie für Lehrerfortbildung Dillingen (Hrsg.): Akademiebericht 316: Jüdisches Leben 2. Dillingen 1998, S. 268–331

B Der Sportspieltag – Ein bewegendes Fest

von Uwe Hoppstädter und August Wilhelm Heidemann

1. Der Spielsporttag als alljährliches Ereignis

Wenn heute über Schule gesprochen wird, ist oftmals von *Bewegter Schule* oder *Bewegungsfreudiger Schule* die Rede. Hinter beiden Begriffen verbirgt sich dieselbe Forderung: Der Stellenwert von Bewegung, Sport und Spiel soll erhöht werden, da die Lebenswelt der Kinder und Jugendlichen zunehmend von gravierenden Bewegungseinschränkungen gekennzeichnet ist. Sie können ihre Bewegungsbedürfnisse selten spontan befriedigen und wichtige Bewegungserfahrungen bleiben ihnen zunehmend verschlossen.

Vor diesem Hintergrund kommt dem Schulsport eine herausragende Bedeutung zu. Unter Schulsport fällt dabei nicht allein der Sportunterricht, sondern auch alle außerunterrichtlichen Sport-, Spiel- und Bewegungsangebote einer Schule. Der Schulsport sollte in allen Schulformen und Schulstufen ein wichtiges Element des Schulprogramms und damit des Schullebens sein. An allen Schulen, besonders aber an Ganztagsschulen ist es unerlässlich, dass Schülerinnen und Schüler den Schultag in einem sinnvollen Wechselverhältnis von Arbeit und Freizeit, Belastung und Entlastung, Spannung und Entspannung erfahren.

Bestandteil des Schulsports sind auch Sport- und Spielfeste, die den Schülerinnen und Schülern die Gelegenheit geben, Gelerntes zu präsentieren, mit anderen zu wetteifern, gemeinsame Spiele zu bestreiten und fröhlich zu feiern. An der *Laborschule Bielefeld* haben Sport- und Spieletage eine lange Tradition. Wenigstens einmal im Schuljahr veranstaltet der Erfahrungsbereich *Körpererziehung, Sport und Spiel* den so genannten Sportspieltag. Planung, Motto und Durchführung dieser Schulspieltage variieren von Jahr zu Jahr. Sie unterscheiden sich von herkömmlichen Sportfesten dadurch, dass in erster Linie kommunikative, spaßbetonte, spannende und kreative Spiel- und Bewegungsformen zum Programm gehören. Geplant werden diese Sporttage von den Sportlehrerinnen und Sportlehrern der Schule.

Dieser Beitrag stellt die pädagogischen und didaktischen Grundprinzipien vor, die diesem Fest zu Grunde liegen. Anhand eines ausgewählten Beispiels werden die Vorbereitung und der Ablauf eines Sportspieltages skizziert.

2. Die zehn Leitgedanken

Die Sportspieltage sollen vor allem folgende Kriterien erfüllen:

1. Der Sportspieltag soll als besonderes Ereignis im Schuljahr erlebt werden.
2. Die pädagogischen Prinzipien Kooperation, Selbstständigkeitsförderung, Kreativität und Vielfalt sollen auch für die Wettkampfformen gelten.
3. Es gibt keine Einzelsieger oder Einzelsiegerinnen, sondern einen Wettkampf zwischen Gruppen oder Jahrgangsstufen.
4. Spaß, Freude und das Miteinander sollen zentrale Motive für alle Beteiligten sein.
5. Trotz der Altersunterschiede sollten möglichst gleiche Teilnahme- und Erfolgschancen bestehen.
6. Gruppenaufgaben haben Vorrang vor Einzelaufgaben.
7. Die Veranstaltung wird koedukativ durchgeführt.
8. Es gibt einen organisatorischen Festrahmen, zu dem das gemeinsame Auftaktspiel, das Abschlussspiel und das gemeinsame Ende mit Siegerehrung und Vergabe der Teilnahmeurkunden gehören.
9. Alle Lehrkräfte der Schule sind als Betreuer der Stammgruppen oder als Spielleiter in den Ablauf des Festes eingebunden.
10. Die Sportspieltage sollen ein Stück dessen, was im Unterricht passiert, widerspiegeln.

3. Die Vorbereitung

Von der Idee bis zur Realisierung eines Sportspieltages vergehen in der Regel einige Monate. Der Erfahrungsbereich *Körpererziehung, Sport und Spiel* diskutiert auf mehreren Sitzungen über Inhalte und Organisationsformen. Auf der Basis grundlegender pädagogischer Prinzipien (s. o.) werden neue Spielideen entwickelt oder bewährte Spielformen neu eingekleidet.

Schließlich wird eine Arbeitsgruppe von zwei bis drei Kolleginnen und Kollegen mit der Erstellung eines konkreten Konzeptes beauftragt. Im Mittelpunkt steht dabei die Erarbeitung einer umfangreichen Spielausschreibung, die sich an alle Lehrerinnen, Lehrer, Praktikantinnen und Praktikanten richtet und die ausführlich über den Ablauf der Veranstaltung informiert.

4. „Bewegte Schule" – Beispiel eines Sportspieltages

Der Aufbau

Es ist 7.30 Uhr an einem Dienstagmorgen im Oktober. In der Sporthalle werden Matten, Kästen, Bänke und Bälle transportiert. Badmintonnetze, Tischtennisplatten, Hochsprunganlagen, Reckstangen und Trampoline werden aufgebaut. Die Sprossenwände sind ausgeklappt und an der Kletterwand sind Sicherungsseile herabgelassen. Auf dem Bauspielplatz, einem Kreativspielplatz mit verschiedenen Sport- und Handwerksmöglichkeiten, werden im Halbdunkel Pedalos und Rollbretter aufgestellt. Neben dem Haupteingang der Schule befindet sich seit einigen Minuten eine Kegelbahn. In der Disko werden die Licht- und die Musikanlage getestet. Auch auf dem Sportplatz, auf dem Rollschuhplatz, in der Gymnastikhalle, an der Streetballanlage, im Schulgarten und auf dem Wiesengelände hinter der Schule wird aufgebaut, umgeräumt und vorbereitet. Um 8.00 Uhr ist die gesamte Schule für ein Fest hergerichtet, das alle Beteiligten einen Vormittag lang in Bewegung halten wird.

Der Auftakt

Mittlerweile ist es 8.30 Uhr. Bei kalter Luft und blauem Himmel verlassen über 600 Menschen in Sportkleidung das Gebäude und treffen sich auf dem Rasenplatz neben der Schule. Die Kinder und Jugendlichen verteilen sich auf der Aschenlaufbahn rund um den Platz. Auf dem Rasen stehen Sportlehrerinnen und Sportlehrer, einer mit einem Funkmikrofon. Aus zwei großen Lautsprecherboxen erklingen die aktuellen „Bravo-Hits".

Um 8.45 Uhr begrüßt der Sportkollege mit dem Mikrofon alle Anwesenden. Er gibt wichtige Hinweise zu dem, was die Schülerinnen und Schüler an diesem Tag erwartet. Unter dem Motto „Bewegte Schule" und zu der Musik „Faster – Harder – Scooter" demonstrieren die Erwachsenen anschließend auf dem Sportplatz die erste Laufübung. Die Kinder tun das Gleiche und nach wenigen Sekunden sind tatsächlich alle Menschen der Jahrgänge 0 bis 10 gemeinsam in Bewegung. Die Sportlehrerinnen und -lehrer laufen auf dem Rasenplatz im Uhrzeigersinn und zeigen dabei zum Takt der Musik weitere Laufbewegungen. Die Kinder, die Jugendlichen und die übrigen Erwachsenen bewegen sich in umgekehrter Richtung auf der Laufbahn rund um den Sportplatz. Der Sportspieltag unserer Schule hat begonnen.

Die Spielstationen und das Fitness-Thermometer

Nach dem gemeinsamen Aufwärmen auf dem Sportplatz beginnt der Hauptteil des Sportspieltages. Auf die Kinder der Jahrgänge 0 bis 2 warten verschiedene kooperative Spielformen auf dem Wiesengelände hinter der Schule. Die Kinder und Jugendlichen der Jahrgänge 3 bis 10 haben die Aufgabe, die Fitness jedes Einzelnen, jeder Gruppe und somit auch die Fitness der gesamten Schule zu ermitteln. Und da das Motto des diesjährigen Stationsbetriebes „Heiß auf Bewegung – das Fitness-Thermometer" lautet, tragen alle Schülerinnen und Schüler auf einem Blatt Papier ihr eigenes Fitness-Thermometer bei sich.

Fitness-Thermometer

Jeder Schüler/jede Schülerin sollte eine Mindestpunktzahl erreichen:

Jahrgänge 3 – 4:   mindestens 70 Punkte
Jahrgänge 5 – 7:   mindestens 80 Punkte
Jahrgänge 8 – 10:   mindestens 90 Punkte

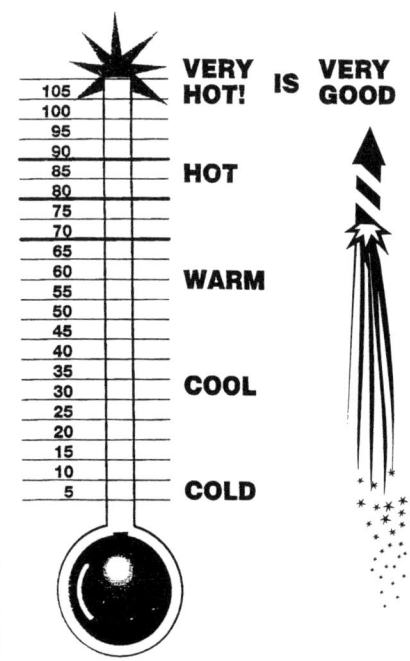

Name: ....   Stammgruppe: ....

Damit begeben sie sich auf eine zweistündige „Fitness-Reise" über das Schulgelände, die sie zu 28 Spielstationen führt. An allen Stationen geht es um Thermometer-Punkte, die von den Stationsleiterinnen und -leitern vergeben werden. Der Schwierigkeitsgrad der Übungen ist dabei entsprechend der Altersstufe unterschiedlich hoch.

Eine der Spielstationen nennt sich „Gartenworkout" und befindet sich im Schulgarten. Die Schülerinnen und Schüler arbeiten hier zehn Minuten unter Anleitung zwischen Gemüsebeeten und Komposthaufen. Sie können sich dafür fünf Punkte in ihr Fitness-Thermometer eintragen lassen. Ebenfalls fünf Punkte gibt es beim „Pedaloparcours" für die Bewältigung einer 30 Meter langen Stecke auf dem Doppelpedalo. Sehr beliebt ist das „Korbleger-Spiel" auf der Streetballanlage neben der Schule. Die Kinder und Jugendlichen haben hier zehn Versuche, bei denen entsprechend dem Alter fünf- oder siebenmal der Korbrand getroffen bzw. ein Korbtreffer erzielt werden sollte.

In der Sporthalle bewältigen sie unter anderem einen Konditionsparcours, sie klettern an der Kletterwand und springen auf dem großen Trampolin. Die Kinder und Jugendlichen tanzen eine vorgegebene Mindestzeit lang in der Disko und zeigen ihre Ausdauer beim Geländelauf. Sie demonstrieren ihre Geschicklichkeit beim Fahrrad-, Inliner- und Skateboardfahren, sie laufen über Hindernisse, hüpfen in Säcken, stoßen Kugeln und transportieren Wasser über den Rasenplatz.

Um 12.15 Uhr wird der Stationsbetrieb eingestellt und alle Kinder und Jugendlichen müssen ihr Fitness-Thermometer an der jeweils letzten Station abgeben.

Sportspieltag	Sportspieltag	Sportspieltag	Sportspieltag	
Übersicht über die Stationen und den Einsatz der Lehrer/innen				
Nr.	**Übung**	**Ort**	**Lehrer/in**	**für Jg.**
1	Sprossenwandklettern	Halle III	NAD	3 + 4
2	Großes Trampolin	Halle III	SEI + Stefan	5–10
3	Tischtennis	Halle III	MÜL + Henrike	3–10
4	Stangenklettern	Halle III	BLY	5–10
5	Wandklettern	Halle II	SEB + Aimo	5–10
...				

Extras: DOL und GER bilden die Versorgungsgruppe
Gemeinsamer Abschluss: 12.30 Uhr auf dem Rasenplatz – Krakenspiel

Das Abschlussspiel

Alle Teilnehmer des Sportspieltages versammeln sich zum Schluss auf dem Rasenplatz. Unter ihnen befinden sich etwa 20 Lehrerinnen und Lehrer, die an ihren roten T-Shirts deutlich zu erkennen sind. Beim nun folgenden Abschlussspiels versuchen diese Erwachsenen möglichst viele Kinder durch Berührung in „Kraken" zu verwandeln. Alle Kraken hocken sich an Ort und Stelle hin und versuchen (mit ihren Fangarmen) vorbeilaufende Spielerinnen und Spieler ebenfalls abzuschlagen. Wieder sind fast alle Menschen der Schule gemeinsam in Bewegung. Einigen Jugendlichen gelingt es, bis zum Schluss des Spieles nicht gefangen zu werden.

Siegerehrung mit Fitness-Thermometer

Am folgenden Morgen versammeln sich die Schülerinnen und Schüler sitzend in der Sporthalle. Alle schauen gespannt auf das überdimensional große Fitness-Thermometer an der Kletterwand. Etwa zwei Meter unterhalb der Sporthallendecke steht in großen Ziffern die Zahl 35.000 – das selbst gesteckte Ziel für eine sportlich „fitte" Schule.

Das Vorbereitungsteam der Sportlehrkräfte stellt die Ergebnisse des Sportspieltages vor, berichtet über Highlights, Rekorde und die drei „fittesten" Gruppen. Jedes Kind und jede Gruppe von Jahrgang 3 bis 10 erhält nun eine Urkunde mit der Gesamtzahl der Fitnesspunkte. Und mit Überreichung jeder Gruppenurkunde klettert eine Schülerin oder ein Schüler des jeweiligen Jahrganges an der Wand in die Höhe, um den Pegelstand neu zu markieren. Unter dem Beifall aller Anwesenden markiert die letzte Schülerin den Endstand der Säule bei knapp 37.000 Punkten.

5. Vielfältige Wettkampfformen

Etwa ein Jahr später sitzen die Organisatoren wieder zusammen und planen einen neuen Sportspieletag. Zum Aufwärmen soll dieses Mal gemeinsam getanzt werden, es gibt zahlreiche neue Spielstationen und einen abschießenden Spalierlauf. Darüber hinaus wird über die Veranstaltung eines Wintersportspieltages nachgedacht. Seit nunmehr 25 Jahren läuft die Planung und Durchführung in dieser Form ab und es hat in dieser Zeit immer wieder neue, sehr unterschiedliche Wettkampfformen gegeben. Neben den verschiedenen Varianten der *Gruppenwettkämpfe* mit Spielstationen wurden *Mehrkämpfe* (z. B. ein Schultriathlon mit Schwimmen, Radfahren und Dauerlauf) und *Mannschaftspiele in Turnierform* veran-

Mit jedem Schüler klettert auch die Punktzahl

staltet. So wetteiferten an einem Sportspieltag mit Mannschaftsspielen die Jahrgänge 3 bis 4 in einem Brennballturnier, in den Jahrgängen 5 bis 7 wurde Völkerball gespielt und die Jahrgänge 8 bis 10 führten ein Volleyballturnier durch.

Als zusätzliches Angebot fanden auch *individuelle Wettkampfformen* statt, wie z. B. die „Trimmspirale". Sie bestand aus 18 Übungen, die die Schülerinnen und Schüler allein oder in Kleingruppen absolvieren mussten. Nach einer erfolgreich abgeschlossenen Übung gab es eine bestimmte Punktzahl, die die Kinder und Jugendlichen in ihre Trimmspirale eintrugen und von einem Lehrer oder einer Lehrerin abzeichnen ließen. Mit Hilfe der erzielten Trimmpunkte auf der abschließend ausgegebenen Erinnerungsurkunde konnten die Schüler und Schülerinnen feststellen, wie fit sie waren.

Kennzeichnend für die hier beschriebenen Spielformen und für die Sportspieltage insgesamt ist, dass sie sich von normierten Leistungsanforderungen wie z. B. den *Bundesjugendspielen* abheben und das gemeinsame Erlebnis im Vordergrund steht.

6. Die beliebtesten Spiele

Zu den besonders beliebten Spielformen der vergangenen Jahre gehörten vor allem das „Kellnerspiel", das „Briefträgerspiel" und das Aufwärmspiel „Wer hat Angst vor dem Krokodil?", die im Folgenden beschrieben werden.

Das Kellnerspiel

Der erste Schüler transportiert vom Start aus auf einem Pedalo ein Tablett mit Gegenständen über eine vorgegebene Strecke. Am Ende übergibt er das Tablett und das Pedalo dem zweiten Mitspieler, der den Weg zu der dritten Person zurücklegt, usw. Fällt ein Gegenstand vom Tablett, so muss er aufgenommen und wieder auf das Tablett gelegt werden. Gemessen wird die benötigte Gesamtzeit der Staffel, die durch die Zahl der Gruppenmitglieder geteilt wird (insgesamt höchstens acht Minuten).

Das Briefträgerspiel

Fünf Schüler schreiben im *Computerraum* fünf Briefe mit festgelegtem Text und werfen sie aus dem Fenster. Unten stehen fünf Schüler, die diese Briefe fangen und mit je einem zu einem Schalter laufen, der sich am Eingang zum *Forum* befindet. Dort wird jeder Brief mit einer „Briefmarke" versehen und von fünf weiteren übernommen, die sie zum Stempeln in die *Schulmensa* bringen. Nach dem Stempeln werden die Briefe von den letzten fünf Kindern der Stammgruppe zum Briefkasten in das *Schulgartenhäuschen* gebracht, wo die Zeit gestoppt wird. Der Spielleiter überprüft den Text. Jeder Spieler darf nur einen Brief transportieren.

„Wer hat Angst vor dem Krokodil?"
Dieses Aufwärmspiel findet auf dem Sportplatz oder bei schlechtem Wetter auf dem Hartplatz statt. Es hat die gleiche Spielidee wie „Wer hat Angst vor dem schwarzen Mann". Hier nehmen jedoch die großen Schüler die kleinen „huckepack" und laufen auf ein Zeichen des Spielleiters quer über den Sportplatz von einer Aschenbahn zur gegenüberliegenden. Von den Krokodilen abgeschlagene Paare werden zu Fängern. Das erneute Laufen und Abschlagen erfolgt erst dann, wenn alle Spieler sich auf der Laufbahn befinden und der Spielleiter erneut das Zeichen zum Loslaufen und Fangen gibt. Das Spiel ist beendet, wenn alle Paare abgeschlagen sind.

Literatur

Friedrich Jahresheft XIII: Spielzeit. Seelze 1995
Katzenbogner, Hans: Alternative Wettkämpfe. In: ders.: Leichtathletik macht Spaß. (Materialsammlung) Freising 1994
Müller, Bernd: Kooperatives Handeln lernen in und durch Sportunterricht. In: Eckard Balz, Rüdiger Klupsch-Sahlmann (Hrsg.): Bewegte Schule. Sonderheft 2000 der Zeitschrift Sportpädagogik
Schmerbitz, Helmut/Schulz, Gerhild: Sportfeste. In: Helmut Schmerbitz, Gerhild Schulz, Wolfgang Seidensticker: Bewegungen. Bielefeld 1992

C Eine Stadt wie Rom –
Feste im Anfangsunterricht Latein

von Wolfgang Schoedel

1. Ausgangssituation

Am ersten Schultag nach den Sommerferien 1995 saßen im Lateinraum der Orientierungsstufe Osternburg in Oldenburg wieder nur 16 Schüler, deren Eltern entschieden hatten, dass ihre Kinder in Klasse 5 mit Latein als erster Fremdsprache beginnen sollten. Wie in den Jahren zuvor hatte das in den Grundschulen verteilte Informationsschreiben nur wenige Eltern dazu bewegt, den Informationsabend für Latein zu besuchen. Woran lag es? War die Werbung schlecht oder hatte sich das Angebot von Latein als erster Fremdsprache überholt? Was tun? In schulinternen Lehrerfortbildungen, Dienstbesprechungen, Fach- und Gesamtkonferenzen begannen wieder einmal grundsätzliche Diskussionen über Image, Vermarktung und Schulprofil sowie über Leistungsanforderungen, Ziele, Inhalte und Methoden des lateinischen Anfangsunterrichts in Klasse 5. Dabei kam es auch zu Kritik an der Eintönigkeit des Lateinunterrichts und am lehrerzentrierten, vor allem auf Vokabelpauken, Spracherklärungen, Übersetzungskunst und Lehrererzählungen ausgerichteten Unterricht. Notwendig sei stattdessen, dass die Schüler auch einmal ihren Interessen entsprechend aktiv würden und nicht permanent kognitiv arbeiteten, sondern auch einmal gemeinsam feierten.

Die entscheidenden Stichworte waren gefallen. Feier? Warum nicht? Ein Fest als Element des Lateinunterrichts und als Anlass, nach Sinn und Effizienz des regulären Fachunterrichts zu fragen? Ein lebendiges Fest der „toten" Sprache Latein als Beispiel dafür, wie alltäglicher Unterricht und Feiern sinnvoll und zugleich werbewirksam miteinander verbunden werden können?

Exkurs: Historisches und Kritisches zur Rolle von Festen

Das Wort *Fest* leitet sich etymologisch ab von dem lateinischen Adjektiv *festus, a, um* – festlich, feierlich. Es ist in Wortstamm und -bedeutung verwandt mit *feriae* (ursprünglich *fesiae;* vgl. unser deutsches Substantiv *Ferien)* und findet sich besonders häufig in der Wortfügung *dies festus* bzw. im Plural *dies festi* (Fest-, Feiertag/e).

Zu unterscheiden sind dabei nach König[1] drei Gruppen von Festen:

1. häusliche (Familien-)Feste, z. B. anlässlich von Geburt, Hochzeit, Tod, bei Jungen auch anlässlich des Erhalts der *toga virilis,* der Männertoga, zwischen dem 15. und 17. Lebensjahr usw.[2]
2. Feste der Bauern, z. B. Erntefeste wie die „Opiconsivia" am 25. August und die „Opalia" am 19. Dezember
3. Feste des militärisch geordneten Staatswesens, bei denen meist Pferde als „Verkörperung von Kraft, Schnelligkeit, Weisheit" und deshalb der Sage nach als „Mittler zwischen Menschen und Göttern" eine hervorgehobene Rolle spielten

---

1 vgl. König, a.a.O.
2 vgl. Weeber, Alltag im Alten Rom. Ein Lexikon. a.a.O. (Geburt S. 134–136, Hochzeit S. 179–181, Totengedenken S. 364–366)

(Die Feste der ersten beiden Gruppen lassen sich mit etwas historischer Fantasie dank der relativ guten Quellenbasis leicht nachfeiern.) Als *dies festi* wurden in der römischen Antike Fest- und Feiertage bezeichnet, die ursprünglich den Göttern geweiht und kalendarisch genau festgelegt wurden. Im Laufe der Geschichte des expandierenden *Imperium Romanum* verschoben sich Festanlässe und damit auch die Wortbedeutung. Als *festus dies* wurde deshalb spätestens um 400 n. Chr. jede „fröhliche Festfeier der Menschen" verstanden.

Drei wesentliche Elemente kennzeichnen nach André[1] in und seit der römischen Antike Feste und ihr Verständnis:
1. An allen *dies festi* ruhte jegliche Arbeit.
2. Das römische Leben sah Muße und Tätigkeit in so enger Verbindung, dass hier geradezu von einer „Rhythmik des gesellschaftlichen Lebens" oder gar von einem „System" gesprochen werden kann.
3. Schrittweise und schon in der Antike wird die ursprüngliche Vorstellung von Festen als einer hervorgehobenen Form des religiös und lokal verhafteten Gemeinschaftslebens unumkehrbar überschattet vom „Sieg des Individualismus mit seinem Bemühen, in und mittels der Muße zu persönlichem Glück zu finden". Bereits damals führte dieser Prozess die überwiegende Bevölkerungsmehrheit letztlich zur Gleichsetzung von Fest und Freizeit. Feste einerseits und „geistige Beschäftigung in der Freizeit und Ästhetizismus" andererseits schließen sich jedoch nahezu aus. In den römischen Städten dominierte seit dem 1. Jh. in der vom Individuum beanspruchten Freizeit zunehmend das sog. *„otium urbanum"*, d. h. Müßiggang und das weltmännisch-mondäne Flanieren in der architektonisch daraufhin ausgerichteten Stadt.

2. Neugestaltung des Fachunterrichts Latein

Durch diese historischen und als Tiefendimension gerade im Lateinunterricht anzusprechenden Merkmale antiker Feste erklären sich möglicherweise die heutigen Festvorstellungen vieler Schüler und ihrer Eltern sowie die daraus erwachsenden Chancen und Probleme für Feste im Fachunterricht, z. B.:

1 vgl. André, a.a.O. S. 123 u. 131

Ursprüngliche Festvorstellung (Chancen)	Spätere Festvorstellung (Probleme)
• essentieller Bestandteil herkömmlichen Schulunterrichts, gleichwertig neben anderen Formen schulischen Lebens und Lernens	• Freizeit („Können wir Hefte zu Hause lassen? Ich hab aber kein Buch mit. Ich dachte, wir machen …")
• Auslöser für enormes Engagement und das Freisetzen ungeahnter Fähigkeiten in der Gemeinschaft	• Auslöser für offenes Verlangen nach Freisein vom Schulstress oder offene bzw. verdeckte Nörgelei über das Fest („Wann machen wir/Sie denn endlich weiter im Unterricht/Stoff?")

Die verantwortliche Lehrkraft steht daher bei der Vorbereitung des Festhöhepunktes (z. B. einer schulöffentlichen Theateraufführung) oft vor Schwierigkeiten, aber auch vor der Tatsache, dass Feste eigentlich essenzielle Elemente des dadurch rhythmisch gegliederten schulischen Lebens und gerade des Lateinunterrichts sein müssen.

Lateinschüler sollen in ihrer Begegnung mit den Wurzeln europäischer Kultur Kulturbewusstsein erwerben, das ihnen in Gegenwart und Zukunft Orientierung gibt und ein in politisches Handeln mündendes „Gespür für die Verantwortung gegenüber Kultur und Tradition" vermittelt.[1] Feste sind ein integraler Bestandteil römisch-antiken und heutigen Lebens sowie eines zeitgemäßen Bildungsbegriffs.[2] Wie kann es nun gelingen, den Lateinunterricht für eine „neue", kognitives Lernen überschreitende Bildungsvorstellung und damit u. a. auch für Feste zu öffnen?

An unserer Schule führte das Hinzuziehen eines außenstehenden Experten aus der festgefahrenen Diskussion um den Lateinunterricht. Ein Wahrnehmungs- und Gestaltpsychologe erklärte sich bereit, den lokalen „Schulmarkt" und die o. g. Diskussionsfelder zu analysieren und ein Stärken-Schwächen-Profil der Schule und des Lateinunterrichts anzufertigen. Damit kam zu es einem Bündel tiefgreifender, in den folgenden fünf Jahren ständig erweiterter und auch in Zukunft zu reflektierender Entscheidungen und Ideen:

1 vgl. Lohe/Maier, a.a.O. S. 12 f.
2 vgl. von Hentig, a.a.O. S. 131–133

1. In den ersten Schulwochen (und auch später) sollten folgende The-
   menblöcke im Zentrum des Fachunterrichts Latein stehen: Gruppenentwicklung[1], Methodentraining[2], systematisches Kennenlernen der
   individuellen Stärken und Schwächen der neuen Schüler mit Hilfe
   eines Stationenzirkels.
2. Dem Lateinunterricht zu Grunde gelegt wird ein erweiterter Lernbe-
   griff.[3] Dabei wird in Kauf genommen, dass sich möglicherweise, zumindest im ersten Lernjahr, die Progression im inhaltlich-fachlichen Lernen verlangsamt.
3. Das herkömmliche Methodenspektrum wird erweitert durch Formen
   des Offenen Unterrichts (Freiarbeit, Wochenplan) und mehrere Projektphasen, darunter im 5. Jahrgang ein dreiwöchiges *Theater- und
   Antikenprojekt* im Januar auf der Basis der Texte des benutzten Lehrwerks.[4]
4. Das seit mehr als zwei Jahrzehnten benutzte Lehrbuch wurde ersetzt
   durch neue, altersgruppengerechtere Arbeitsmaterialien. Der Unterricht wird vor allem durch inhaltliche Themensequenzen und -pro-
   jekte strukturiert (z. B. Gestaltung einer Ausstellung zu den archäologischen Funden in Pompeji und Herculaneum, Vorbereitung und
   Gestaltung eines Römerfestes).
5. Der Lateinunterricht findet in der Regel in einem als „Heimat" gestalteten Fachraum statt, der u. a. mit großen Pinnwänden und einem fest
   installierten Overheadprojektor ausgestattet ist. Bei Bedarf werden
   Museen und virtuelle Lernorte im Internet aufgesucht.

3. Lateinprojekt: Römerfest

Das alljährliche Römerfest ist *ein* Element der Neugestaltung des Lateinunterrichts an unserer Schule. Die traditionell im Februar stattfindende
Informationsveranstaltung zum Lateinunterricht hat sich dabei zu einem
ritualisierten Festabend gewandelt. Das in den Fachunterricht eingebun-
dene Fest ist Höhepunkt einer Wiederholungs- und Vertiefungsphase nach
den Weihnachtsferien unter Einbeziehung der interessierten Öffentlichkeit (Mitschüler, Freunde, Eltern, Gäste, Lehrer). Es bietet zusätzlich Infor-

1 vgl. z. B. Stanford und Endres, a.a.O.
2 vgl. Klippert 1998, a.a.O.
3 vgl. Klippert 1995, a.a.O. S. 6–10
4 Felix A: Das Lateinbuch. Bamberg 1995/96

mationen über den Lateinunterricht, nicht kopflastig vorgetragen, sondern als eine gemeinsam gestaltete Feier in einer „Stadt wie Rom".
Der Festabend ist dabei Teil einer dreiteiligen Festveranstaltung. Sie besteht mittlerweile aus

1. einer etwa dreiwöchigen Projektphase der Lerngruppen im Januar,
2. einer abendlichen Feier mit etwa 200 Gästen und etwa 150 Beteiligten,
3. der Auswertung der Projektwochen und des Festabends in den Lerngruppen.

Die Projektwochen im Januar

Ausgangs- und Bezugspunkt der Projektwochen sind die ersten sechs bis sieben Lektionen des Lehrwerks. Thema dieser Unterrichtssequenz ist eine Zeitreise ins alte Rom (beginnend auf dem *Forum,* dem Zentrum des Römischen Reiches, wo die Schüler die wichtigsten Bauwerke kennen lernen und von wo aus sie allmählich in das Leben im alten Rom zurückversetzt werden). Der alltagsgeschichtliche Themenansatz provoziert die Schüler erfahrungsgemäß zu vielen inhaltlichen Fragen. Diese können jedoch im Unterricht aus Zeitgründen nur bedingt behandelt werden. Unsere Schüler sind daher angehalten, sich selbst anhand einschlägiger Jugendsachbücher[1], im Internet[2] oder mit Computerprogrammen[3] weiter zu informieren und ihre Ergebnisse anschaulich zu präsentieren.
Die Schüler haben für die Forschungs- und Vorbereitungsarbeiten im Januar alle, d. h. etwa 15 Lateinstunden zur Verfügung, ansonsten „Freistunden" und ihre Privatzeit am Nachmittag.
In den Projektwochen finden vor allem folgende Aktionen statt: Alle Lateinschüler der 5. Klasse

– erforschen in Kleingruppen von drei bis fünf Schülern, die nach Interessen und/oder Freundschaften gebildet werden, ausgewählte Bereiche des gesellschaftlichen Lebens „im alten Rom" (Mode, Reisen, Wohnen, Handwerk, Götterwelt …) und präsentieren ihre Forschungsergebnisse in selbst gewählten Formen am Festabend und/oder bei der Nachbesprechung,

---

1 Besonders empfohlen sei hier: Chrisp, Peter: Die Römer und ihre Welt. Entdeckt und nachgebaut. Nürnberg 1997
2 Internet-Adresse: http://www.navonline.de mit Links zum Katalog der Internet-Ressourcen für die klassische Philologie aus Erlangen (KIRKE)
3 z. B. „Kulturen der Antiken Welt" (Microsoft)

- erarbeiten in Gruppen verschiedene Szenen eines teilweise dem Lehrbuch nachempfundenen, teilweise selbst geschriebenen Theaterstücks,
- bereiten den Festabend vor (Erstellung und Verkauf von Programm-
heften, Bewirtung der Gäste in der Pause, Weitergabe von Unter-
richtsinformationen oder Erklärung von Ausstellungsstücken).

Die beteiligten Fachlehrer

- helfen in Notfällen ihren Schülern bei ihren Forschungen („Hilfe zur
Selbsthilfe"),
- stellen notwendige Arbeitsmaterialien und -räume für die Projektwochenarbeit zur Verfügung (z. B. für Nachbauten römischer Architektur Styroporplatten, Schneidemaschinen mit heißem Draht, Spezial-
kleber und farbechte Plakafarben),
- geben Tipps für die Präsentation der Forschungsergebnisse,
- leiten die Theaterproben und erarbeiten mit den Schülern einen Pro-
ben- bzw. Arbeitsplan sowie eine Zuständigkeiten- und Requisitenliste,
- sorgen im Zusammenspiel mit der verantwortlichen Schulleitung für
die notwendige Öffentlichkeitsarbeit (adressatengerechte Informationen zum Lateinunterricht für die Erziehungsberechtigten und die
Schüler der 4. Klassen im Einzugsgebiet mit Einladungen zum Informationsabend) und den Informationsfluss zwischen allen Beteiligten,
- reservieren Räumlichkeiten für die verschiedenen Aktivitäten während der Projektzeit und der Abendveranstaltung,
- treffen die notwendigen Absprachen mit dem Hausmeister, dem Schulassistenten und den Ansprechpartnern bei den Eltern (Raumbelegung,
Heizung, Bestuhlung, Stellwände, Mikrofone ...),
- organisieren die Parkplatzeinweisung am Abend,
- organisieren die Bereitstellung der für den Abend notwendigen Materialien (Programmhefte, „Arbeitsmaterialien" für die Gäste ...),
- organisieren die Dokumentation der Projektwochenarbeit durch Fotos
und/oder Videos,
- informieren die lokalen Medien.

In die Vorbereitung und den Ablauf des Festabends werden dann traditionell auch die Eltern eingebunden, vor allem als

- Materialienlieferanten und Requisitenhersteller,
- Gastgeber in den Pausenräumen („Eltern bewirten Eltern"),
- informierende Experten („Eltern informieren Eltern" über Latein als
erste Fremdsprache).

Koch Syrus	Mullus iam olet!
Verkäufer 1	Mendacia! Mendacia! Non olet. Specta! Mullus adhuc spirat!
Syrus	Olet!
Verkäufer 1	Non olet!
Syrus	Olet!
Verkäufer 1	Non olet! Da mullum! Fur! Homo pessime! Da pecuniam ... !
Pia	Mann o Mann, hier ist überall Leben in der Bude!
Franziska	Ja und tolle Schimpfwörter kennen die: Fur - Dieb; homo pessimus - Schurke, Nichtsnutz - die muss ich mir unbedingt merken!
Anna	Klasse, aber ich versteh nur Bahnhof! Was war denn da nun schon wieder los?
Daphne	Ist doch sonnenklar, der Händler wollte dem Koch stinkenden Fisch andrehen - den riecht man doch bis hier!

Auszug aus einem Programmheft

SENATUS
POPULUSQUEROMANUS
DIVOTITODIVIVESPASIANIF
VESPASIANO AUGUSTO

Nachbau eines
Triumphbogens

Unser Festprojekt ist über Jahre gewachsen. Die ersten Projektwochen umfassten lediglich eine Probenphase für das Theaterstück. Später gestaltete eine Arbeitsgruppe ein Programmheft mit dem Text des Theaterstücks und eigenen Illustrationen. Handwerklich erstellt wurden in Kleingruppen Nachbauten römischer Architektur, Schmuck und Mosaike aus (bemaltem) Fimo, verschiedene Tongefäße (Öllampen, Vasen, Krüge), römische Kleidung (en miniature für Puppen und „echte" Togen und Tuniken aus alten weißen Bettlaken oder billigem Nesselstoff)[1], antike Spiele (z. B. der *loculus Archimedius* aus Sperrholz), bemalte Theatermasken aus Gipsbinden und Informationsplakate. Die meisten Gruppen wurden mit ihren Vorhaben fertig (im schlimmsten Fall während des Wochenendes vor dem Festabend).

---

1 Zum Schnitt vgl. Huber, a.a.O. S. 24 u. 28 f. oder: Geschichte lernen, a.a.O. S. 83

Im Eingangsbereich der Schule bestückten die Schüler Vitrinen, Pinnwände und Ausstellungstische liebevoll mit ihren Projektarbeiten. Mitunter entstand ein eigener Raum für „echte römische Spiele"[1], wo Schüler ihren Gästen die Spielregeln erklärten und nicht zuletzt gerne selbst spielten.

Vorbereitung des Theaterstücks

Im Mittelpunkt des Festes steht die Aufführung des Theaterstücks. Die sprachliche Basis und den inhaltlichen Rahmen der Handlung für die kurzen Szenen liefern die Lektionstexte des Lehrwerks. Diese Szenen müssen nach Möglichkeit von den Schülern selbst dialogisiert, in eine fortlaufende Handlung gebracht und verständlich inszeniert werden. Bewährt haben sich dabei einige Vorgaben:

– Jeder Schüler entscheidet sich kurz vor Weihnachten, ob er eine Haupt- oder eine Nebenrolle übernehmen will.

– Die Handlung beginnt in der Gegenwart (Schüler der Orientierungsstufe unterhalten sich über Latein), führt irgendwie ins alte Rom bzw. in die Vergangenheit der römischen Antike und zum Schluss wieder zurück in die Gegenwart.

– Die Zeitreisenden (z. B. Schüler) beziehen einzelne Personen aus dem Publikum mit in die Handlung ein.

– Einzelne „bilinguale" Zeitreisende agieren als Dolmetscher, im Spiel für einzelne Mitreisende, de facto aber für das Publikum und nicht zuletzt für die anwesenden Viertklässler.

– Die Lehrkräfte sammeln die unterschiedlichen Textvorschläge und redigieren diese so, dass daraus eine kopierfähige Spielfassung entsteht, die szenenweise im Unterricht besprochen und von unterschiedlichen Schülern gesprochen oder sogar schon gespielt wird.

– Bis Mitte der zweiten Woche ist die Rollenverteilung erfolgt. (Doppelbesetzungen haben sich bei uns nicht bewährt, da bei Proben zeitintensive Unklarheiten auftreten, wer denn nun eigentlich spielt, und sich einzelne Schüler der „zweiten Garnitur" als benachteiligt empfinden. Wenn sich im Krankheitsfall kein Ersatz in den eigenen Reihen finden lässt, kann man immer noch einen Gastschüler gewinnen oder improvisieren. Die Gäste honorieren gerade das nicht absolut Perfekte in der Regel äußerst wohlwollend – zeigt sich gerade hier doch eine menschliche Schule.)

1 vgl. Rieche 1984 sowie Huber und Hojer, a. a. O.

Es ist erstaunlich, wie viel Kreativität und Einsatz die Schüler während dieser Projektzeit entwickeln – und das gleich nach den Weihnachtsferien:

- Sie wiederholen und festigen alle Lektionstexte und damit den gesamten Lernstoff in den Bereichen Sprache und Realienwissen.
- Sie ringen um das richtige Textverständnis und gute Übersetzungen, da sie die Inhalte sonst nicht in Theaterszenen umsetzen und gut spielen können.
- Sie prägen sich viele Vokabeln und Redewendungen durch Überlegungen zu wirkungsvollen Gesten und Mimiken dauerhaft ein.
- Sie finden Gags, z. B. indem die Zeitreisenden mit „original antiken Römern" unterschiedliche Zivilisationsgegenstände (Inliner gegen Sänfte) austauschen oder sich vor dem unbekannten Essen der anderen ekeln (Pommes mit Ketschup vs. *garum).*
- Sie machen – spätestens bei den Theaterproben – enorme Fortschritte in der lateinischen (und deutschen) Aussprache, da sie ja sonst nicht verstanden werden.

– Vor allem aber wachsen sie als Gruppe zusammen und vermitteln dieses stärkere Zusammengehörigkeits- und Verantwortungsgefühl nicht
nur während der Probenarbeit und am Festabend vor Publikum, sondern auch die gesamte folgende Unterrichtszeit über. Während der
Probenphase äußert sich dies z. B. darin, dass Schüler Rollen nach zuvor genau beobachteten Charakterzügen schreiben (z. B. die Schüler-
typen „Dr. Allwissend", „Hab von nichts Ahnung", „Hab keinen Bock",
„Labere überall dazwischen", „Bin hilfsbereit"), sich gegenseitig mit
Requisiten aushelfen, ja sogar lehrerunabhängig Detailszenen entwickeln und proben.

Den Abschluss der Projektphase bilden eine Hauptprobe, in der die zuvor
getrennt geprobten Szenen erstmals mit Übergängen geprobt werden, und
eine Generalprobe, die am Morgen des Festtages vor den anderen Fünft-
klässlern der Schule stattfindet. Nach beiden Proben werden alle auf-
kommenden Fragen und Verbesserungsvorschläge besprochen. Danach
werden die Ausstellungen aufgebaut und es beginnt das große Zittern, ob
am Festabend selbst alles so ähnlich klappt wie vereinbart.

Der Festabend

Eine Dreiviertelstunde vor dem offiziellen Beginn treffen die ersten Eltern
mit ihren mehr oder weniger aufgeregten Kindern und verschiedenen
Büfettbeiträgen ein. Die Ausstellungen sind aufgebaut, über Lautsprecher
ertönen Musik-CDs mit lateinischen Texten bzw. rekonstruierter antiker
Musik. Im Eingang stehen zwei Lehrkräfte oder Eltern, die die Ankom-
menden einweisen und den informationsbereiten Eltern Namensetiketten
aushändigen (im Notfall genügt ein selbst haftender Zettel, an dem Gast-
eltern erkennen können, wer Auskünfte geben kann). Für jeden Imbiss-
raum sind ein bis zwei Eltern eingeteilt, die dort alles organisieren (Auf-
stellung und Dekoration der Tische, Annahme der Büfettspenden).
Die betroffenen Schüler ziehen sich in vorher vereinbarten Räumen um
und übernehmen ihre Aufgaben. Der Hausmeister und/oder der Schulassistent stehen zur Verfügung, falls noch irgendetwas kurzfristig zu erle-
digen ist. Die Gäste können kommen – und tun dies auch. Verkleidete
Schüler weisen an der Straße die parkplatzsuchenden Gäste ein und werben so bereits optisch für das Fest – und Latein. Fünf Minuten nach offi-
ziellem Veranstaltungsbeginn kann es dann richtig losgehen.

Der Festverlauf

1. Kurze Begrüßung durch die Schulleiterin mit Überleitung zum Theaterstück
2. Erster Teil des Theaterstücks (zwei bis vier Szenen, Dauer: 10–15 Minuten inkl. Umbauten)
3. Informationsblock zum Lateinangebot ab Klasse 5 und zur Schule allgemein sowie organisatorische Mitteilungen zum weiteren Ablauf des Abends – vorgetragen durch einen Fachlehrer und die Schulleiterin (Dauer: 15–20 Minuten)
4. „Pause" mit folgenden Inhalten (Dauer: etwa 45 Minuten):
   - Büfett für die aktiven Lateinschüler in einem Klassenraum
   - Besichtigung der Ausstellung der Projektwochenprodukte
   - Information zu Exponaten und zum schulischen Alltag
   - Stehimbiss der Eltern der Fünftklässler für die Eltern der Viertklässler (Ziel: lehrerunabhängige Elterngespräche über Erfahrungen von Kindern und Familien mit Latein ab Klasse 5)
   - Gesprächsrunden, Mitmachaktionen, Unterrichtsdemonstrationen und Schulführungen für die eingeladenen und für diesen Programmpunkt in drei bis vier Gruppen eingeteilten Viertklässler, organisiert durch die Fachlehrer und einige Fünftklässler
   - Offene Frage- und Informationsrunde im Plenum (Dauer: etwa 10 Minuten) mit offizieller Verabschiedung aller Beteiligten und Gäste und Überleitung zu noch ausstehenden Programmpunkten
5. Zweiter Teil des Theaterstücks (ein bis zwei Szenen, Dauer: 5–10 Minuten)
6. Möglichkeit zu individuellen Gesprächen, Besichtigungen und Fragen mit *open end* (Dauer: erfahrungsgemäß höchstens 45 Minuten)
7. Aufräumaktion

Damit die unterschiedlichen Interessen der Anwesenden berücksichtigt werden, bemühen wir uns, alle Beteiligten adressatenbezogen, differenziert und sinnlich anzusprechen und ihnen bei der Nutzung der Angebote Wahlfreiheiten zu lassen. Bezogen auf die anwesenden neun- bis zehnjährigen Viertklässler bedeutet dies:
- Die Informationsblöcke sind kurz gehalten und sehen einen Sprecherwechsel vor.
- Die „Pause" als Herzstück der Veranstaltung ermöglicht ihnen altersgemäße Erlebnisse und Erfahrungen (Ausprobieren von Spielen und

Gerichten, Entdecken der Schule, erstes Eintauchen in die lateinische Sprache, Rückfragen an Lehrer und ältere Schüler). In dieser Zeit haben die Eltern Zeit zum ungestörten Erfahrungsaustausch mit anderen Eltern.

Auswertung

In den folgenden ein bis drei Auswertungsstunden können die Schüler die Festvorbereitung und den Festabend auswerten und ihre damit verbundenen Erfahrungen und Gefühle aussprechen. Für uns Lehrer bietet diese Abschlussreflexion die Chance, ohne Termindruck zu einer ruhigen und entspannten Arbeitsatmosphäre zurückzufinden und konkrete Verbesserungsvorschläge für die Zukunft zu erhalten. Unsere Auswertung im Sitzkreis beinhaltet vor allem

– die Präsentation der in Kleingruppen entstandenen und nicht von allen wahrgenommenen Projektwochenarbeiten in lockerer Referatform
– eine Abschlussreflexion der gesamten Projekt- und Festphase (Was war gut? Was war schlecht? Welche Veränderungsvorschläge gibt es?)
– das gemeinsame Ansehen eines Videomitschnitts der Theateraufführung und von Fotos
– die Überleitung zum „normalen" Unterrichtsalltag

Abschließende Anmerkung: Im Jahr 1996 gab es an unserer Schule 17 Anmeldungen für den Anfangsunterricht Latein in der 5. Klasse, seit 1998 bis heute (Schuljahr 2001/2002) regelmäßig mehr als 50. Die Diskussion um Didaktik, Methodik und Leistungsbewertungen im Lateinunterricht hat mittlerweile die Mittelstufe erfasst und z. T. verändert.

Literatur und CDs

Literatur
Alföldi-Rosenbaum, Elisabeth (Hrsg.): Das Kochbuch der Römer. Rezepte aus Apicius. Zürich/Stuttgart 1970
André, Jean-Marie: Griechische Feste. Römische Spiele. Stuttgart 1994
Geschichte lernen. Geschichtsunterricht heute. Sammelband Antike. Velber 1996
Von Hentig, Hartmut: Bildung. Ein Essay. München/Wien 1996
Hojer, Sabine: Antike Spiele. Spielebox und Themenheft. München (Museums-Pädagogisches Zentrum) 1996

Huber, Heide: Lernspiele Römerzeit. Mülheim a. d. Ruhr 1999

Klippert, Heinz: Gewußt wie – Methodenlernen als Aufgabe der Schule. In: Pädagogik 1/1995, S. 6–10

Klippert, Heinz: Methoden-Training. 7. Aufl. Weinheim/Basel 1998

König, Angelika und Ingemar: Der römische Festkalender der Republik. Stuttgart 1991

Lohe, Peter/Maier, Friedrich: Latein 2000. Bamberg 1996

Maier, Robert (Hrsg.): Das römische Kochbuch des Apicius. Stuttgart 1991

Rieche, Anita: Römische Kinder- und Gesellschaftsspiele. Stuttgart (Schriften des Limesmuseums Aalen Nr. 34) 1984

Rieche, Anita: So spielten die alten Römer. Köln 1981

Stanford, Gene: Gruppenentwicklung im Klassenraum und anderswo. 4. Aufl. Aachen 1995

Weeber, Karl-Wilhelm: Alltag im Alten Rom. Ein Lexikon. 4. Aufl. Düsseldorf/Zürich 2000

Weeber, Karl-Wilhelm: Alltag im Alten Rom. Landleben. Düsseldorf/Zürich 2000

CDs

ISTA: ista, abiit, eveniat optime. Bezug über http://www.ista-latina.de

odi et amo I.II. Bezug über http://www.ista-latina.de www.ista-latina.de (lateinische „Raps")

SYNAULIA. Die Musik des antiken Rom 1. Blasinstrumente. Amiata Records 1996

D Eine Opernaufführung als Fest

von Ralf Beiderwieden

1. First Really European Students' Collaborative Opera – Die Idee

1996 nahm ich an einer europäischen Lehrerfortbildung in Bretton Hall, England, teil. Was sich unter dem eher unscheinbaren Thema „Royal Opera House Workshops for Teachers" verbarg, wurde zu einer zentralen Erfahrung: Es ist möglich, so war die Botschaft, mit einer Schulklasse eine Oper zu schreiben und aufzuführen: vom leeren Blatt Papier über die Konstruktion des Librettos, die Lyrik, die Komposition der Musik, das

Design von Bühne, Licht, Kostümen bis hin zur Aufführung – mit eigenem Orchester und eigenem Ensemble, eigener Souffleuse und eigenem Manager für Produktion, Bühne und Besucherservice. Perspektive: Ein Werk von drei Akten und etwa einer halben Stunde Länge. Überraschend:
- Die Idee ist nicht auf Oberstufen-Leistungskurse zugeschnitten, sondern ursprünglich auf Kinder in Primarschulen.
- Sie ist nicht beschränkt auf Instrumentalisten oder besonders begabte Kinder, sondern zugeschnitten auf ganz normale Schulklassen.
- Es geht nicht um extracurriculare Aktivitäten, sondern um ganz normalen regulären Klassenunterricht.

Die Idee stammt aus dem *Education Department der Metropolitan Opera Guild,* New York: Die Urheber wollten erfahrbar machen, dass Oper eigentlich nichts Fernliegendes sein soll – mit fremden Stoffen, Sängerinnen und Sängern, die ganz anders singen als die Kinder, Partituren in einer unnahbaren musikalischen Sprache –, sondern dass die Oper als aktuelles Theater ganz unmittelbar etwas mit den Kindern zu tun haben soll.

So entwickelten sie 1976 die Idee, eine Oper aus dem eigenen Erlebnis-, Erfahrungs- und Spielraum von Kindern entstehen zu lassen. Die ersten Versuche glückten, Lehrerfortbildungsprogramme wurden entwickelt. Das *Education Department des Royal Opera House,* England, übernahm und modifizierte das Kurskonzept in Zusammenarbeit mit dem *Bretton Hall College,* das zur Universität Leeds gehört.

In Bretton Hall bei Wakefield finden seither in jedem Sommer die Fortbildungskurse *Create and perform original opera* statt. Hunderte von Schulklassen haben mittlerweile in England ihre eigene Oper geschrieben. 1995 übernahm die Europäische Kommission den *Royal-Opera-House*-Kurs ins Angebot der europäischen COMENIUS-Aktion-III-Fortbildungen mit Teilnehmern aus ganz Europa.

Kernstück des Fortbildungskurses sind Schreibsitzungen, in denen die Schritte der Konstruktion des Handlungsgerüstes eingeübt werden. Hinzu kommen Musiksitzungen, wo geübt wird, Gefühle mit Stimme und Instrumenten auszudrücken, Rhythmen zu entwerfen und Musik zu schreiben. Dann wird ein Bühnenbild konzipiert (Skizzen anfertigen, Modell bauen), Kostüme werden entworfen und Räume mit Lichtwirkungen verzaubert. Es folgen Übungen und Spiele des Darstellenden Spiels.

Zwei Leitsätze sind mir aus den Fortbildungskursen ganz besonders in

Erinnerung geblieben: „Keep it simple!" und „Never underestimate the value of what you have done!"

2. Create and Perform Original Opera – Das Prinzip

Das Konzept ist einfach: Der *Arbeitsprozess* der Entwicklung der Oper wird formal straff organisiert und festgelegt, die Aufgaben werden präzise definiert und verteilt. Offen gelassen hingegen wird die *inhaltliche Gestaltung.* Zentrale Stellung nimmt die Konstruktion des Handlungsgerüstes ein. Es entsteht in der Abfolge:

1. *theme* (ein Wort oder einige Wörter)
2. *thesis* (ein Satz)
3. *characters and needs* (etwa sechs bis acht Charaktere – das werden später die Personen–, je etwa fünf Charaktereigenschaften, je ein oder zwei zentrale „Bedürfnisse", die dramatisch konfliktträchtig werden können)
4. *primary relationships* (eine Art Landkarte der Beziehungen)
5. *conflict* (genaue Anweisung: zwei Charaktere geraten in Konflikt über einen dritten, zwei weitere werden involviert)
6. *synopsis* (etwa sechs bis zehn Sätze, die den Konflikt in einen dramatischen Ablauf bringen, gegliedert in Eröffnung, Konflikt und Lösung; diese Dreiteilung wird zur Aktgliederung der Oper)
7. *scenario* (Entscheidungen über konkrete Ausfüllung wie Geschlecht der Akteure, Schauplätze, konkrete Pläne, Intrigen, Verwechslungen usw.)

Bis zur Synopsis sind die Inhalte sehr abstrakt: K und L sind verwandt, O hat die verrückte Idee, etwas Verbotenes zu tun ... Erst im entscheidenden Schritt des Szenarios folgt die Konkretisierung. Dieses lange Offenhalten ist etwas mühselig, aber sehr wichtig: Es hilft vorzubeugen, dass die Handlung zu früh in Stereotype abrutscht. (Schlägt O vor, Drogen zu beschaffen? Oder nachts ins Haus der Lehrerin einzubrechen, um die Klassenarbeit im Computer einzusehen?) Je ungewöhnlicher die Ideen im Szenario, desto besser. Auf dieser Basis können die Schülerinnen und Schüler das Skript schreiben (Dialoge, Songs ...), die Musik komponieren, das Design entwerfen. Erst zur Beginn der Probenwoche erhält jeder Schüler, jede Schülerin die spezialisierte Aufgabe innerhalb des Ensembles: Darsteller, Orchestermusiker, Designer, Manager, Souffleuse.

3. Der Schritt zur eurOPERA

Gleich im Anschluss an den Fortbildungskurs hatten sich etliche Kolleginnen und Kollegen zu europäischen Arbeitsgruppen zusammengefunden: Wir konnten dazu die europäischen Fördermöglichkeiten als Schulpartnerschaft innerhalb der COMENIUS-Aktion 1 (Teil des SOKRATES-Programms) nutzen. In unserer Gruppe, an der die Schoil An Chroi Naofa (Primarschule, Irland) und die Oundle Middle School Peterborough (England), beteiligt waren, reifte allmählich der Plan, Teile des Opernprozesses in Gemeinschaftsarbeit zu entwickeln. So entstand ganz allmählich der Umriss der eurOPERA.

1997 bis 1998 haben wir per Fax die Schritte Thema-Thesis-Charaktere-Synopsis abgestimmt. Jede Schule hat eine Musiknummer beigesteuert. Resultat: drei Opern mit ähnlichem Handlungsgerüst und drei gemeinsamen Musiknummern. 1998 bis 1999 haben wir erstmals in einer Internet-Konferenz auch das Szenario diskutiert und entwickelt. Danach konnte die Arbeit aufgeteilt werden: Cork schrieb Akt I, Oldenburg Akt II, Oundle Akt III. Ergebnis: die erste europäische Schüleroper, gemeinsam geschrieben, aber getrennt voneinander in den Schulen aufgeführt.

4. F.R.E.S.C.O. – Die gemeinsame Opernaufführung im vierten Jahr

Nun fehlte nur noch der letzte Schritt zur *ersten echten europäischen Schüler-Gemeinschafts-Oper:* die Jugendlichen selbst zusammenzubringen. Bei einem Planungstreffen verständigten sich die koordinierenden Lehrerinnen und Lehrer der Partnerschulen über ihre Aufgabenverteilung. Die Gastgeberin Mary Ryng aus Irland sollte Regie führen, die Gesamtleitung und das letzte Wort haben, Terence Irwin aus England leitete das Design und ich die Musik (Gesang und Orchester).

Außerdem beschlossen wir, dass jedes Land zwölf Jugendliche mitbringen durfte. Es zeigte sich, dass fast alle Eltern bereit und in der Lage waren, die Kosten zu tragen. Ganz wichtig erschien uns, dass auf keinen Fall jemand aus finanziellen Gründen zu Hause blieb. Es wurden Förderer gefunden, die das absicherten. Bei der Auswahl der Schüler entschieden wir uns für das Losverfahren, denn wir wollten mit Absicht keine Leistungsauswahl.

Der Prozess des Konzipierens, Schreibens und Komponierens verlief wie geübt. Er war nicht leicht, es gab durchaus Verwerfungen und hitzige Diskussionen – wie im richtigen Europa.

Nach der Szenario-Konferenz schrieb diesmal die englische Gruppe den ersten Akt, Oldenburg den zweiten und Cork den Schlussakt. Im Februar war das Skript fertig, die englische Übersetzung des zweiten Aktes im März, ebenso die Musik – allerdings so offen und variabel arrangiert, dass sie noch im Laufe der geplanten Probenwoche an die Möglichkeiten der Spieler, die Lautstärke der Sänger (Mikrofone waren tabu) angepasst werden konnte.

In den Osterferien 2000 trafen sich dann je zwölf Jugendliche der drei Partnerschulen in Cork. Im Gepäck hatten sie Skript, Design-Entwürfe und Noten. Es folgte eine Woche mit Proben zu Crashkurs-Bedingungen – in englischer Sprache – und dann zwei Aufführungen im kleinen *Granary Theatre* in Cork – festlicher Höhepunkt einer aufregenden Projektpartnerschaft.

Weil nicht alle Schüler mitfahren konnten, planten wir in Oldenburg eine eigene Produktionswoche mit der gesamten Klasse und produzierten wie in den Vorjahren drei weitere festliche Aufführungen vor zusammen etwa 400 Besuchern. In diese Probenwoche brachten die Irlandreisenden ihre europäische Erfahrung ein und das ganze Ensemble profitierte davon. Man spürte förmlich, wie nach ihrer Rückkehr der Funke auch auf die Daheimgebliebenen übersprang.

5. Ein fächerverbindendes Projekt – Der schulische Rahmen

Unter den Bedingungen eines niedersächsischen Gymnasiums mussten wir das Kurskonzept an unserer Schule modifizieren und Belange des fachlichen Curriculums stärker berücksichtigen. Es entstand ein fächerverbindendes Konzept:

– Im Deutschunterricht entstanden Monologe, Dialoge, Raps,
– im Musikunterricht Rhythmen, Harmoniefolgen, Melodien, Songs,
– im Kunstunterricht Bühnen- und Kostümdesign, Logo und Plakat.

Weil unser Projekt rasch eine europäische Perspektive gewann, wurde bald auch das Fach Englisch involviert. Wir haben die eigentliche Produktions- und Probenphase extrem kurz gehalten: Sie umfasst eine Woche mit insgesamt 19 Schulstunden. Enthalten sind insgesamt 9 Stunden Fachunterricht (Deutsch, Musik und Kunst) – also ein Mehraufwand von nur 10 Schulstunden. Proben und Regie wurden – auf dringenden Rat des *Royal Opera House* – von Lehrerinnen und Lehrern geführt.

Ein Jahr lang wird viel und hitzig diskutiert – in dieser einen Woche aber nicht mehr. Wie in einem richtigen Theater kommen die Akteure zur ersten Probe zwar mit gelernten Songs, aber nicht mit gelernten Rollen. Auch das kleine Orchester beginnt erst jetzt zu proben. Eine echte Crashwoche geballten, ungemein intensiven und disziplinierten Produzierens, wie ich es aus dem normalen Schulbetrieb nicht kenne.

Die wichtigsten Eckpunkte der unterrichtlichen Zusammenarbeit sind:
- Arbeit am Szenario (2 bis 4 Stunden): Musik- und Deutschlehrer gemeinsam, ggf. Kunstlehrer.
- Erste Produktionssitzung (2 Stunden): Das Szenario wird mit dem Kunstlehrer besprochen, erste Kostproben komponierter Musik werden vorgeführt, Designentwürfe gezeigt und diskutiert.
- „Kleine Projektwoche" (19 Stunden): In der heißen Produktionsphase sind mehrere Lehrkräfte zugleich im Einsatz: der Kunstlehrer in den Designwerkstätten (Bühnenbild, Kostüme, Licht und Technik), der Musiklehrer als musikalischer Leiter, der Deutschlehrer als Regisseur zumindest der Sprechszenen, die Sportlehrerin bei den Proben der Tanz- und Bewegungsszenen und alle zusammen während der technischen Probe (3 Stunden) und der Generalprobe (3 Stunden).

Diese Gemeinschaftssitzungen reichten in unserem Fall aus, weil vom zweiten Jahr an der Prozess ziemlich klar war und auch als schriftliche Unterlage zur Verfügung stand. Ansonsten konnte die Devise gelten: getrennt produzieren, vereint aufführen.

6. F.R.E.S.C.O. –
Ein europäisches Gestaltungsprojekt

Das Projekt stellt zweifellos ganz erhebliche Anforderungen an die beteiligten Lehrerinnen und Lehrer und kann gelegentlich auch Konflikte bergen. (Man tut gut daran, ein wenig Gelassenheit gegenüber kontroversen Situationen mitzubringen.) Es birgt eine Fülle von kritischen, unvorhersehbaren Situationen, was in den letzten 72 Stunden an Grenzen der seelischen und körperlichen Belastbarkeit führt, einmal angelaufen aber gemeistert werden *muss*. (Sobald das Theater gebucht ist, die Flugtickets bestellt sind, gibt es kein Zurück mehr!)

Die eurOPERA ist ein Projekt mit einer straffen vorgegebenen Struktur, einem streckenweise rigiden Zeitplan, einem gerüttelt Maß an Fremdbestimmung. Projektarbeit als Ernstfall, die von allen ein hohes Maß an Präzision, Kooperation, Kommunikation, Timing und Disziplin erfordert.

Aber wie bei kaum einem anderen Unterrichtsprojekt sind hier Prozess und Produkt verschränkt. Die eurOPERA ist ein Paradebeispiel fächerverbindenden Lehrens und Lernens und ein Stück „europäischen Mehrwerts": Es ist erstaunlich, was für mitreißende Szenen und aufregende Musik Jugendliche einer Klasse 8 schaffen können. Von Beginn unserer eurOPERA-Vernetzung an entstand ein wahrer Überreichtum an aufregend schönen Musiknummern: Wenn jede Gruppe nur einen Akt schreibt, entfesselt sich ja ein noch viel größeres Potenzial im Gesamtwerk. In unserer ersten Oper hatten wir etwa fünf gute Musiknummern, in der letzten aber dreizehn, darunter ein paar richtig große Songs. Die besten Songs der Opernklassen haben inzwischen einen festen Platz im Liederrepertoire des Musikunterrichts.

Am 21. und 22. September 2000 waren die Ergebnisse unseres Projekts (Video, Bilder, Texte usw.) an den Bildungstagen im europäischen Pavillon auf der Weltausstellung in Hannover zu sehen – auf Einladung der Europäischen Kommission. Wir fühlten uns sehr geehrt.

Alle inhaltlichen und methodischen Voraussetzungen für das Opernprojekt werden im Kurs des *Royal Opera House* vermittelt. Jeder, der verwegen genug ist (der englische Kollege sagt: „Everybody who is mad enough …") und Lust und Gestaltungsdrang hat, einmal etwas ganz anderes zu tun, kann den entwickelten Projektplan benutzen. Für die Schülerinnen und Schüler ist der Opernprozess, erst recht der europäische Opernprozess, eine entscheidende Erfahrungschance.

7. Lies, cries and goodbyes – Inhalt der Oper

Die Jugendlichen von F.R.E.S.C.O. wählten das Thema „Freundschaft. Hobbys. Tod." Die Thesis: „Du weißt erst, wie wichtig Freunde sind, wenn du sie verlierst."

Das Szenario:

1. Akt: Große Demonstration mit Protestsong vor der Pharmafabrik. Ursula und ihre Freunde Rachel und Vitali kämpfen gegen Tierversuche. Da tritt die arrogante Toni auf, Star der Basketball-Mannschaft, gefolgt von ihren Cheerleaders und Werner, der nicht von ihrer Seite weicht. Toni macht sich in schäbiger Weise über „Öko-Ursula" und den „stinkenden Punk" Vitali lustig. Rachel bleibt abseits: Sie mag Werner, aber er bemerkt sie gar nicht. Die drei Freunde lassen sich nicht einschüchtern, machen Pläne für die nächste Kundgebung.

2. Akt: Nachts, im Sportpark. Die Cheerleaders haben noch einmal ihren Auftritt geübt, da irrt Ursula herein. Die Cheerleaders lauschen ihrer Klage: Ihre Mutter ist schwer krank, sie braucht ausgerechnet die Pillen, die in der Fabrik hergestellt werden. Verzweifelt und innerlich zerrissen, ist sie nicht zur Kundgebung gegangen, hat die Freunde hängen lassen. Per Handy informieren die Cheerleaders Toni. Vitali tritt auf, verärgert, verbittert. Gleich danach Toni. Sie verhöhnt Ursula: „Alles, was du machst, alles, was du tust, geht in die Hose. Du bist ein Versagertyp!" Auch Vitali verlässt sie, Ursula bleibt allein.

3. Akt: Werner und Rachel kommen zusammen, erkennen, dass Tonis Spott gemein war. Sie gehen zu Ursula und machen ihr Mut. Wieder kommt Toni und höhnt, aber Vitalis Auftritt fährt dazwischen: Toni, ich weiß jetzt, du hast meinen besten Freund auf dem Gewissen. Er kam beim Autounfall ums Leben und du hattest ihn auf die Straße gehetzt. Vergeblich versucht Toni sich zu rechtfertigen: „Let me explain-...", die anderen jagen sie fort, halten fest zusammen: „Friends forever".

Eine Geschichte voller innerer und äußerer Konflikte. Eine einfache und zugleich vielschichtige Geschichte mit Chancen für herrliche Musiknummern: Liebesduett, Protest-Song, Hohn-und-Spott-Rap, Cheerleaders'-Song, Entschuldigungs-Monolog, Schluss-Chor.
Den folgenden Liedtext, Ursulas „Verzweiflungs-Song" aus dem 2. Akt, hat eine Oldenburger Schülerin auf Deutsch geschrieben. Für die Gemeinschaftsproduktion wurde eine Rohübersetzung ins Englische angefertigt, die dann von den Iren korrigiert und sprachlich verbessert wurde. Aus pragmatischen Gründen entschied sich die Oldenburger Gruppe schließlich, auch ihre eigene Produktion auf Englisch aufzuführen.

Ursula's Monologue

Oh no, what awful things have happened
Yesterday was fine and okay
But today I saw mother's face
So pale and so frail and so deathly.

I had a look into her bag
To find some money for posters
I found those pills from that factory
Oh, why in God's name, tell me why?

I'm full of fear and I'm so alone,
I'm really devastated,
I don't know how I could change things.
I must do wrong and I hate it.

Well, I've been running all day long,
I wasn't at the protest.
My mother needs the PILLS they make
I feel that it all is a mockery.

I could not go to protest today
against what they do to the animals.
I let my friends down very bad
and now I just feel like a traitor!

I'm full of fear and I'm so alone,
I'm really devastated,
I don't know how I could change things.
I must do wrong and I hate it.

Adressen

Sekretariat der Ständigen Konferenz der Kultusminister der Länder in der Bundesrepublik Deutschland, Pädagogischer Austauschdienst, Postfach 2240, 53012 Bonn, http://www.learn-line.nrw.de/Anbieter/pad/ (in Deutschland zuständig für das SOKRATES/COMENIUS-Programm)

Royal Opera House, Education, Paul Reeves, Covent Garden, London WC2E 9DD, Tel: 0044/171/240-1200, Fax: 0044/171/212-9502, im Internet: http://www.royalopera.org (Träger der Kurse „Create and Perform Original Opera" in Bretton Hall)

Bretton Hall, College of the University of Leeds, Dr. Valery Tee, West Bretton, Wakefield, West Yorkshire, England, WF4 4LG, Fax: 0044/01924/830521 (organisiert die Opernkurse vor Ort und unterhält den Kontakt zum SOKRATES/COMENIUS-Programm der Europäischen Kommission.)

Ralf Beiderwieden, Rahel-Varnhagen-Weg 14, 26131 Oldenburg, Tel./Fax: 0441/486977, E-Mail: beiderwieden@debitel.net (Jedem, der das Opernprojekt angehen möchte, antworte ich gern auf alle Fragen.)

E Projektwochenfest

von Jürgen Marx

Projektwochen für die ganze Schule und Projektphasen für einzelne Klassen oder Kurse gewinnen immer mehr an Bedeutung. Die Schüler lernen hierbei, in fächerverbindender und fachübergreifender Arbeit die engen Fachgrenzen zu überwinden und konstruktiv in Teams zusammenzuarbeiten. Um das Miteinander zu fördern, vor allem aber um die Projektergebnisse einer schulischen oder sogar außerschulischen Öffentlichkeit vorzustellen, schließen schulische Projektwochen oft mit einem Fest ab. Weniger häufig findet dies nach Projektphasen einer Klasse oder eines Kurses statt, doch auch hier ist eine Feier mit Präsentation der Gruppenergebnisse ein sinnvoller und gemeinschaftsfördernder Projektabschluss. Im Folgenden sind für diese beiden Festanlässe einige Gestaltungsideen und Durchführungstipps zusammengestellt. Im Vordergrund stehen dabei Aspekte der Festgestaltung, die für den Abschluss einer Projektphase spezifisch sind.

1. Projektwochenfest als Schulfest

Projektwochen, die mit einem Schulfest ausklingen, dürften in allen Schulformen die größte Tradition haben. Anders als bei einem normalen Schulfest wird die Festgestaltung hier vom Zweck der Präsentation der Projektwochenergebnisse bestimmt.

Präsentationsflächen und Raumkoordination

Beim Projektwochenfest ist es daher wichtig, dass allen Projektgruppen ausreichende Präsentationsflächen zur Verfügung gestellt werden. Um Raumengpässe zu vermeiden, sollte bereits bei der Planung der Projektwochen ein Schwerpunkt der Raumkoordination gewidmet werden.

– In der Regel können Ausstellungen sehr gut in den entsprechend dekorierten Klassenräumen stattfinden.
– Für Vorführungen oder Podiumsveranstaltungen kommen dagegen eher Flur- und Auläräume in Frage.
– Auch geeignete Fachräume können in die Raumplanung einbezogen werden.
– Der Stellwandbedarf sollte rechtzeitig angemeldet werden.
– Der Aufbau sollte möglichst am Vortag der Veranstaltung stattfinden.

Festprogramm

Bei der Festlegung der Abfolge der Programmpunkte sollten besondere Höhepunkte herausgestellt werden (z. B. Aufführung des Theaterprojekts, Vorführung des Filmprojekts). Welche besonderen Akzente gesetzt werden, hängt natürlich vom Thema der Projektwoche ab. Da bei Projektwochen der gesamten Schule alle Fächer beteiligt sind, kann die Programmpalette besonders vielgestaltig und informativ ausfallen. In jedem Fall sollte allen Teilnehmern und insbesondere auch den Gästen die Übersicht durch gut strukturierte Programmankündigungen erleichtert werden. Als Handzettel gedruckte Programmübersichten mit genauen Zeit- und Raumangaben sowie zusätzliche werbewirksam gestaltete Plakate erleichtern allen Teilnehmern die Orientierung. Bei der zeitlichen Festlegung der Angebote sollte bedacht werden, dass den Gästen zwischen einzelnen Programmpunkten genügend Zeit bleiben muss, andere Gebäudeteile zu erreichen oder in den Schülercafés Erholungspausen einzulegen.

Strukturierung der Themen

Eine Strukturierung der Ausstellungs- und Vorführungsbeiträge nach Aufgabenfeldern liegt nahe (sprachlich-literarisch-künstlerisches, gesellschaftswissenschaftliches, mathematisch-naturwissenschaftlich-technisches Aufgabenfeld sowie die außerhalb dieser Aufgabenfelder stehenden Fächer Sport und Religion). Neben vorrangig fachlich-informativ orientierten Präsentationen der Projektwochenergebnisse sollten mehr unterhaltende und festliche Programmangebote stehen. Musik- und Sportdarbietungen, aber auch Theatervorführungen unterstreichen den festlichen Charakter des Abschlusses der Projektwoche.

Dokumentation

Eine spezielle Projektwochenzeitung mit Berichten über die Themen, den Verlauf und die Ergebnisse der Projekte, illustriert durch Fotos und Hintergrundberichte, sollte am Präsentationstag vorliegen und allen Interessierten Einblicke in die Vorgeschichte der fertigen Projekte ermöglichen. Ein „Festtags-Schulradio" kann über die schulische Sprechanlage verbreitet werden. Vorbereitete Reportagen und Kommentare vermitteln Hintergrundinformationen, die durch Musikbeiträge aufgelockert werden können. Live-Beiträge und -Interviews können ganz aktuell informieren. Gibt es an der Schule eine Videoausrüstung, können zusätzlich Videoreportagen gedreht werden, die das Wochengeschehen sehr anschaulich dokumentieren. Wird am Festtag ein Arbeitsstudio mit Überspiel- und Nachvertonungsmöglichkeiten eingerichtet, können auch aktuelle Aufnahmen vom Tage verarbeitet werden. Für die Vorführung vor einem großen Publikum ist ein Projektionsgerät erforderlich, das auch bei einer Bildstelle ausgeliehen werden kann. Alternativ können zwei oder drei in einem großen Raum gestaffelt aufgestellte Fernseher, die durch Verlängerungskabel und einfache Steckkontakte verbunden sind, für 60 bis 80 Zuschauer eine gute Vorführungsqualität gewährleisten.

Bewirtung

Nach Möglichkeit sollte bereits bei der Projektvergabe die spätere Festgestaltung bedacht werden, damit keine wichtigen Festelemente fehlen. So sollte darauf geachtet werden, dass es für das Abschlussfest genügend Servicegruppen gibt, die für die *Bewirtung der Festteilnehmer* sorgen.

Bei sprachenbezogenen Projektthemen dürften interessierte Gruppen leicht zu motivieren sein, landestypische Bistros und Cafés mit den entsprechenden Spezialitäten einzurichten. Selbstverständlich werden Speisekarten, Plakate, Namenshinweise, Rezepte für die Gerichte und auch die Bedienungsgespräche der Kellner projektgerecht in der jeweiligen Fremdsprache gestaltet sein. Je mehr landeskundliche Besonderheiten bei der Auswahl der Gerichte berücksichtigt werden, desto vielseitiger und damit überraschender und schmackhafter dürfte das lukullische Ergebnis ausfallen. Denkbar ist z. B. eine spanische Tapas-Bar, die nicht nur andalusische, sondern auch baskische, galizische und andere Tapas-Spezialitäten anbietet. Auch die Möglichkeiten der italienischen Pizzaküche sind origineller und vielgestaltiger als das gastronomische Standardangebot.

Historisch orientierte Gruppen finden in den Speisekarten der Vergangenheit vielfältige Anregungen für stilgerechte Imbissangebote. So können z. B. römische Gerichte von kochbegeisterten Geschichts- oder Latein-Projektgruppen nach Originalrezepten leicht nachgekocht werden.[1] Mit Hilfe geeigneter Bildbände oder Museumsmaterialien[2] kann man versuchen, die stimmungsvolle Atmosphäre historischer Gaststätten und Herbergen durch Kulissen und Kostüme ansatzweise nachzustellen.

---

1 vgl. Maier, a.a.O.
2 vgl. Schmidt, Rieche und Connolly/Dodge, a.a.O.

2. Beispiel: Präsentation eines Filmprojekts

Am Beispiel der Präsentation eines Filmprojekts soll nun demonstriert werden, welche projektwochenspezifischen Konsequenzen sich für das *Programm* und die *Festraumgestaltung* ergeben – Überlegungen, die sich auf ähnliche Projekte (Theater, Musical, Hörspiel) übertragen lassen. Medienprojekte wie das Drehen eines Videofilms sind besonders geeignete und beliebte Projektwochenbeiträge. Denn anders als im Unterrichtsalltag steht hier genügend Zeit für die meist aufwändigen Dreharbeiten zur Verfügung.[1] Zudem fordert eine Filmpremiere vor Gästen die Projektgruppe zu größeren Leistungen heraus als eine klasseninterne Vorführung und stellt meist einen besonderen Höhepunkt eines Projektwochenfestes dar.

Ergänzender Programmpunkt kann die Dokumentation des oft mühsamen Weges zum fertigen Film sein (Dias oder Videofilm mit Vertonung, Audiobeitrag). Die Gäste erfahren so Aufschlussreiches über die Besonderheiten des Arbeitsprozesses und können einen Blick hinter die Kulissen werfen. Will man den Zuschauern intensivere Einblicke vermitteln, sollte die Dokumentation um eine *Ausstellung* erweitert werden. Dazu können Exponate auf Tischen platziert und zusätzlich Stellwände aufgebaut werden. Szenenfotos, erste Handlungsentwürfe, fertige Drehbücher, Skizzen zu Aufnahmedetails (Storyboard) sollten daher gesammelt und für eine informativ gestaltete Wanddekoration und Ausstellung aufbereitet werden. Oft ist es für das Publikum nützlich, einzelne Ausstellungsgegenstände, bildlich dokumentierte Abläufe oder technische Zusammenhänge durch Texttafeln näher zu erläutern.

Für die Dekoration des Premieren-Festraums können auch die technischen Geräte (Kamera, Scheinwerfer, Mikrofone, Filmklappe) und die Requisiten wirkungsvoll eingesetzt werden.

Nicht jeder Vorspann eines Films muss mit Computeranimation gestaltet werden. Wenn die Schüler den Vorspanntext von Hand entwerfen und anschließend filmen, können mehr Gruppenmitglieder am Arbeitsprozess beteiligt werden (Schrift gestalten und ausmalen, Scheinwerfer für die Aufnahme einrichten, Titel und Vorspann aufnehmen ...). Zugleich erhält die Gruppe mit dem Vorspannplakat ohne zusätzliche Arbeit ein informatives Dekorationselement für den Festraum.

---

1 Tipps zur Durchführung für Anfänger vgl. Marx, a.a.O. S. 150 ff.

Das gesamte Premierenprogramm könnte folgendermaßen präsentiert werden:

1. Erkennungsmelodie des Films
2. Begrüßung der Gäste durch einen Schüler aus dem Regieteam
3. Vorführung des Films mit anschließender Möglichkeit zur Diskussion, z. B. bei einem festlichen Umtrunk
4. Vorführung eines Dokumentationsbeitrags zu den Dreharbeiten (Diavertonung, Videoreportage oder Audiobeitrag)
5. Einladung der Gäste zum Besuch der Ausstellung und evtl. zur Teilnahme am Video-Workshop
6. Workshop-Angebot: z. B. Kameraübungen (mit drei bis fünf Einstellungen einen Videosteckbrief eines Teilnehmers so gestalten, dass unterschiedliche Einstellungsgrößen und Perspektiven eingesetzt werden ...) oder Schnittübungen (Szenen am Schnittplatz zusammensetzen, Schnitteffekte kennen lernen ...)
7. Bei Vorführung mehrerer Filme: Nach den Vorstellungen durch Zettelabfrage „Oscar-Prämierung" durchführen und am Schluss die Preisträger vorstellen (bestes Drehbuch, beste Regie ...)

3. Klassenfest als Projektabschluss

Projekttage gibt es zunehmend auch auf Klassenebene. Die thematische Arbeit dieser Projekttage lässt sich sehr gut mit der Förderung des Klassenzusammenhalts verbinden. Statt die Projektergebnisse routinemäßig im Unterricht auszuwerten und erst später am Tag der offenen Tür oder im Rahmen eines Schulfestes zu präsentieren, können die Gruppen ihre Ergebnisse auch im Rahmen eines kleinen Klassenfestes vorstellen. Viele Vorhaben bieten gute Voraussetzungen für eine themenbezogene Abschlussparty. So liefern Erdkunde-, Geschichts- und Sprachenprojekte mit ihren landeskundlichen und historischen Bezügen vielfältige Anknüpfungspunkte für eine stimmungsvolle Raumgestaltung, originelle Speisen und Getränke und einstimmende Musik. Soll das Fest zu einer größeren Party werden, lädt man eine oder mehrere Parallelklassen ein. (Zur Festgestaltung siehe auch Kapitel 3)

Bei anderen Projekten können – ähnlich wie bei der Gestaltung des Projektwochenfestes der ganzen Schule – Schülerarbeiten oder thematisch passende Plakate zur Dekorierung des Raumes beitragen.

Auch die Vorschläge zur Gestaltung einer Filmpremiere (s. S. 217) können auf ein Klassenfest mit Premierencharakter übertragen werden (analog: Hörspiel, Theaterstück, Musikbeitrag). Allerdings ist für das Fest auf Klassenebene wichtig, die spielerischen und Spaß bereitenden Festelemente zu verstärken, da ja Schüler und nicht auch Eltern die Adressaten sind (z. B. Erweiterung der Filmpremiere zum „Hollywood-Fest" mit passenden Spielen und Musikangeboten, s. S. 43 f.)[1]

Reizvoll sind auch *Festorte außerhalb der Schule,* die einen besonderen Themenbezug zur Projektwoche ermöglichen.

Dazu einige Beispiele:

– Zum Projektthema passendes, stimmungsvolles Lokal (z. B. bei einem Zukunftsprojekt: futuristisch gestaltetes Lokal, Montage von Filmausschnitten aus bekannten Zukunftsfilmen auf ein oder zwei Monitoren, passende Musik)

– Bei Projekten in nur einem Fach: Kurzexkursion zu passendem Ort (z. B. im Fach Geschichte: historische Rallye mit Festhöhepunkt an archäologisch interessantem Ort, in Burg- oder Schlosshof oder

---

1 Vielfältige thematische Anregungen für Feste finden sich bei Thiesen, a.a.O S. 178–183

stimmungsvollen Innenräumen; in naturwissenschaftlichen oder gesellschaftswissenschaftlichen Fächern: Firmenexkursion evtl. mit Besuch der Werkskantine; bei Medienprojekten: Besuch eines Senders oder Blick hinter die Kulissen einer Filmproduktion)

Natürlich lässt sich ein solches Fest auch weniger aufwändig und weniger themenbezogen gestalten. Ohne Präsentationsverpflichtungen und mit weniger intensivem Themenbezug trifft sich dann die Klasse außerhalb der Schule in einem elterlichen Partykeller, einem Jugendheim oder dem Saal einer Gastwirtschaft. Dem Fingerspitzengefühl der Projektlehrer bleibt es dann überlassen, ob und wie intensiv sie durch einführende Bemerkungen oder besondere Akzente (z. B. Verleihung von Preisen an besonders aktive Schüler oder Schülergruppen) Rückbezüge zum vorausgegangenen Projekt herstellen. Gerade in Räumen außerhalb der Schule mit Partyatmosphäre wird der Wunsch zu tanzen im Vordergrund stehen. Tanzspiele helfen schüchternen Schülern, ihre Hemmungen zu überwinden und ebenfalls Spaß auf der Tanzfläche zu haben. Vorgestellt seien hier darum zwei lebhafte Tanzspiele.[1]

Klebstoff-Tanz
ab Klasse 5
Material: lebhafte Tanzmusik
Alle tanzen paarweise, jedoch mit „zusammenklebenden" Körperteilen (z. B. Unterarme, Wangen, Hüften, Fingerspitzen), die der Spielleiter nacheinander möglichst abwechslungsreich ansagt. Berühren sollen sich dabei nur die angesagten Körperteile.

Disko auf dem Planeten Pluto
ab Klasse 5
Material: Tanzmusik, evtl. Decken
Die Gruppe startet gemeinsam zum Planeten Pluto, indem alle untergehakt in einem Kreis mit dem Gesicht nach außen hocken. Beim Ertönen eines Raketengeräusches (Imitation durch die Teilnehmer) erheben sich alle, drehen sich schnell im Kreis und bilden dann Paare, die weitertanzen. Unterbricht der Spielleiter die Musik, müssen die Tänzer ein Problem, das sich auf Planeten zeigt, tänzerisch lösen: Vulkanhitze unterm

---

1 vgl. auch die zehn besten Tanzspiele bei Baer, a.a.O. S.18

Diskoboden, schrumpfender Raum, Meteoritenhagel (evtl. Schutz unter Decken suchen), zu- oder abnehmende Schwerkraft ...

Literatur

Baer, Ulrich: 666 Spiele für jede Gruppe für alle Situationen. 6. Aufl. Seelze 1999

Connolly, Peter/Dodge, Hazel: Die antike Stadt. Das Leben in Athen und Rom. Köln 1998

Maier, Robert (Hrsg.): Das römische Kochbuch des Apicius. Stuttgart 1991

Marx, Jürgen: Videofilm-Projekt. In: Gerd Brenner (Hrsg.): Die Fundgrube für den Deutschunterricht. Berlin 1995, S. 150–153

Rieche, Anita: Führer durch den Archäologischen Park Xanten, Rheinland. 3. Aufl. Pulheim 1999

Schmidt, Hartwig: Archäologische Denkmäler in Deutschland. Stuttgart 2000

Thiesen, Peter: Freche Spiele. 2. Aufl. Weinheim 1997

8 Feste feiern mit Poesie

von Susanna Martinez und Hans-Peter Schwöbel

„Feste feiern mit Poesie" ist ein langfristiges Projekt. Sowohl die Lernziele als auch die Verschiedenartigkeit der Feste und Feiern, zu denen wir mit unseren Programmen beitragen, zeigen, dass es sich nicht um kurzfristige Perspektiven handelt, die auf ein einzelnes Fest gerichtet sind oder nur vor bestimmten Festen aktiviert werden können. Was wir schildern, wird über einen Zeitraum von drei Jahren entwickelt. Als pädagogische Wirkungsfaktoren streben wir Langfristigkeit, Stetigkeit und Nachhaltigkeit an. Beispielhaft seien nur einige Ereignisse genannt, zu denen wir bisher mit unseren Auftritten beitrugen: zu Schulfesten und -basaren, zur Begrüßungsfeier der neuen Fünftklässler, zur Abschiedsfeier eines Schulamtsdirektors, zu Festgottesdiensten und zum Tag der offenen Tür in einem Mannheimer Wasserwerk. Für diesen außerschulischen Auftritt zahlte der Veranstalter Honorar, das in die Klassenkasse ging. Die Freude über das erste gemeinsam verdiente Geld war groß und ein besonders handfester Beweis für die überschulische Realität des Ereignisses. Es gab auch spontane Aufführungen auf der Straße und nicht zuletzt wurden Schüler in ihrem privaten Umfeld gebeten, aus dem Programm bei Festen vorzutragen.

1. Lernzielkomplexe

Gemeinsame Planung, Vorbereitung und praktische Gestaltung von Festen und Feiern mit Poesie kann zur Entwicklung hochwertiger Persönlichkeits- und Gemeinschaftseigenschaften beitragen. Im Folgenden werden wichtige Lernziele genannt, die mit diesem Projekt verbunden sind. Diese Lernziele sind hoch vernetzt und integriert. Scheitern wir also an einem Ziel, wird immer eine Fülle anderer Ziele in Mitleidenschaft gezogen.

- Lernziel Aufmerksamkeit: lernen, aktiv und konzentriert zuzuhören.
- Systemisches Denken und Teamfähigkeit: lernen, nicht nur Einzelgesichtspunkte zu beachten, sondern in Konzepten und gemeinsamen Projekten zu denken
- Voraussicht und Verlässlichkeit: Antizipations- und Orientierungskompetenzen; Planungs- und Organisationskompetenzen
- Eigeninitiative und Verantwortungsbereitschaft entwickeln
- Verhandlungskompetenz; Fähigkeit, Kompromisse zu schließen, eigene Ansprüche zu relativieren und mit guten Argumenten auch entschlossen zu vertreten. Lernen, begründet und begründend auszuwählen
- Kritikkompetenz: Lernen, Vorschläge und Vorträge von Klassenkameraden freundlich, aber deutlich zu kritisieren und sich in ebensolcher Weise kritisieren zu lassen
- Qualitätsbewusstsein für Humor, Satire und Gags aufbauen
- Ängste vor dem Auftritt vor Zuschauern bewältigen lernen; lernen, unter Stress hohe Qualität zu bieten; lernen, auf Pannen nicht panisch zu reagieren
- Rhetorische Fähigkeiten ausbilden; Lust an Performance entwickeln: Körpersprache, Artikulation, Sprechen als rhythmisches und melodisches Ereignis genießen und anderen zum Genuss machen; lernen, Aufmerksamkeit, gegebenenfalls auch Andacht, zu erzeugen
- Lernen, zu moderieren, *Conférence* zu gestalten (nicht nur sich selbst und die Gruppe, sondern auch das Publikum zu führen); Moderationstexte als Chance für kreatives Schreiben; lernen, sich vor vertrautem und vor fremdem Publikum vorzustellen
- Lernen, mit Mikrofonen zu arbeiten und die Scheu vor Kameras zu verlieren
- Lernen, sich auftritts- und programmgerecht zu kleiden und zu stilisieren
- Lernen, Checklisten anzulegen und zu kontrollieren
- Lernen, selbstständig Rückkoppelungsprozesse zu organisieren
- Veranstaltungsabläufe erarbeiten (inkl. Brainstorming), mit dem PC erfassen und vervielfältigen
- Lernen, Zeitraster exakt einzuhalten oder gegebenenfalls auch umzuwerfen (Vortragsproben mit Stoppuhr)
- Lernen, Requisiten zu organisieren und zu verwalten
- Lernen, ein Ereignis zielgruppenorientiert zu gestalten

- Höflichkeit, Pünktlichkeit, Rücksichtnahme, Hilfsbereitschaft, Konfliktfähigkeit, Kompromissbereitschaft, Toleranz, Zivilcourage
- Bereitschaft und Fähigkeit zu selbst gesteuerter Mitarbeit, Beschaffen und Bereithalten von Informationen und Materialien, Sorgfalt und Zuverlässigkeit
- Fleiß, Ausdauer, Anstrengungs- und Lernbereitschaft, Zielstrebigkeit, Regelmäßigkeit, Eigeninitiative, Verantwortungsbereitschaft und Kreativität
- Bereitschaft und Fähigkeit, Aufgaben und Pflichten zu übernehmen, Absprachen und Regeln einzuhalten; die Fähigkeit, in einer Gruppe die Kompetenzen Einzelner zu nutzen und selbst mit der eigenen Kompetenz der Gruppe zu dienen. Nicht zuletzt die Fähigkeit, sich nicht leicht und dauerhaft frustrieren zu lassen, sondern nach erlebtem Scheitern erfahrener und mit ungebrochener Zuversicht weiterzumachen

2. Lernzielkontrolle

Kontrolle der Lernziele erfolgt auf vielfältige Weise. Natürlich spielen die Reaktion des Publikums und die Nachfrage eine große Rolle. Die Schüler werden mit Beifall und Komplimenten überschüttet. Nach öffentlichen Auftritten wurden sie nicht selten von wildfremden Menschen begeistert angesprochen. Oder die Klasse wird von Personen und Einrichtungen angefragt, die das Programm selbst noch nicht gesehen haben, sondern sich auf Empfehlung Dritter berufen.

Hinzu kommt nach jedem Fest und jeder Aufführung eine sorgfältige kritische Nachbesprechung in der Klasse. Dabei werden die allgemeine Disziplin, die Konzentration, Sprech- und Stimmverhalten, Körpersprache und jene Eigenschaft, die man auf der Bühne „Präsenz" nennt, ebenso kritisch besprochen wie die innere Stimmigkeit (bezogen auf Publikum, Thema, Zeitdauer, Reihenfolge der Beiträge etc.) des Auftritts. Nach einer Reihe von Festen entsteht die Möglichkeit, zu vergleichen zwischen brillanten und weniger gelungenen Auftritten. Dabei findet immer wieder Mitschau durch Kollegen, den Rektor, aber auch Eltern statt, die sich zu dem Gesehenen äußern.

Wenn Schüler nicht ausschließlich Mängel zu hören bekommen, sondern auch das Gelungene erwähnt wird, kommen sie mit negativen Einschätzungen meist gut zurecht. Wir versuchen immer zuerst das Positive hervorzuheben, um dann genauso deutlich zu sagen, was wir nicht gelungen fanden. Das Ertragen und produktive Verwerten von Kritik ist in hohem Maße Übungssache.

3. Die Rolle der Proben

Natürlich spielen die Proben eine wichtige Rolle. Während bei Auftritten die besonderen psychischen Leistungen darin bestehen, Ängste vor dem Versagen zu besiegen, möglichst fehlerfrei und so vorzutragen, dass die Zuschauer die Mühen nicht spüren, sind bei den Proben vor allem enorme Ausdauer und Frustrationstoleranz gefragt. Ernsthafte Proben können grausam sein, wenn man einen Text, den man eigentlich schon gut beherrscht, möglicherweise mehrmals hintereinander vortragen muss, bei ständiger Kritik durch Lehrer und Mitschüler (oft Zeile für Zeile und Wort für Wort). Und bei der nächsten Probe möglicherweise das Ganze nochmal von vorn. So kommen Vorführungen zu Stande, bei denen Zuschauer mit der Zunge schnalzen und die die Schüler mit berechtigtem Stolz versehen.

4. Unsere Produkte

Im Folgenden soll die Rede sein von speziellen „Produkten", die wir mehrmals hintereinander mit Realschulklassen, jeweils von Klassen 5 bis einschließlich 7, entwickelt haben. Im Wesentlichen handelt es sich um Programme, in deren Mittelpunkt der klassische Gedichtvortrag und das Spielen kleiner Szenen steht. Dabei gilt unsere besondere Liebe und Aufmerksamkeit der Pflege des Kurpfälzer Dialektes. Schriftdeutsche Texte werden aber ebenfalls gerne eingesetzt (s. Literatur).

5. Entwicklung des Programms

Um als Lehrer die Textvorauswahl zu besorgen, braucht man eine große Übersicht über am Markt befindliche Bücher und CDs (Hörbücher gewinnen sehr an Bedeutung!). Schullesebücher enthalten in der Regel zu wenig Freches und Neues und lösen leicht Langeweile aus.

Wie immer, wenn nachhaltig Substanz erzeugt werden soll, ist der Anfangsaufwand seitens des Lehrers über längere Strecken erheblich. Es dauert Jahre, bis man sich einen großen Fundus geschaffen hat.

Allerdings muss man nicht so lange warten, um mit der Arbeit zu beginnen. Man fängt mit einem kleinen Schatz an und baut ihn im Laufe der Jahre aus.

Die Liebe zu Poesie, Satire und zum charismatischen Vortrag ist Teil unseres Lebens und musste nicht eigens für diese Programme entwickelt werden. Die Arbeit mit den Schülern hat unser Interesse verstärkt. Und die Suche nach packenden Texten und Szenen hört nie auf.

6. Die Lerntheke – Erarbeitung von festlichen Kulturprogrammen

Um möglichst alle Schüler einer Klasse oder Lerngruppe (es kann auch eine Arbeitsgemeinschaft sein) an einem Kulturprogramm zu beteiligen, empfiehlt es sich, eine breite Palette von Texten zu bieten, aus denen die Jugendlichen nach ihrem Geschmack und nach ihren Darstellungs- und Spielmöglichkeiten auswählen. Auch jüngere Schüler sind nach kurzer Zeit in der Lage abzuschätzen, welche Texte sie lernen können und aufführen wollen.

Das Einstudieren der Texte erfolgt im regulären Deutschunterricht und in der Arbeitsgemeinschaft Darstellendes Spiel (ADS). Von den planmäßigen vier bis fünf Deutschstunden pro Woche kann natürlich immer nur ein Teil für dieses Projekt verwendet werden. Die zwei Wochenstunden ADS stehen ungeschmälert zur Verfügung. Die Schüler müssen alleine oder zusammen mit anderen Texte auswählen. Im weiteren Verlauf wird die Qualität des Vortrages auch benotet.

Das Angebot auf der Lerntheke wird von uns aus unterschiedlichster Literatur ausgewählt. Es kommen Texte zum Zuge mit ironischem, lustigem, nachdenklichem, Lachen auslösendem und ernstem Tenor. Je nach Festanlass werden die Texte dann von den Schülern näher in Betracht gezogen, es wird abgewogen, was eine in Gedanken vor uns befindliche Zuhörer- und Zuschauergruppe gerne mit uns als Aufführenden beim Fest erleben würde. Unsere Spekulationen und später auch Erfahrungen über die Erwartungen der Zuschauer lassen uns schließlich in der Textsuche und Textwahl sicherer werden.

Auch beim Lesen sprachlich anspruchsvoller Tageszeitungen und Zeitschriften, die ihre Seiten mit Ironie, Witz, Esprit und Nachdenklichkeit füllen, werden wir immer wieder fündig. In der Literaturliste haben wir Hinweise auf originale Autoren und ihre Werke gesammelt. Diese Publi-

kationen empfehlen wir zur Anschaffung für Schul- und Klassenbiblio-
theken. Sie sind ein reicher Schatz zur Schaffung und Sicherung von
Sprach-, Sprech- und Spielfreude.
Für die häusliche Vorarbeit der Textsuche empfehlen wir, bei der Lektüre
der Texte sich immer wieder einzelne Schüler der Lerngruppe und die
Festanlässe zu vergegenwärtigen:

- Welches besondere Talent hat Schülerin X, das durch einen Text
  besonders gefördert und herausgestellt werden soll? (Stimme, Körpersprache, Gesichtsausdruck, Ausstrahlung)
- Welcher Text bringt das Publikum zum Lachen, weil Schülerin Y ihn
  so wunderbar schräg vortragen kann?
- Welcher Schüler vermag einen nachdenklichen Text glaubwürdig
  ernst darzubieten?
- Welcher Text geht dem Publikum unter die Haut und wer ist am besten
  geeignet, ihn darzustellen?
- Welches Thema muss bei dieser Aufführung im Zentrum stehen und
  wie kann es glaubwürdig präsentiert werden?
- Welcher Text kann vom Schüler Z besonders gut gelesen werden und
  wer kann ihn pantomimisch parallel dazu verkörpern?
- Welches Bild an der Wand kann einen Text unterstützen oder zu ihm
  in produktive Spannung treten?
- Welche Schüler können Texte in Dialogform mit welchen Hilfsmitteln
  (Requisiten) so spielen, dass der Funke überspringt?
- Welcher ausländische Schüler ist selbstbewusst genug, einen Text in
  Deutsch mit dem evtl. gespielten Akzent seiner Muttersprache zu lesen
  und so das Publikum charmant in seinen Bann zu ziehen?
- Wer in der Gruppe der Darsteller ist in der Lage, einen verbindenden,
  moderierenden Text zu sprechen, der Brücken zwischen den einzelnen Textdarbietungen schlägt und sich immer wieder dialogisierend
  an das Publikum wendet?
- Wer von den Darstellern ist in der Lage, Pannen vorzugaukeln, die
  das Programm auflockern, jedoch vermeiden, dass echtes Chaos entsteht?
- Welcher potenzielle Zuschauer könnte von einem bestimmten Text
  besonders angerührt werden?
- Welchem Zuschauer könnte durch einen ausgewählten Text eine
  besondere Freude bereitet werden?

Diese Gedanken sind wichtig bei der Vorauswahl der Texte für die Lerntheke, weil sie vermeiden helfen, unnütze Kopien oder Textabschriften zu fertigen. Wir fertigen in der Regel von einem in Frage kommenden Text zehn Kopien oder Abschriften, weil nach unseren Erfahrungen diese Menge als Angebot an die Schüler ausreicht. In den oberen Klassen können Schüler, nach etwas Einarbeitungszeit, die Textauswahl selbst besorgen. Sie sollten jedoch vorher durch Anleitung der Lehrer in die Auswahlarbeit einbezogen worden sein. Diese handlungsorientierte Vorgehensweise lässt die Schüler eigenverantwortliches und gruppenorientiertes Lernen erleben.

7. Wie wird die Lerntheke von den Schülern genutzt?

Bei der Eröffnung der Lerntheke im Unterricht lesen wir selbst zuerst einmal jeden Text vor. Verschiedentlich wissen die Schüler zu diesem Zeitpunkt, zu welchem konkreten Anlass die Texte einstudiert werden sollen. In vielen Fällen spielt das aber noch keine Rolle. Da geht es einfach um die Weiterentwicklung des gemeinsamen Fundus.

Schon hier kommt der Darbietung durch den Lehrer eine Vorbildfunktion zu. Beim Sprechen eines Dialekttextes knien wir uns tief in die Vokale und Konsonanten unseres Dialektes hinein, beim hochsprachlichen Text ist unsere ganze Konzentration auf korrekte und klar lautierende Aussprache gerichtet.

Die Schüler nehmen sich die Texte, lesen sie, diskutieren miteinander, ob sie sie für geeignet halten, machen Sprechversuche, verwerfen Texte auch wieder als uninteressant, zu schwierig oder zu anspruchsvoll. Diese Phasen können sehr laut ablaufen, es kann zu Streitgesprächen kommen. Sollten sich mehrere Schüler für ein und denselben Text erwärmen, ist dies wunderbar; denn dann ergeben sich später Auswahlmöglichkeiten zwischen verschiedenen Interpreten. Dabei wird gelernt, wie man einander kritisiert, ermutigt, leider auch manchmal entmutigt. Die Atmosphäre in der Lerngruppe muss dies ermöglichen. Oft schon wollten Schüler in dieser entscheidenden Lernphase aufgeben, doch das Zureden und gegenseitige Stärken ließ sie bei der Sache bleiben – und bei den Menschen.

Beim Lernen der Texte wird auch über Requisiten und Verkleidungsmöglichkeiten nachgedacht. Schüler sind dabei sehr einfallsreich und kreativ. Ideen werden gesammelt, diskutiert, verworfen und festgehalten. Unerlässlich ist der Erwerb von Textsicherheit durch Auswendiglernen.

Der Text muss beim Vortragen zur Hand sein. Alle Texte werden in Klarsichtfolien in einem Schnellhefter gesammelt und sind so immer verfügbar.

Schüler lernen einander zu stützen. A trägt etwas vor, B hat den Text parat, um evtl. bei Sprechpannen zu soufflieren. Gegenseitige Aufmerksamkeit wird gepflegt. Einer ist für den anderen da und verantwortlich. Teamgeist entsteht und hält – weit über diesen Anlass hinaus – die Jugendlichen zusammen. Zuhörenlernen gehört zu den wichtigsten curricularen Zielen dieser Phasen und zu den kostbarsten Früchten jugendlicher Persönlichkeitsentwicklung.

Im Klassenzimmer halten wir Raum bereit für Requisiten, die unsere Texte optisch bei der Aufführung stützen. Ein Requisitenverwalter sorgt dafür, dass alles rechtzeitig parat ist und in der Reihenfolge der Einsätze. Je nach Länge der geplanten Aufführung stellen wir Textmaterial zusammen. Je nach Anlass und Entwicklungsstand der Schüler können Darbietungen von etwa fünf Minuten bis zu einer knappen Stunde dauern. Lange Aufführungen sind sehr anstrengend und können nur bei ausreichender Erfahrung und großer Textsicherheit in Angriff genommen werden. Dann machen sie aber besonders viel Freude. Wir wählen mit den Schülern Texte aus, z. B. für ein Sommerfest oder ein Lehrer- oder Schuljubiläum. Wieder sind alle beteiligt. Die Sprechzeit jedes Textes muss mehrmals mit der Stoppuhr gemessen werden. Pro Text wird ein Zettel geschrieben, auf dem Autor und Text stehen sowie die gemessene Sprech- bzw. Spielzeit. Diese „Zettelwirtschaft" wird per Diskussion in eine mögliche Abfolge gelegt. Die Zettel haben den Vorteil, dass immer wieder Veränderungen in der Abfolge ohne großen Schreibaufwand vorgenommen werden können.

Wir empfehlen, unbedingt auf Zeitvorgaben zu achten. Es ist für Zuschauer und Akteure frustrierend, wenn eine Zeitvorgabe stark überschritten wird und sich Programme in die Länge ziehen. Gerade bei festlichen Aufführungen heißt ein großes Lernziel „Zeitmanagement".

8. Nein zum Chaos

Wir werden nach Auftritten unserer Schüler oft gefragt, wie man denn eine so hohe Qualität hervorbringen kann.

Unsere Geheimnisse sind keine:

– Wir reißen unsere Schüler mit durch unsere eigene Leidenschaft.

Szenischer Vortrag ist nicht etwas, was man uns aufgetragen hat, sondern was wir selbst von Herzen lieben.

– Wichtig sind Disziplin und Anspruch auf Qualität. Sie gehören zum Einfachen, das so schwer zu machen ist. Sie durchzusetzen ist nicht nur eine Frage des Wissens, sondern verlangt vor allem Mut, Ausdauer und Kraft.

Wir verwerfen das Lob des Chaos ausdrücklich. Sätze wie „Das darf man nicht so eng sehen" und „Nobody is perfect" halten wir für Verkleisterungssprüche, die uns vor der Konfrontation mit unserem eigenen Unvermögen schützen sollen. Schlecht organisierte Beiträge, technische und praktische Ungenauigkeiten können ein ganzes Fest kaputtmachen. Chaos vitalisiert nicht, sondern lähmt und frustriert.

Selbstverständlich können bestimmte Phasen der kreativen Produktion chaotisch verlaufen, weil das noch Ungeformte ans Licht drängt (z. B. während der Textauswahl, Streit über die Texte, Einübung, erste Programmentwürfe etc.). Daraus darf man aber keinen allgemeinen Zustand des Lernens und der gemeinsamen Arbeit machen. Je näher der Auftritt kommt, desto mehr muss Perfektion angestrebt werden. Die Schülerinnen und Schüler danken es mit einem starken Stolz auf ihre eigene Leistung, auch weil der Anspruch auf Disziplin sie erkennen lässt, dass sie uneingeschränkt ernst genommen werden.

Wir empfehlen, sich auf die Mühen der Disziplin, der Sorgfalt und Prägnanz einzulassen. Dies schließt ein, dass wir unsere eigenen Fähigkeiten, entsprechend zu handeln, fortwährend weiterentwickeln. Und wir müssen lernen, uns mit Kollegen und Eltern auseinander zu setzen, denen dies egal oder suspekt ist.

9. Die Proben

Wir bitten Vertrauenspersonen des Schullebens zu Probeläufen unseres Programms, z. B. die Schulsekretärin, Elternvertreter, Schulleiter, Kollegen, Schüler aus anderen Klassen, kurz: Menschen, die sich nicht scheuen, uns unangenehme Wahrheiten über unsere Darbietung zu sagen. Falsche Zurückhaltung hilft uns nicht weiter.

Zur Erarbeitung von Vortragstexten lassen wir uns viel Zeit. Wir arbeiten pendelnd zwischen Befassen mit und Vernachlässigen der Textaneignung. Manches muss sich setzen und nach einer Weile wieder in Angriff genommen werden. In einer Woche arbeiten wir intensiv, dann lassen wir die Arbeit auch wieder zehn bis vierzehn Tage ruhen. So haben die Schüler in der Zwischenzeit vielleicht Muße, zu Hause oder mit klassenexternen Personen zu üben. Hier dürfen Fehler gemacht werden, darf etwas vergessen werden, Schwachstellen dürfen zu Tage treten, ohne dass es eine Katastrophe wäre. Schließlich setzen wir einen Termin fest, zu dem alles sehr gut sitzen muss.

Dann lassen wir das Programm unter stressähnlichen Bedingungen durchlaufen. Wir versetzen uns in die Rolle der Zuschauer und stellen uns folgende Fragen:

- Ist das Programm aufführbar?
- Hat jeder ins Programm verwickelte Mensch einen Programmablauf in der Hand?
- Kennt jeder Akteur die Reihenfolge der Auftritte – besonders, welche Beiträge unmittelbar vor und nach ihm kommen?
- Haben wir an alles gedacht?
- Haben wir alle Rahmenbedingungen geklärt?
- Haben wir alle Requisiten parat? Wir erwarten nicht, die Dinge vom Schulträger zur Verfügung gestellt zu bekommen. Wir beschaffen sie selbst, mit Mitteln aus der Klassenkasse oder als Spende von Lehrern, Schülern und/oder Eltern.
- Ist die Bühne fertig? Wo keine Bühne existiert (z. B. im Klassenzimmer), benutzen wir rechteckige Plastikschemel verschiedener Höhe (30, 40, 60 cm), die wir nahezu an jedem Platz zu kleinen Bühnen stellen können. Sie sind leicht, billig und gut zu transportieren.
- Sind alle technischen Geräte einsatzbereit?
- Ist der Vorführraum ausreichend bestuhlt?
- Haben wir vorgebeugt, dass parallel verlaufende Programmteile uns nicht die Schau stehlen?
- Haben wir die Zuschauer informiert, dass während unseres Programms weder Speisen noch Getränke serviert, gekauft oder konsumiert werden können?
- Haben wir Ehrengäste informiert, wann wir auftreten?
- Haben wir genügend Plakate angefertigt, um nach außen und innen große Informationsklarheit herzustellen? Erregen unsere Plakate Aufmerksamkeit, laden sie ein, sind sie auf Distanz schnell lesbar? Hier bietet sich Zusammenarbeit mit Kunstfächern an.

– Haben wir Handzettel verteilt? Sind sie übersichtlich gestaltet und beinhalten sie alle nötigen Informationen? Zeit und Ort müssen so genau angegeben werden, dass auch Nicht-Kundige sich sicher zurechtfinden (notfalls mit Fahrhinweisen auf der Rückseite). Oft wird der Wochentag vergessen oder der Auftrittsort ungenau angegeben. („Wo unsere Schule liegt, weiß doch jeder." Ist das wirklich so?) Wenn es Platzreservierungen oder Kartenvorverkauf gibt, müssen dafür Orte, Zeiten, Telefonnummern angegeben werden.

– Haben wir uns mit Kollegen darüber verständigt, dass während unserer Wortbeiträge keine laute Musik gespielt wird?

– Haben wir für ausreichendes Wechselgeld an der Kasse gesorgt?

– Wer übernimmt das Kassieren des Eintrittspreises? (aus rechtlichen Gründen Eltern!)

– Sind unsere Preisschilder für den Eintrittspreis gut sichtbar?

– Welche Personen erhalten Ehrenkarten, weil sie uns immer treu besuchen?

– Haben wir bedacht, was zu tun ist, wenn wir ausverkauft sind?

– Werden wir einen zweiten Programmdurchlauf vorsehen?

– Ist ein Nachbarraum vorbereitet, in dem wir uns umziehen können?

– Sind Eltern bereit, während der Aufführung unsere abgelegte Kleidung zu bewachen?

– Haben wir den Hausmeister und die Putzfrauen verständigt, dass unser Raum in seinem Aufbau für die Aufführung nicht verändert werden darf?

– Haben wir mit dem Computer genügend Eintrittskarten gedruckt, die unverwechselbar sind und nicht leicht kopiert werden können?

– Haben wir an eine kleine Abschiedsgabe für unsere Besucher gedacht, die wir ihnen am Ende aushändigen?

10. Dialekte bewahren – Ein Exkurs

Globalisierung vollzieht sich unter anderem als weltweite Ausbreitung von Sprach- und Sprechmustern. Dabei entstehen neue vom Englischen dominierte Mischsprachen und Sprachfragmente (Pidgin-Sprachen). Ob uns das gefällt oder nicht, wir werden in vielen Feldern ohne diese Pidgin-Formen nicht auskommen (Computer, Internet, Tourismus, Politik, Werbung, Sport …). Selbst die schärfsten Kritiker dieser „unsauberen" Sprachen kommen nicht umhin, sie zu benutzen. Wer „copy-shop" durch

„Vervielfältigungsgeschäft" und „internet" durch „Zwischennetz" ersetzen wollte, dürfte kaum Gefolgschaft finden.

Wir können die Ausbreitung von Pidgin-Sprachen als Bereicherung begreifen und als unverzichtbaren Aspekt von Weltgesellschaft. Die Globalisierung ist unaufhaltsam und es wäre auch nicht sinnvoll, sie verhindern zu wollen. Sie bedarf aber als Gegengewicht der engagierten, kompetenten und liebevollen Pflege lokaler, regionaler und nationaler Besonderheiten. Sonst werden wir uns in der globalisierten Welt zu Tode langweilen. Gerade Kinder und Jugendliche frustrieren sich am Einerlei der globalen Konsumwelt, veröden und/oder werden aggressiv. Es gibt bedrohliche Symptome, die in diese Richtung weisen. Darüber können auch die künstlich erzeugten Euphorien im Hinblick auf *boy-groups* etc. nicht hinwegtäuschen.

Deshalb brauchen wir neben den weltweiten Angleichungen eine möglichst große Vielfalt von Sprachen, Traditionen, Lebensweisen, Produktionsweisen, Landschaften, Eigentümlichkeiten, Seh-, Riech-, Schmeck-, Hör- und Tasterfahrungen, die nicht durch die große Monokultur enteignet werden dürfen.

Einen besonderen Beitrag zur lokalen und regionalen Akzentuierung kann die bewusste Pflege und möglichst alltägliche Benutzung von Dialekten leisten. Durch Prägung individueller Persönlichkeit und sozialer Beziehungen stiften Dialekte regionale Identität. Sie gehören zum Kulturerbe einer Region, einer Nation und damit der Menschheit. Dialekte bewahren wurzelhafte Beziehungen zu jahrhundertealten Sprachschichten und zu Fremdsprachen. Damit sind sie Teil des historischen Bewusstseins eines Volkes.

Dialekte bilden eigene Klang-, Denk-, Fühl- und Bilderwelten des gesprochenen Wortes und stellen damit wichtige musikalische, soziale, geistige, sinnliche und emotionale Fundamente der deutschen Sprache insgesamt dar. Sie sind besonders reich an Vokalen, Konsonanten, Lautverbindungen, Rhythmen, Stimmen, Stimmungen, Bildern und Melodien. Die Fülle dieser Eigenschaften tritt beispielsweise beim Kurpfälzischen eindrucksvoll hervor.

Trotz gegenläufiger Tendenzen befinden sich die Dialekte in Deutschland im Wesentlichen auf dem Rückzug. Daraus ergeben sich bestimmte Aufgaben für die Pflege der Dialekte, zu der gerade die Kunst und die Schule viel beitragen können. Dialekte müssen als einfache und als anspruchsvolle Sprachmuster verteidigt und rekonstruiert werden.

Jede Form der Unterdrückung von Dialekten aus „pädagogischen" Gründen muss zurückgewiesen werden. Es gibt viele objektive Tendenzen, die sich gegen Dialekte auswirken, denen nur schwer beizukommen ist. Die absichtsvolle Unterdrückung kann aber unterbleiben. Eltern müssen aufgeklärt, Lehrer müssen fortgebildet werden. Eltern wie Lehrern kann die Angst genommen werden, ihre Kinder erlitten durch den Dialekt einen Bildungsnachteil. Dialekte müssen als wertvolles Bildungsgut erkannt, die Verachtung von Dialekten als Bildungsmangel sichtbar gemacht werden. Wir erleben jedenfalls bei unseren Schülern im Hinblick auf Dialektgedichte eine ganz besondere Begeisterung und Hingabe.

11. Textbeispiele

Kurpalzblues[1]

Moi Schbrooch, ihr Leit, die derf ma nedd vunn owwerunner heere,
Do muß ma noi, wie in än diefe Fluß,
Donn spiert ma's uff de Haut, des konn ma nedd erkläre,
De Flußgott in moim Schbroochfluß is de Blues

Kurpälzisch des rauscht unn wischbert
Dief unn breed wie unsern Roih,
Laut isses monschmol – unn leis, unn zart, wann's knischderd
Unn schmeckt im Mund wie roder Woi

Monschmol heer isch Leit als saache, unser Schbrooch wär ordinär,
Wär so rauh unn derb unn kehlisch,
Immer heert ma 'als' unn 'allaa' unn vor alle Dinge 'heer' –
Awwer die, die lerne gonz allmählisch:

Moi Schbrooch, ihr Leit, die derf ma nedd vunn owwerunner heere,
Do muß ma noi, wie in än diefe Fluß,
Donn spiert ma's uff de Haut, des konn ma nedd erkläre,
De Flußgott in moim Schbroochfluß is de Blues

Moi Muddaschbrooch iss dief verworzelt
Im Alldaag vunn de glääne Leid
Wo's lebt unn bebt unn monschmol borzelt
Wo's monschmol eng is, monschmol weit

1 aus: Laux/Schwöbel (Hrsg.): Mannem, wann ich dein gedenk, S. 207

Sie hot misch schunn als Kind gerett, moi Muddaschbrooch, des isses
Schönschde:
Lernsch frei soi, krigsch ä freschi Gosch,
Kään Bickling vor de Große, kään Tritt gege die Glänschde –
Ob sowas schu'mol gfunne hosch:

Moi Schbrooch, ihr Leit, die derf ma nedd vunn owwerunner heere,
Do muß ma noi, wie in än diefe Fluß,
Donn spiert ma's uff de Haut, des kann ma nedd erkläre,
De Flußgott in moim Schbroochfluß is de Blues

Hans-Peter Schwöbel

Im Zorn[2]

Das Kind
hat der Puppe
der unschuldigen
den linken Arm
ausgerissen
im Zorn

Die Mutter
schlägt dem Kind
dem schuldigen
auf die
rechte Wange
im Zorn

So lernt das Kind
den Unterschied
zwischen
rechts und links

Susanna Martinez

---

2 aus: Martinez: Wir sind Frau Lot, S. 57

Literatur

Bücher, die sich zur Textauswahl für Klasse 5 bis 10 eignen:

Baumeister, Hans (Hrsg.): Weltrekord in sechs Tagen. Geschichten für junge Leute. Gütersloh 1999

Gelberg, Hans-Joachim (Hrsg): Die Stadt der Kinder. Gedichte. München 1987; Augenaufmachen. Jahrbuch der Kinderliteratur. Weinheim/Basel 1984; Die Erde ist mein Haus. Jahrbuch der Kinderliteratur. Weinheim/ Basel 1988; Überall und neben dir. Gedichte für Kinder. Weinheim/Basel 1986; Oder die Entdeckung der Welt. Geschichten. Weinheim/Basel 1997; Großer Ozean. Kindergedichte-Anthologie. Weinheim/Basel 2000

Gernhardt, Robert: Prosamen. Stuttgart 1995; Reim und Zeit. Gedichte. Stuttgart 1993

Jandl, Ernst: Laut und Luise. Stuttgart 1996; Sprechblasen. Stuttgart 1997; lechts und rinks. gedichte statements peppermints. München 1997

Kliewer, Heinz-Jürgen (Hrsg): Die Wundertüte. Alte und neue Gedichte für Kinder. Stuttgart 1996

Langel, Helmut (Hrsg): XXL – das ist für mich das Größte. Wie wir leben – wovon wir träumen. Gütersloh 1997

Laux, Siegfried/Schwöbel, Hans-Peter (Hrsg): Mannem, wann ich dein gedenk. Gedichte und Prosa in Pfälzer Mundart und Hochdeutsch. Mannheim 1997; Luscht am Lewe. Gedichte von Hanns Glückstein in Kurpfälzer Mundart. Musik: Adax Dörsam. Hörbuch-CD mit Textbüchlein. Ubstadt-Weiher 2000

Lindner, Klaus (Hrsg): Wann Freunde wichtig sind. Gedichte. Leipzig/ Stuttgart/Düsseldorf 1996

Martinez, Susanna: Mich Menschen Kundig Machen. Sprachspäne. Mannheim 1991; Aber der Mensch. Gedichte. Mannheim 1991; Wir sind Frau Lot. Gedichte zum Angreifen. Mannheim 1998

Schwöbel, Hans-Peter: Wir müssen uns das Leben nehmen. Gedichte. Mannheim 1983; Zeit Ernten. Haiku, Tanka und ein Essay. Natur- und Reisepoesie. Irland, Israel, Puerto Rico, Kurpfalz. Mannheim 1995; Wir Individualisten. Salz. (Doppelband). Gedichte und Aphorismen. Mannheim 1996

Zeitschrift

Der bunte Hund. Magazin für Kinder in den besten Jahren. Weinheim/ Basel (alle Ausgaben aller Jahrgänge)

Register

Bildnachweis

Fotos auf S. 97 und S. 187: Ernst Herb, Frankfurt/M.
Zeichnungen S. 151 und S. 152 aus: Grundfeld, Frederic (Hrsg.): Spiele der
Welt. Frankfurt/M. 1976, S. 235 f.
Foto S. 155: Julia Walch, Bad Soden
Alle anderen Abbildungen von Autorinnen und Autoren dieser *Fundgrube*.

Fundgruben für Ihren Unterricht
Nachschlagewerke für jeden Tag

Wer neue Ideen für seinen Unterricht sucht, findet hier eine Fülle von Anregungen und Materialien. Hier kommen kreative pädagogische Profis zu Wort, die ihre erprobten und bewährten Erfahrungen zur Erleichterung der Unterrichtsvorbereitung an Sie weitergeben.

Übersicht lieferbarer Titel:

1. Für den Fachunterricht

	ISBN 3-589-
Die Fundgrube für den Biologie-Unterricht	21104-0
Die Fundgrube für den Chemie-Unterricht	21400-7
Die Fundgrube für den Deutsch-Unterricht	21054-0
Die Fundgrube für den Englisch-Unterricht	20899-6
Die 2. Fundgrube für den Englisch-Unterricht	21082-6
Die Fundgrube für den handlungsorientierten Englisch-Unterricht	21174-1
Die Fundgrube für den Erdkunde-Unterricht	21130-X
Die Fundgrube für Ethik und Religion	21246-2
Die Fundgrube für den Französisch-Unterricht	21032-X
Die Fundgrube für den Geschichts-Unterricht	21062-1
Die Fundgrube für den Kunst-Unterricht	21129-6
Die Fundgrube für den Mathematik-Unterricht	21105-9
Die Fundgrube für den Musik-Unterricht (mit CD)	21128-8
Die Fundgrube für den Physik-Unterricht	21078-8
Die Fundgrube für den Politik-Unterricht	21127-X
Die Fundgrube für den Sport-Unterricht	21419-8

2. Fachübergreifende Titel

Die Fundgrube für Klassenlehrer	21227-6
Die Fundgrube für Medienerziehung	21102-4
Die Fundgrube für Vertretungsstunden	21028-1
Die 2. Fundgrube für Vertretungsstunden	21140-7
Die Hauptschul-Fundgrube	21069-9
Die Fundgrube für den Umweltschutz	21380-9
Die Fundgrube für Feste und Feiern	21476-7

Fragen Sie bitte
in Ihrer Buchhandlung!